Peter Knauth

Ansatzpunkte und Hindernisse einer effizienzorientierten Regulierungspolitik im Güterverkehr

VVF

VOLKSWIRTSCHAFTLICHE FORSCHUNG UND ENTWICKLUNG

Herausgeber:
Prof. Dr. E. von Böventer · Universität München
Prof. Dr. P. Kuhbier · Freie Universität Berlin

Band 80

Die Deutsche Bibliothek - CIP-Einheitsaufnahme

Knauth, Peter:
Ansatzpunkte und Hindernisse einer effizienzorientierten Regulierungspolitik im Güterverkehr /
Peter Knauth.-München : VVF, 1993
(Volkswirtschaftliche Forschung und Entwicklung ; Bd. 80)
Zugl.: Würzburg, Univ., Diss., 1992
ISBN 3-89481-004-1

NE: GT

Gesamtherstellung: Fotodruck Frank GmbH, 80333 München
Printed in Germany

Für

Ellen, Florian und Kilian

Geleitwort

Der "volkswirtschaftlich richtige" Grad der Regulierung der Verkehrsmärkte ist ein altes, in der Gegenwart wieder hochaktuelles Diskussionsthema in der Wissenschaft wie in der Politik. Nachdem bei der Regulierung früher mit der Theorie des Marktversagens, der Besonderheitentheorie und mit der Theorie der Gemeinwirtschaft argumentiert wurde, stehen in der Gegenwart Bemühungen um die Privatisierung und der Effizienzsteigerung im Mittelpunkt der Überlegungen. In dieser Arbeit werden Möglichkeiten der Verminderung der gemeinwirtschaftlichen Aufgaben des Güterverkehrs und im Sinne einer effizienzorientierten Preisregulierung in Monopolbereichen des Schienenverkehrs die Price-cap-Regulierung bzw. das constrained market pricing diskutiert. Der Verfasser argumentiert zugunsten eines diskriminierungsfreien Zugangs Dritter zur Schieneninfrastruktur, und er fordert eine Liberalisierung des Güterkraftverkehrs; die effizienzorientierten Verfahren beinhalten eine Anlastung von Wegekosten und die Internalisierung externer Umweltkosten.

München und Berlin, im Oktober 1993

Die Herausgeber

Ansatzpunkte und Hindernisse einer effizienzorientierten Regulierungspolitik im Güterverkehr

Verzeichnis wichtiger Abkürzungen

A.	Auflage
a.a.O.	am angegebenen Ort
Abb.	Abbildung
AEG	Allgemeines Eisenbahngesetz
AEI	American Enterprise Institute
Art.	Artikel
BbG	Bundesbahngesetz
Bd.	Band
BDF	Bundesverband des Deutschen Güterfernverkehrs
BDI	Bundesverband der Deutschen Industrie
BMV	Bundesministerium für Verkehr
BS	Binnenschiffahrt
BSchVG	Gesetz über den gewerblichen Binnenschiffsverkehr
C`(x)	Grenzkosten
c_x	Partielle Ableitung der Kostenfunktion nach x
c_y	Partielle Ableitung der Kostenfunktion nach y
DB	Deutsche Bundesbahn
ders.	derselbe
DIHT	Deutscher Industrie- und Handelstag
Diss.	Dissertation
DVWG	Deutsche Verkehrswissenschaftliche Gesellschaft
ECMT	European Conference of Ministers of Transport
et al.	et alteri
μ	Lagrangemultiplikator
f.	folgende Seite
ff.	die folgenden Seiten
GG	Grundgesetz
GÜKG	Güterkraftverkehrsgesetz
HdWW	Handwörterbuch der Wirtschaftswissenschaft
Hrsg.	Herausgeber
ICA	Interstate Commerce Act
ICC	Interstate Commerce Commission
Jg.	Jahrgang
NE	Nichtbundeseigene Eisenbahnen
Nr.	Nummer
o.J.	ohne Jahr
o.O.	ohne Ort
OECD	Organisation for Economic CO-Operation and Development
PrEG	Preußisches Eisenbahngesetz
S.	Seite
t	Tonnen
tkm	Tonnenkilometer
TU	Technische Universität
VDA	Verband der Automobilindustrie
VIZ	Verkehr in Zahlen
vol.	Volume
WIK	Wissenschaftliches Institut für Kommunikationsdienste der Deutschen Bundespost bzw. Wissenschaftliches Institut für Kommunikationsdienste GmbH
τ	Direkte Preiselastizität der Nachfrage

Zeitschriftenverzeichnis:

ABER:	Akron Business and Economic Review
AE:	Applied Economics
AER PP	American Economic Review, Papers and Proceedings
AER:	American Economic Review
AfE:	Archiv für Eisenbahnwesen
BJE:	Bell Journal of Economics and Management Science
BK:	Beihefte der Konjunkturpolitik
DB:	Die Bundesbahn
DG:	Der Güterverkehr
DU:	Die Unternehmung
DVZ	Deutsche Verkehrszeitung
EC:	Economica
ECO:	Econometrica
EJ:	The Economic Journal
ER:	The Economic Record
FAZ:	Frankfurter Allgemeine Zeitung
IAV:	Internationales Archiv für Verkehrswesen
IJTE:	International Journal of Transport Economics
IV:	Internationales Verkehrswesen
JCP:	Journal of Consumer Policy
JEI:	Journal of Economic Issues
JHR:	Journal of Human Resources
JIE:	Journal of Industrial Economics
JITE:	Journal of Institutional and Theoretical Economics
JL&E:	Journal of Law & Economics
JNPÖ:	Jahrbuch für Neue Politische Ökonomie
JPE:	Journal of Political Economy
JRE:	Journal of Regulatory Economics
JRS:	Journal of Regional Science
JTEP:	Journal of Transport Economics and Policy
Kyklos:	Kyklos
LE:	Land Economics
Ordo:	Ordo
PC:	Public Choice
QJE:	Quarterly Journal of Economics
RAND:	RAND Journal of Economics
Regulation:	Regulation - AEI Journal of Government and Society
SZVS:	Schweizerische Zeitschrift für Volkswirtschaft und Statistik
TR-A:	Transportation Research - A
VA:	Verwaltungsarchiv
WD:	Wirtschaftsdienst
WEJ:	Western Economic Journal
WiSt:	Wirtschaftswissenschaftliches Studium
ZfV:	Zeitschrift für Verkehrswissenschaft
ZögU:	Zeitschrift für öffentliche und gemeinwirtschaftliche Unternehmen
ZfNSt:	Zeitschrift für Nationalökonomie und Statistik

Verzeichnis der Abbildungen und Übersichten

Ansatzpunkte und Hindernisse einer effizienzorientierten Regulierungspolitik im Güterverkehr

I. Einführung

Zentrale Elemente der Verkehrsmarktregulierung, wie sie heute in der Bundesrepublik Deutschland vorzufinden ist, existieren bereits seit 150 Jahren, teilweise sogar noch länger. Heute sind im Bereich des Güterverkehrs alle Verkehrsträger mehr oder minder starken staatlichen Eingriffen ausgesetzt. Historisch gesehen erreichte die Regulierung des Verkehrssektors in Deutschland ihren Höhepunkt kurz nach Einführung der Sozialen Marktwirtschaft, was sich am deutlichsten in der Ausgrenzung dieses Bereichs aus dem Gesetz gegen Wettbewerbsbeschränkungen bzw. durch die Etikettierung als sogenannter Ausnahmebereich dokumentiert. Die Verneinung des Wettbewerbsprinzips in einem zentralen Bereich einer Volkswirtschaft, die in der Regel als Marktwirtschaft bezeichnet wird, bedarf einer hinreichenden Begründung. Entsprechende Versuche finden sich in der Besonderheitentheorie, die von Verkehrstheoretikern entwickelt wurde und in der Theorie der Gemeinwirtschaft. Darüber hinaus liefert die neoklassische Allokationstheorie bzw. die Theorie des Marktversagens Schützenhilfe für die Dominanz des Staates in diesem für die übrige Volkswirtschaft so bedeutenden Sektor.

Seit der Einführung der Regulierung gab es immer wieder Versuche, durch Liberalisierungsmaßnahmen auch im Verkehrswesen marktwirtschaftliche Elemente einzuführen. Den entscheidenden Impuls erhielt die neuerliche Deregulierungsdiskussion durch die anstehende Verwirklichung eines gemeinsamen europäischen Marktes bis 1993 sowie die katastrophale Situation des Schienenverkehrs. Mittlerweile besteht kein Zweifel mehr darüber, daß institutionelle Änderungen notwendig sind. Allerdings handelt es sich beim Güterverkehr um einen Bereich, der unter Effizienzaspekten nicht völlig unreguliert sein sollte. Ziel der vorliegenden Arbeit ist es, die Kernbereiche der Regulierung im Güterverkehr herauszuarbeiten sowie Vorschläge für eine effiziente Ausgestaltung der staatlichen Politik in diesem Bereich zu entwickeln.

Nach einer Darstellung und Analyse der Marktstrukturen im Schienen- und im Güterkraftverkehr wird zunächst die Frage geprüft, welche Ergebnisse sich im unregulierten Schienengüter- und Straßenverkehrsmarkt einstellen würden. Der jeweils isolierten Behandlung der Verkehrsträger schließt sich die Betrachtung des Gesamtmarktes an, wobei auf der Angebotsseite in erster Linie die Bahn und der Straßengüterfernverkehr Beachtung finden. Im Anschluß hieran wird die bisherige Regulierung des Verkehrssektors problematisiert. Zunächst werden verschiedene theoretische Erklärungskonzepte aufgezeigt, woran sich die Diskussion grundsätzlicher Probleme von Regulierungen anschließt. Den eher theoretischen Ausführungen zur Regulierung und ihren grundlegenden Problemen folgt die Darstellung der tatsächlichen Regulierungseingriffe in den Bahnbereich und den Straßengüterverkehrssektor, wobei insbesondere neben einer Erklärung der staatlichen Eingriffe deren Wirkungen interessieren. Im V. Teil der Arbeit werden verschiedene Deregulierungs- bzw. Reformvorschläge für den Schienen- und den Güterkraftverkehr diskutiert, wobei auch ausländische Erfahrungen sowie die Probleme, die sich durch die Schaffung eines Gemeinsamen Verkehrsmarktes ergeben, berücksichtigt werden.

Einen Schwerpunkt der Arbeit bilden dabei Fragen der Trennung von Infrastruktur- und Betriebsbereich im Schienenverkehr bzw. hieraus resultierende Allokationsprobleme sowie Fragen einer effektiven institutionellen Ausgestaltung der Regulierung des Eisenbahnverkehrs.

II. Der Markt für Güterverkehrsleistungen in der Bundesrepublik Deutschland

Der Markt für Güterverkehrsleistungen in der Bundesrepublik zerfällt in eine Reihe von Teilmärkten. Nach den Verkehrsträgern läßt sich der Gesamtmarkt in den Eisenbahnverkehr, den Binnenschiffsverkehr, den Luftverkehr, den Rohrleitungsverkehr und den Straßenverkehr unterscheiden. Eine Sonderstellung nimmt in der Bundesrepublik der Seeschiffahrtsverkehr ein, da dieser so gut wie keine Konkurrenzbeziehungen zu den übrigen Verkehrsträgern aufweist. Letzteres ist allerdings von den jeweiligen geographischen Gegebenheiten und von der gewählten Abgrenzung abhängig.[1] Verwendet man als Vergleichsmaßstab die erbrachten Transportleistungen bzw. die transportierten Mengen, dann kann der Luftverkehr aufgrund seines geringen Marktanteils vernachlässigt werden.[2] Einen nicht unerheblichen Anteil sowohl an den erbrachten Verkehrsleistungen als auch am Verkehrsaufkommen weist der Rohrfernleitungsverkehr auf, wobei insbesondere Rohölprodukte mit Hilfe dieses Verkehrsträgers transportiert werden. Auch hier liegt keine dauerhafte Konkurrenz zu den anderen Verkehrsträgern vor, so daß auch die Betrachtung des Rohrleitungsverkehrs unter Wettbewerbsaspekten relativ uninteressant erscheint. Die Binnenschifffahrt ist beim Gütertransport der drittgrößte Verkehrsträger in der Bundesrepublik. Sie steht insbesondere beim Transport von Massengütern, wie Kohle, Mineralöl und Erzen in Konkurrenz zur Eisenbahn. Allerdings ist die Binnenschiffahrt auf ein insgesamt gesehen relativ weitmaschiges Wasserstraßennetz beschränkt, so daß sie nur auf bestimmten Relationen im Wettbewerb mit anderen Verkehrsträgern steht.

---

1) Im innereuropäischen Verkehr spielt die Seeschiffahrt eine bedeutende Rolle. Sie weist beim Verkehrsaufkommen mit ca. 1/3 der transportierten Tonnage den größten Anteil auf, vgl. Lutzky, N.: EG-Binnenmarkt und Entwicklung der Verkehrsnachfrage, in: Verband der Automobilindustrie e.V. (VDA), (Hrsg.): Initiative '92, Vollendung des Europäischen Binnenmarktes im Verkehrssektor, Frankfurt/M. 1989, S.33.

2) Die erbrachten Transport- bzw. Verkehrsleistungen werden i.d.R. in Tonnenkilometern (tkm) gemessen, also dem Produkt aus der transportierten Menge und der zurückgelegten Entfernung. Das sog. Verkehrsaufkommen eines Verkehrsträgers wird durch die von ihm transportierte Menge, ausgedrückt in Tonnen (t), gemessen.

Die folgenden Betrachtungen können deshalb auf die Wettbewerbsbeziehung zwischen dem Eisenbahn- und dem Straßengüterverkehr beschränkt werden, wobei hier insbesondere die Konkurrenzbeziehung zwischen Bahn und Straßengüterfernverkehr im Vordergrund steht.

A. Struktur und Bedeutung des Straßengüterfernverkehrs in der Bundesrepublik Deutschland

Der Markt für Straßengüterverkehrsleistungen zerfällt nicht zuletzt aufgrund der gegenwärtigen Regulierung, die beispielsweise nach Entfernungsstufen zwischen Güternah-, Bezirksfern- und Güterfernverkehr unterscheidet, in eine ganze Reihe von Teilmärkten. Weiter kann danach differenziert werden, ob es sich um gewerblichen Verkehr handelt oder aber um sog. Eigenverkehr (Werkverkehr), dessen Bedeutung in der Bundesrepublik vergleichsweise groß ist. Hinter Belgien/Luxemburg hatte die Bundesrepublik Ende der 80er Jahre innerhalb der EG-Staaten den höchsten Werkverkehrsanteil.[3]

Erhebungen über die Unternehmenstruktur im gewerblichen Fernverkehr werden von der Bundesanstalt für den Güterfernverkehr (BAG) durchgeführt. Vor dem Zweiten Weltkrieg war hierfür der 1935 gegründete Reichs-Kraftwagen-Betriebsverband (RKB) zuständig. Die Erhebungen werden in größeren Zeitabständen vorgenommen. Die folgende Abbildung zeigt die Entwicklung der Angebotsstruktur auf. Unterscheidungskriterium ist dabei die Anzahl der Genehmigungen der Unternehmen.[4]

---

[3]) Vgl. Verband der Automobilindustrie e.V. (VDA): Daten und Fakten zum deutschen und europäischen Verkehrsmarkt, in: ders. (Hrsg.): Initiative '92, Vollendung des Europäischen Binnenmarktes im Verkehrssektor, Frankfurt/M. 1989, S.103f.

[4]) In der Bundesrepublik benötigen Unternehmen, die sich im Güterfernverkehr betätigen wollen, eine Konzession. Die Anzahl der Konzessionen ist gesetzlich kontingentiert. Vgl. hierzu die §§ 8ff. des Güterkraftverkehrsgesetzes (GüKG), in: Hein, G./ Eichhoff, E./ Pukall, A./ Krien, E.: Güterkraftverkehrsrecht, 1.Bd., 3.A., Berlin 1968, B 100, S.9f.

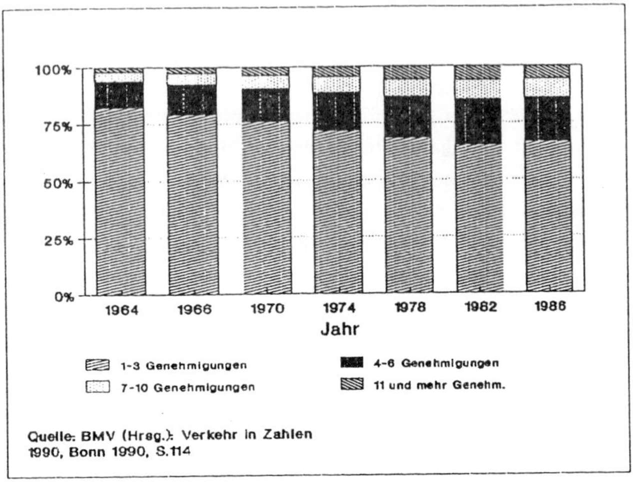

Abb. 1: Entwicklung der Konzentration im gewerblichen Güterfernverkehr nach der Anzahl der Genehmigungen

Aus der Abbildung wird deutlich, daß die Anzahl der Unternehmen mit ein bis drei Genehmigungen zugunsten von Unternehmen mit mehr als drei Konzessionen erheblich zurückgegangen ist. Im Zeitraum von 1964 bis 1986 sank dabei gleichzeitig die Gesamtzahl der Unternehmen des gewerblichen Güterfernverkehrs von 10440 auf 8829. Von diesen 8829 Unternehmen wurden im November 1986 47,7% als Einzelunternehmung, 5,1% als Offene Handelsgesellschaft, 21,1% als Kommanditgesellschaft bzw. GmbH & Co KG, 24,4% als Gesellschaft mit beschränkter Haftung und nur 0,1% als Aktiengesellschaft geführt. Die Einzelunternehmung ist bei Unternehmen mit bis zu sechs Konzessionen die dominierende Rechtsform, während in den übrigen Unternehmensgruppen (7 -10 sowie 11 und mehr Konzessionen) die größten Anteile auf Kommanditgesellschaften bzw. GmbH & Co KG entfallen (40,1% bzw. 49,1%).[5] In den Fernverkehr betreibenden Unternehmen waren 1986 insgesamt 191 379 Mitarbeiter beschäftigt; die durchschnittliche Be-

---

5) Vgl. Bundesanstalt für den Güterfernverkehr, Band BG 11, Unternehmen und Fahrzeuge des gewerblichen Güterfernverkehrs, Stand November 1986, Köln o.J., S.11. Aktuelle Zahlen für 1990 erscheinen laut Auskunft der Bundesanstalt erst im Frühjahr 1992.

schäftigtenzahl belief sich somit auf ca. 21.[6]

Von den knapp 9000 Unternehmen betätigten sich 1986 fast 95% im nationalen Güterfernverkehr und gleichzeitig annähernd 65% im inländischen Güternahverkehr. 37% der Unternehmen führten grenzüberschreitenden Verkehr durch. Schließlich waren 43% der Fernverkehrsunternehmen im Bereich Spedition und Lagerei tätig.[7] Hieraus wird deutlich, daß die Unternehmen in den seltensten Fällen ausschließlich Fernverkehr betreiben.

Anmeldepflichtiger Werkfernverkehr wurde im November 1986 von insgesamt 32 711 Unternehmen durchgeführt. Die Anzahl der Unternehmen ist damit in einem Zeitraum von drei Jahrzehnten um ca. 130% gestiegen, wogegen die Ladekapazität allein von 1965 bis 1986 im anmeldepflichtigen Werkfernverkehr (Werkfernverkehr mit LKW über 4t Nutzlast) um 180% von ca. 460000 Tonnen auf 1,3 Mio. Tonnen gestiegen ist.[8] Werkfernverkehr wird vor allem von Unternehmen des verarbeitenden Gewerbes (41,2%), des Baugewerbes (12,3%) und des Handels (42,4%) betrieben.[9]

Die Bedeutung des Straßengüterfernverkehrs ist seit Ende des Zweiten Weltkriegs erheblich gestiegen. Von 1950 bis 1990 hat sich das Verkehrsaufkommen des gewerblichen Straßengüterverkehrs mehr als verneunfacht, das des Werkfernverkehrs mehr als verelffacht. Betrachtet man die Verkehrsleistungen der beiden Bereiche, so stellt man für den gewerblichen Verkehr eine Steigerung um mehr als das Elffache und für den Werkfernverkehr einen Anstieg um knapp das Zwölffache fest. Aus den unterschiedlichen Wachstumsraten für das Verkehrsaufkommen und die Verkehrsleistungen kann abgeleitet werden, daß sich die durchschnittliche Transportweite bei beiden Verkehrsarten erhöht hat und zwar im Werkfernverkehr auf 178 km und im gewerblichen Fernverkehr auf 298 km im Jahr 1990. Einen Überblick über die Entwicklung der Verkehrsleistungen und des Verkehrsaufkommens geben die nachfolgenden Abbildungen.[10]

---

6) Vgl. Bundesverband des Deutschen Güterfernverkehrs (Hrsg.): Verkehrswirtschaftliche Zahlen 1990, Frankfurt/M. 1990, S.16.

7) Vgl. ebenda, S.14.

8) Vgl. ebenda, S.32.

9) Vgl. ebenda, S.14.

10) Beim Vergleich der Zahlenwerte ist zu beachten, daß bis 1960 das Saarland und West-Berlin nicht berücksichtigt wurden.

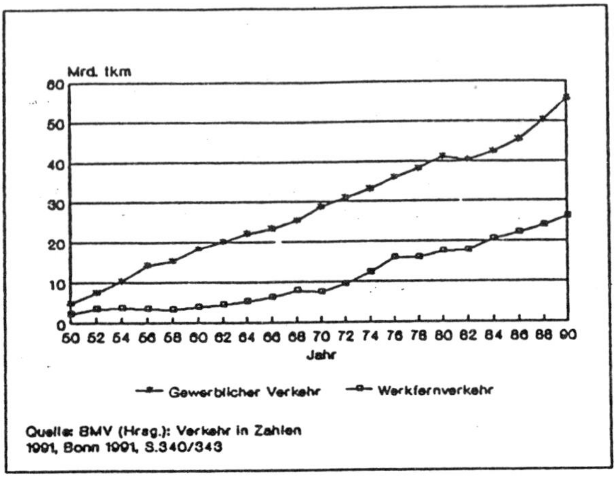

Abb. 2: Verkehrsleistungsentwicklung im gewerblichen Güter- und im Werkfernverkehr

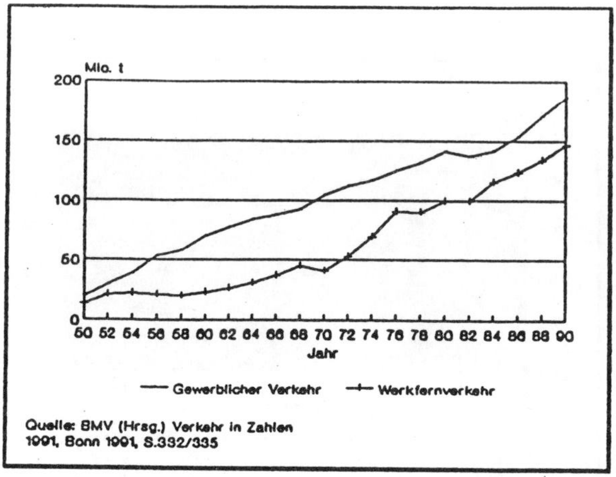

Abb. 3: Entwicklung des Verkehrsaufkommens im gewerblichen Güter- und im Werkfernverkehr

Obwohl sowohl der gewerbliche Güterfernverkehr als auch der Werkfernverkehr innerhalb der letzten vier Jahrzehnte massive Steigerungsraten zu verzeichnen hatten, hat sich ihre relative Stellung bei Betrachtung des gesamten Straßengüterfernverkehrs - also bei Berücksichtigung auch ausländischer Lastkraftfahrzeuge - teilweise erheblich verschlechtert. Der Anteil ausländischer Lastkraftfahrzeuge am Verkehrsaufkommen des Straßengüterfernverkehrs stieg von 5% im Jahr 1960 auf 24% im Jahr 1990. Dies läßt sich zum einen auf die zunehmende Bedeutung des grenzüberschreitenden Verkehrs und zum anderen auf Wettbewerbsvorsprünge bzw. -vorteile ausländischer Transporteure gegenüber ihrer deutschen Konkurrenz zurückführen. Bei den Verkehrsleistungen wuchs der Anteil im entsprechenden Zeitraum von 5,5% auf mehr als 32%.[11] (vgl. Abb. 4).

---

[11]) Vgl. Bundesminister für Verkehr (Hrsg.): Verkehr in Zahlen 1991, Bonn 1991, S.336-343 und eigene Berechnungen.

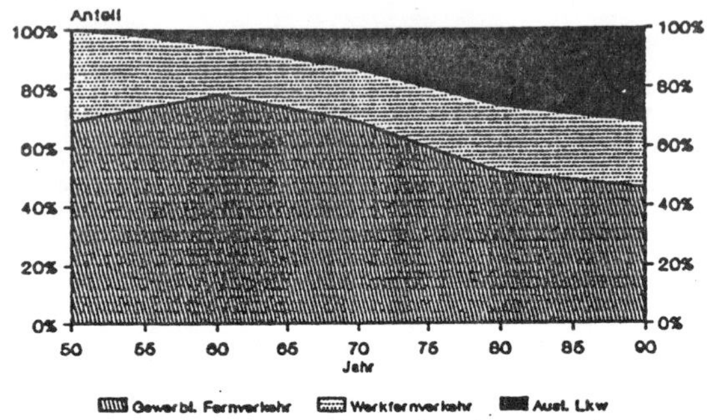

Quelle: BMV (Hrsg.): Verkehr in Zahlen 1991, Bonn 1991, S.340-343

Abb. 4: Intramodale Verkehrsteilung im Straßengüterfernverkehr

B. Der Eisenbahngüterverkehr in der Bundesrepublik Deutschland

Anders als etwa in den USA und mittlerweile auch in Japan liegt in der Bundesrepublik im Schienenverkehr eine monopolähnliche Angebotsstruktur vor. Dies gilt allerdings nur dann, wenn man die sogenannten Nichtbundeseigenen Eisenbahnen (NE) des öffentlichen und des nichtöffentlichen Verkehrs unberücksichtigt läßt.[12] Während die Bundesbahn bei den Verkehrsleistungen im Schienengüterverkehr ca. 98% des Marktes abdeckt, beläuft sich der "Marktanteil" der NE beim Verkehrsaufkommen auf fast 20%. Im Jahr 1989 transportierte die DB 306 Mio.t, die NE immerhin 64 Mio.t.[13]

Die unterschiedlichen Anteilswerte an den Verkehrsleistungen und am Verkehrsaufkommen lassen erkennen, daß die NE im Regelfall kurze Strecken bedienen, ihre durchschnittliche Transportweite somit erheblich unter der der DB liegt. Die NE übernehmen in größerem Umfang "..eine wichtige Verteiler- und Zubringerfunktion zum Netz der Deutschen Bundesbahn";[14] folglich stellt der Wechselverkehr mit der DB einen großen Teil des Verkehrs der NE dar. Die NE des öffentlichen Verkehrs hatten 1990 ca. 14000 Beschäftigte, das Streckennetz wies eine Länge von 3000 km auf, was ungefähr der Hälfte des 1950 vorhandenen Netzes entspricht. Demgegenüber waren 1990 bei der DB noch 249000 Mitarbeiter beschäftigt, während die Netzlänge ca. 26900 km betrug.[15] Versucht man die NE mit der DB zu vergleichen, ist zunächst zu berücksichtigen, daß beide auch Personenverkehr - allerdings in unterschiedlichem Ausmaß - betreiben, was beispielsweise bei der Ermittlung und dem Vergleich der Produktivitäten Schwierigkeiten bereitet. Zudem ist zu beachten, daß DB und NE zu einem großen Teil komplementäre Leistungen im Wechselverkehr anbieten, was bei

---

12) Vgl. Zachcial, M.: Daten zu Unternehmensgrößen im Verkehrssektor, Bonn 1976, S.11.

13) Vgl. Bundesminister für Verkehr (Hrsg.): Verkehr in Zahlen 1991. a.a.O., S.93/101.

14) Montada, M./ Busch, R./ Wachendorf, U.: Die Nichtbundeseigenen Eisenbahnen (NE), in: Püttner, G. (Hrsg.): Handbuch der kommunalen Wissenschaft und Praxis, Bd. 5, 2.A., Berlin u.a. 1984, S.441. 1990 belief sich der Wechselverkehr mit der DB auf 34,4 Mio. t; vgl. Bundesminister für Verkehr (Hrsg.): Verkehr in Zahlen 1991, a.a.O., S.101.

15) Vgl. ebenda, S.81-103.

einer Addition der Verkehrsmengen zu berücksichtigen ist. Versucht man trotzdem einen Leistungsvergleich anzustellen, so ist der Vergleich absoluter Zahlen wenig aussagekräftig. Verwendet man beispielsweise den Quotienten aus den jeweils erbrachten Verkehrsleistungen und den Beschäftigten als Maß für die Arbeitsproduktivität, schneidet die DB recht günstig ab (Verhältnis 3,7:1). Ersetzt man dagegen die Verkehrsleistungen durch das Verkehrsaufkommen, kehrt sich das Bild in sein Gegenteil um (Verhältnis 4:1 zugunsten der NE). Ähnlich divergierende Ergebnisse erhält man, wenn die Verkehrsleistungen und das Verkehrsaufkommen von DB und NE auf die jeweilige Streckenlänge bezogen werden. Ein insgesamt positives Bild für die NE ergibt sich, wenn die Veränderungen der verschiedenen Produktivitätsmaße betrachtet werden (vgl. Übersicht 1):

Veränderung in %	DB	NE
1950-1990		
(tkm/Beschäftigten):	+ 209%	+ 196%
(t/Beschäftigten):	+ 161%	+ 141%
(tkm/km Streckenlänge):	+ 65%	+ 279%
(t/km Streckenlänge):	+ 39%	+ 207%

Quelle: Bundesminister für Verkehr (Hrsg.): Verkehr in Zahlen 1991, Bonn 1991, S.78-103 und eigene Berechnungen

Übersicht 1: Leistungsvergleich zwischen NE und DB

Das relativ schlechte Abschneiden der DB bei den "Kapitalproduktivitäten" ist insbesondere darauf zurückzuführen, daß sie im Verhältnis zu den NE nur in begrenztem Ausmaß Streckenstillegungen durchführen konnte.[16]

---

16) Vgl. hierzu auch Krüger, K.: Die Nichtbundeseigenen Eisenbahnen im Wirtschaftsleben der Bundesrepublik Deutschland, in: DVWG (Hrsg.): Aktuelle Probleme des Eisenbahnverkehrs, Schriftenreihe der DVWG, B 7, Köln 1969, S.40.

Die NE des öffentlichen Verkehrs befinden sich zum überwiegenden Teil in öffentlichem Eigentum, wobei vor allem Kommunen und Kreise Anteilseigner der zumeist in privater Rechtsform geführten Unternehmen sind.[17] Während die DB seit Jahrzehnten trotz erheblicher Zuschüsse des Bundes Defizite einfährt, ist im gleichen Zeitraum die Zahl der NE des öffentlichen Verkehrs auf heute gut 100 Unternehmen stark gesunken.[18] Der gesamte Eisenbahnverkehr weist zwar im Vergleich zu 1950 sowohl bei den Verkehrsleistungen als auch beim Verkehrsaufkommen Zuwächse auf - wobei die NE verhältnismäßig besser abschneiden als die DB -, die relative Position der Eisenbahnen insgesamt hat sich dagegen drastisch verschlechtert. Im Jahr 1950 hatten die Eisenbahnen bei zehn (von insgesamt elf) Hauptgütergruppen in bezug auf das Verkehrsaufkommen den jeweils größten Anteil. 1990 galt dies nur noch bei zwei Hauptgütergruppen, nämlich für Kohle sowie Eisen/Stahl. Der Anteil dieser zwei Gütergruppen am gesamten Verkehrsaufkommen sank dabei von 1950 bis 1990 von etwa 40% auf weniger als 20%. Bei keiner der Hauptgütergruppen konnten die Eisenbahnen ihren Anteil halten; gravierende Einbußen in Höhe von jeweils fast 50 Prozentpunkten sind beim Transport von land- und forstwirtschaftlichen Erzeugnissen sowie Fahrzeugen und Maschinen feststellbar. Der Anteil beim Transport von chemischen Erzeugnissen reduzierte sich um mehr als 40 Prozentpunkte. Durch die Verlagerung der Transporte von rohem Erdöl auf Pipelines verringerte sich der Anteil der Eisenbahnen am Verkehrsaufkommen dieser Hauptgütergruppe von 70% im Jahre 1950 auf etwa zwei Prozent im Jahr 1990.[19] Hieraus resultiert schließlich ein Rückgang des Anteils der Eisenbahnen am gesamten binnenländischen Verkehr (ohne Straßengüternahverkehr) von 1950 bis 1990 von 66,6% auf 29,0% beim Verkehrsaufkommen und von 62,3% auf 24,7% bei den

---

17) Vgl. Montada, M./ Busch, R./ Wachendorf, U.: Die Nichtbundeseigenen Eisenbahnen (NE), a.a.O., S.439. Vgl. auch Montada, M.: Die Entwicklung der Nichtbundeseigenen Eisenbahnen zu regionalen Verkehrsunternehmen auf Schiene und Straße, in: DVWG (Hrsg.): Die Rolle der Eisenbahnen in der Verkehrsbedienung der Region, Schriftenreihe der DVWG, Reihe B 91, Bergisch Gladbach 1986, S.86.

18) 1969 waren es noch ca. 190 Unternehmen; vgl. Krüger, K.: Die Nichtbundeseigenen Eisenbahnen im Wirtschaftsleben der Bundesrepublik Deutschland, a.a.O., S.31.

19) Vgl. hierzu Bundesminister für Verkehr (Hrsg.): Verkehr in Zahlen 1991, a.a.O., S.352-377.

Verkehrsleistungen.[20] Erhebliche Probleme ergaben sich schließlich für die Eisenbahnen auch im grenzüberschreitenden Verkehr.[21] Dies kann zu einem großen Teil auf die bisher mangelhafte Kooperation unter den europäischen Eisenbahnen zurückgeführt werden, wodurch sich die Bahnen auf europäischer Ebene selbst ins Abseits rangiert haben.

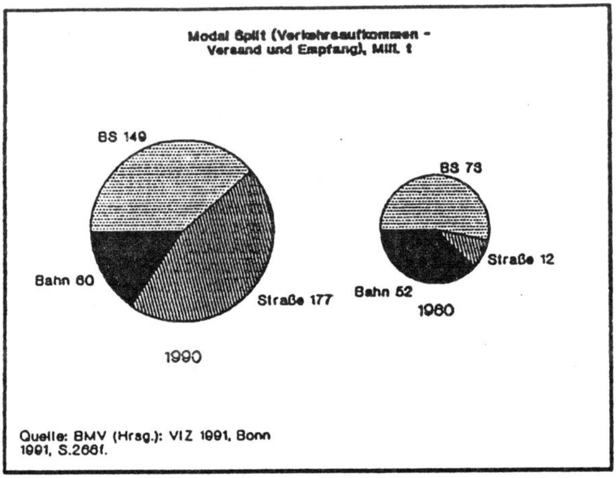

Abb. 5: Modal Split im grenzüberschreitenden Güterverkehr

---

20) Vgl. ebenda, S.336-347.

21) Das Verhältnis der beiden Kreisflächen entspricht dem Verhältnis des Verkehrsaufkommens im Jahr 1950 und 1990.

III. Marktergebnisse auf unregulierten Verkehrsmärkten

Im folgenden Kapitel wird versucht, mit Hilfe insbesondere der Produktions- und Kostenstrukturen der Eisenbahn und des Güterkraftverkehrs mögliche Marktergebnisse abzuleiten. Resultieren aus der Marktstruktur ineffiziente Marktergebnisse, so kann hieraus auf einen Regulierungsbedarf auf dem betreffenden Verkehrsmarkt geschlossen werden.[22]

A. Der unregulierte Schienensektor

1. Produktions- und Kostenstruktur im Eisenbahnverkehr

Bei der Frage nach den Marktergebnissen in unregulierten Bereichen steht insbesondere die Kostenstruktur im Vordergrund, da diese zumindest unter idealen Bedingungen im Zusammenspiel mit der Nachfrage die Marktstruktur bzw. die Besetzungszahl des Marktes bestimmt.

Im Schienenbereich sind bedeutende Unteilbarkeiten in bezug auf die Produktionsanlagen und eine hohe Lebensdauer dieser Kapitalgüter festzustellen. Darüber hinaus wird die Bedeutung von joint costs und von Gemeinkosten hervorgehoben.[23] Als problematisch wird der erhebliche Anteil fixer Kosten an den Gesamtkosten gesehen, der zumindest teilweise aus den Unteilbarkeiten resultiert. In jüngster Zeit werden des weiteren versunkene Kosten des Schienenverkehrs problematisiert, worunter Kosten zu verstehen sind, die auch bei Produktionseinstellungen nicht wieder hereingeholt bzw. vermindert werden können, was insbesondere für die Schienenanlagen und sonstige stationäre Anlagen gilt.[24] Unterstellt man zunächst, daß Eisenbahnen selbst für ihre Schieneninfrastruktur sorgen, so wird deutlich, daß vor allem aus diesem Bereich Unteilbarkeiten resultieren. "If A and B are 1,000 miles apart, 1,000 miles of track must be provided at a minimum."[25] Auf einem derartigen Schienenweg ist dann die Produktion einer

---

22) Vgl. hierzu auch Kahn, A.E.: The Economics of Regulation, Principles and Institutions, Cambridge/ Mass. 1988, (vol.1), S.177.

23) Vgl. Bonsor, N.C.: Transportation Economics, Toronto 1984, S.91ff.

24) "...the track, right-of-way, and much of the other capital stock in a typical railroad is a sunk cost that cannot be easily transferred to alternative markets."; Sharkey, W.W.: The theory of natural monopoly, Cambridge 1984, S.28.

25) Bonsor, N.C.: Transportation Economics, a.a.O., S.91. Vgl. auch Baumol,

bestimmten Menge von Verkehrsleistungen bis zur Kapazitätsgrenze möglich. Im Regelfall reicht eine Spur (für eine Richtung) aus, um die Nachfrage auf Schienenverkehrsmärkten zwischen zwei Punkten zu befriedigen. Aus den aus den Unteilbarkeiten resultierenden hohen Fixkosten lassen sich erhebliche economies of density ableiten, was bedeutet, daß bei gegebener Betriebsgröße die durchschnittlichen Kosten in bezug auf die produzierten Tonnenkilometer (bzw. Personenkilometer) sinken. Bonsor weist auf eine ganze Reihe von empirischen Untersuchungen hin, die erhebliche economies of density bzw. sinkende kurzfristige Durchschnittskosten nachweisen.[26] Insbesondere in den Vereinigten Staaten wurde eine ganze Reihe von statistischen Untersuchungen durchgeführt um, die Kostenstruktur im Schienenverkehr zu ermitteln. Für die Bundesrepublik liegt lediglich eine Untersuchung von Dick vor.[27] Die Aussagen der empirischen Untersuchungen sind insgesamt gesehen so heterogen und widersprüchlich, daß an ihrer Brauchbarkeit gezweifelt werden muß. Zudem ist zu unterscheiden zwischen Analysen, die versuchen, die langfristigen Kostenfunktionen zu ermitteln und ökonometrischen Untersuchungen, die die kurzfristigen Kostenfunktionen, also die Kostenverläufe bei gegebener Betriebsgröße analysieren. Dabei ist darauf hinzuweisen, daß bereits die Abgrenzung der Outputeinheiten (und damit der unabhängigen Variablen in den Kostenfunktionen) im Verkehrsektor mit erheblichen Problemen verbunden ist und daß etwa die Verwendung von Tonnen- bzw. Personenkilometern als Outputeinheiten eine weitgehende und häufig nicht akzeptable Vereinfachung darstellt.[28] Blankart führt fünf Arbeiten mit unterschiedlichen Ergebnissen an, die alle denkbaren Verläufe (abnehmend, zunehmend und konstant) für die langfristigen Durchschnittskosten für

---

W.J.: Art. Indivisibilities, in: Eatwell, J./ Milgate, M./ Newman, P. (Hrsg.): The New Palgrave, London, 1987, S.793.

26) Vgl. Bonsor, N.C.: Transportation Economics, a.a.O., S.93f.

27) Vgl. Dick, W.: Die Deutsche Bundesbahn aus der Sicht der Produktionstheorie, in: IV, 31. Jg., 1979, S.360-364.

28) Vgl. hierzu auch Wilson, G.W.: On the output unit in transportation, in: LE, vol.35, 1959, S.266-276 und Bayliss, B.: The measurement of supply and demand in freight transportation, Aldershot 1988, S.2ff. Bayliss weist auf eine französische Studie hin, in der festgestellt wird, daß die durchschnittliche Entfernung bei Straßentransporten nur 88% derjenigen bei Bahntransporten entspricht. So werden beispielsweise bei einem Transport einer Tonne von Paris nach Le Havre bei Straßen- und Pipelinetransporten 191 tkm, bei Bahntransporten schon 230 tkm und bei Transporten mit Binnenschiffen 322 tkm produziert. Vgl. ebenda, S.4.

Eisenbahnunternehmen der Vereinigten Staaten "nachweisen".[29] Dick kommt dagegen aufgrund einer Schätzung mittels einer Cobb-Douglas-Produktionsfunktion für die Deutsche Bundesbahn zu dem Resultat abnehmender Skalenerträge.[30] Braeutigam und Owen stellen fest, daß viele ".. empirical studies have been made to test for the existence of economies of scale, with results that have been mixed".[31] Schätzungen von Kim kommen für die Eisenbahnen in den USA zu dem Ergebnis, daß einerseits steigende Skalenerträge in der Produktion von Güterverkehrs- und Personenverkehrsleistungen existieren, gleichzeitig aber sogenannte diseconomies of scope (Verbundnachteile) in bezug auf die beiden Produktionszweige existieren, was auf die Vorteilhaftigkeit einer Trennung von Güter- und Personenverkehr hindeutet, die in den USA auch durchgeführt worden ist.[32]

Diese empirischen Untersuchungen leiden unter anderem an dem Problem, daß Schienenverkehrsunternehmen unterschiedliche Leistungen anbieten (Personenverkehr/Güterverkehr).[33] Zudem besteht ein Mangel darin, daß auf Daten aus zumeist regulierten Unternehmen zurückgegriffen werden muß, wodurch regulierungsbedingte (Input-)Verzerrungen die Ergebnisse verfälschen können. Zudem ist zu beachten, daß es bei der Beantwortung der Frage, ob economies of scale vorliegen oder nicht, auf den betrachteten Markt(-umfang) ankommt. Bonsor behauptet beispielsweise, daß erhebliche economies of density bei gleichzeitig konstanten langfristigen Durchschnittskosten vorliegen würden.[34] Letzteres bedeutet nichts anderes, als daß es im Schienensektor aus produktionstechnischer Sicht bzw. unter Kostenaspekten völlig gleichgültig ist, ob wenige (ein) Anbieter die

---

29) Vgl. Blankart, Ch. B.: Die wirtschaftspolitische Bedeutung von Skalenerträgen öffentlicher Unternehmen, in: ZögU, 2. Jg., 1979, S.19f.

30) Vgl. Dick, W.: Die Deutsche Bundesbahn aus der Sicht der Produktionstheorie, a.a.O., S.363.

31) Owen, B./ Braeutigam, R.R.: The Regulation Game, Cambridge/ Mass. 1978, S.180 und Braeutigam, R.R.: Optimal pricing with intermodal competition, AER, vol.69, 1979, S.40.

32) Vgl. Kim, H. Youn: Economies of scale and scope in multiproduct firms: evidence from US railroads, in: AE, vol.19, 1987, S.737ff. Einen Überblick über weitere empirische Untersuchungen liefern Soltwedel, R. et al.: Zur staatlichen Marktregulierung in der Bundesrepublik, Kiel 1987, S.101-105.

33) Vgl. hierzu Friedlaender, A.F./ Spady, R.F.: Freight transport regulation, Cambridge/Mass. 1981, S: 17f. und Soltwedel, R. et al.: Zur staatlichen Marktregulierung in der Bundesrepublik, a.a.O., S.102.

34) Vgl. Bonsor, N.C.: Transportation Economics, a.a.O., S.93.

Marktnachfrage befriedigen oder ob dies durch eine Vielzahl von Produzenten geschieht. Dieses Ergebnis ist jedoch in jedem Fall von der vorgenommenen räumlichen Abgrenzung abhängig. Betrachtet man einzelne Teilrelationen, dann führen Unteilbarkeiten und hieraus resultierende economies of density zur Existenz natürlicher Monopole und damit letztlich (regional begrenzt) zum gleichen Ergebnis wie langfristig sinkende Durchschnittskosten. Liegen konstante Skalenerträge bei kurzfristig sinkenden Durchschnittskosten vor, so ließe sich das Gesamtnetz in seine Teilrelationen aufspalten, die dann jeweils von Monopolunternehmen bedient würden. Eine Vergrößerung der Bahnunternehmen bzw. die Fusion der Betreiber einzelner Teilrelationen wäre unter Kostengesichtspunkten ohne Vor- aber auch ohne Nachteile.

Die Konsequenzen für die Nachfrageseite wären jedoch durchaus unterschiedlich. So weist beispielsweise Baumol in einem einfachen Modell nach, daß sich aufgrund von Nachfragekomplementaritäten die Marktergebnisse für die Nachfrageseite bei einer Fusion von zwei Bahnunternehmen gegenüber dem Fall jeweils isoliert betriebener Gewinnmaximierung der Unternehmen verbessern können.[35] Das gleiche Ergebnis erhält man zunächst auch bei Absprachen der beteiligten Verkehrsunternehmen. Dabei ist allerdings zu berücksichtigen, daß eine Art Gefangenendilemma auftritt, das Parallelen zur Kartellproblematik aufweist. Der für die beiden Unternehmen optimale bzw. gewinnmaximale Punkt (Preiskombination) stellt kein stabiles Gleichgewicht dar. Vielmehr besteht für die beiden Unternehmen (ausgehend vom gemeinsamen Gewinnmaximum) jeweils ein Anreiz, ihre Preise nach oben anzuheben, da die daraus resultierenden Erhöhungen des Gesamtpreises relativ gering sind bzw. Nachfragerückgänge nicht allein das preiserhöhende Unternehmen treffen, sondern auch vom Mitanbieter getragen werden müssen.[36] Es kann also festgehalten werden, daß auch dann, wenn Fusionen

---

35) Vgl. Baumol, W.J.: Some subtle pricing issues in railroad regulation, in: IJTE, vol.10, 1983, S.344. Baumol geht dabei von dem Fall aus, daß ein Unternehmen die Strecke AB bedient, ein zweites dagegen die Strecke BC und Nachfrage nach Transporten über AC entfaltet wird.

36) Vgl. ebenda, S.344f. Dies ist ein Problem, das u.a. im grenzüberschreitenden Schienenverkehr von praktischer Relevanz ist. Zur Aufteilung von Erlösen zwischen verschiedenen Eisenbahnen im internationalen Eisenbahnverkehr und den hieraus resultierenden Verhandlungsproblemen vgl. Friedrich, W./ Gottschalk, V./ Wissenbach, K.: Preise, Konditionen und Wettbewerb im Güterverkehr -

unter Kostengesichtspunkten keine Vorteile bringen, eine solche Fusion aufgrund der im Schienenverkehr gegebenen Nachfragekomplementaritäten sowohl im Interesse der Anbieter als auch der Nachfrager liegen kann.

Kompendium, Heidelberg 1985 (DB Fachbuch Bd. 6/17, hrsg. von H.-J. König), S.152ff.

2. Analyse des Schienenverkehrsmarktes mit Hilfe der Contestable-markets-Theorie

Trotz der teilweise widersprüchlichen empirischen Ergebnisse kann man davon ausgehen, daß die Problematik natürlicher Monopole zumindest auf Teilmärkten des Eisenbahnsektors von Relevanz ist. Wenn dies so ist, dann würde es nach der älteren Theorie des natürlichen Monopols bzw. nach der Theorie des Marktversagens sinnvollerweise keinen unregulierten Schienensektor geben. Ein unregulierter Markt würde danach unter allokativem Aspekt unerwünschte Ergebnisse hervorbringen und staatliche Eingriffe in der einen oder anderen Form notwendig werden lassen.

Die Theorie natürlicher Monopole hat in jüngster Zeit eine erhebliche Fortentwicklung durch die Contestable-markets-Theorie erfahren, die insbesondere von Baumol, Bailey, Panzar und Willig entwickelt wurde.[37]

a) Contestable-markets-Theorie und natürliches Monopol

Baumol et al. versuchen mit Hilfe ihrer Theorie eine Verallgemeinerung des Modells der vollkommenen Konkurrenz zu entwickeln. Während die herkömmliche Theorie normalerweise eine bestimmte Marktstruktur (hier synonym mit der Marktform bzw. der im Markt befindlichen Anzahl von Unternehmen) als exogen gegeben betrachtet, versuchen Baumol et al. aufzuzeigen, wie sich die (optimale) Marktstruktur aufgrund von Kosten- bzw. Angebotsfunktionen und der Nachfrage endogen herausbildet. "We take that structure to be determined endogenously and simultanously with the

---

37) Vgl. Baumol, W.J./ Panzar, J.C./ Willig, R.D.: Contestable Markets and the Theory of Industry Structure, 2.A., San Diego u.a. 1988; Baumol, W.J.: Contestable Markets: An Uprising in the Theory of Industry Structure, in: AER, vol.72, 1982, S.1-15 und Sharkey, W.W.: The theory of natural monopoly, a.a.O., Kapitel 4 und 5 sowie Rabe, U.: Kann sich ein natürliches Monopol durch entsprechende Preispolitik vor Konkurrenz schützen? (WIK Diskussionsbeitrag Nr. 5), Bad Honnef 1984; Fehl, U.: Das Konzept der Contestable Markets und der Marktprozess, in: Bombach, G./ Gahlen, B./ Ott, A.E.: Industrieökonomik: Theorie und Empirie, Tübingen 1985, S.29-49; Kruse, J.: Ökonomie der Monopolregulierung, Göttingen 1985, insb. Kapitel 5 und Windisch, R.: Privatisierung natürlicher Monopole: Theoretische Grundlagen und Kriterien, in: ders. (Hrsg.): Privatisierung natürlicher Monopole im Bereich von Bahn, Post und Telekommunikation, Tübingen 1987, S.41ff.

vectors of industry outputs and prices."[38] Einen zweiten Schwerpunkt der Theorie stellt die Analyse der Wirkungen eines völlig freien Marktzutritts dar. Nach Fehl kann der Ansatz der Contestable Markets "...als der bisher konsequenteste Versuch aufgefaßt werden, die Reichweite der potentiellen Konkurrenz auszuloten".[39] Dieser Ansatz kann somit als eine Fortentwicklung der insbesondere auf Joe S. Bain zurückgehenden Theorie der Marktzutrittsbarrieren betrachtet werden.[40]

Der Contestable-markets-Theorie liegt eine Reihe von Annahmen zugrunde, die teilweise als sehr restriktiv zu bezeichnen sind, was allerdings nicht gilt, wenn man sie mit den Annahmen des Modells der vollkommenen Konkurrenz vergleicht, das nach wie vor als Referenzmodell bzw. Referenzsituation der statischen Allokationstheorie dient.[41]

Zunächst wird unterstellt, daß alle Unternehmen über die gleiche Produktionstechnik verfügen (können), d.h. es existieren beispielsweise keine Kostennachteile für potentielle Konkurrenten. Des weiteren wird von der Existenz sogenannter versunkener Kosten (sunk costs) abgesehen, die aufgrund von Irreversibilitäten entstehen können. Die Nachfrager reagieren im Modell ohne Zeitverzug auf Preisunterschiede am Markt. Für die etablierten Unternehmen im Markt wird ein Kontrahierungszwang sowie ein time-lag hinsichtlich ihrer Reaktionsmöglichkeiten auf Marktzutritte unterstellt. Hieraus ergibt sich, daß potentielle Neulinge in der Lage sind, bei sich bietenden Gewinnmöglichkeiten in den Markt einzudringen, Nachfrager bei Erzielung von positiven Gewinnen zu bedienen und bei sich ankündigender Reaktion des oder der etablierten Unternehmen bei erwarteten Verlusten den Markt wieder zu verlassen (hit-and-run-entry). Die potentiellen Konkurrenten gehen somit von konstanten Preisen im Markt aus (sog. Bertrand-Annahme).[42]

---

38) Baumol, W.J./ Panzar, J.C./ Willig, R.D.: Contestable Markets and the Theory of Industry Structure, a.a.O., S.2.

39) Fehl, U.: Das Konzept der Contestable Markets und der Marktprozess, a.a.O., S.29.

40) Vgl. hierzu Bain, J.S.: Barriers to New Competition, (3. Druck), Cambridge/Mass. 1965.

41) Vgl. Baumol, W.J.: Contestable Markets: An Uprising in the Theory of Industry Structure, a.a.O., S.3f.

42) Die Annahme konstanter Preise ist nur eine von mehreren Möglichkeiten. Die bekannteste Alternative ist die Annahme konstanter Mengen des oder der Etablierten, die auch als Cournot-An-

Baumol et al. untersuchen auf der Grundlage dieser Annahmen die Frage, welche Marktsituationen bzw. Marktergebnisse ein Gleichgewicht darstellen. Dabei wird ein Gleichgewicht definiert als Situation, in der die Nachfrage befriedigt wird und zugleich für potentielle Neulinge kein Anreiz zum Eintritt und für Etablierte keine Notwendigkeit bzw. kein Anreiz für Marktaustritte vorliegt.[43]

Sind die oben genannten Annahmen erfüllt, so wird sich sowohl auf polypolistischen wie auch auf oligopolistischen Märkten ein Gleichgewicht (sustainability) nur dann einstellen, wenn Grenzkostenpreise gesetzt werden und im Kostenminimum produziert wird. Gewinne oder Kostenineffizienzen sind nicht möglich bzw. stellen Anreize für Neulinge dar, in den Markt einzutreten. Auch für natürliche Monopole mit durchgängig sinkenden Durchschnittskosten ist lediglich die Setzung des Durchschnittskostenpreises möglich. Sind die Annahmen der Theorie erfüllt, so stellen sich wohlfahrtsoptimale (bzw. Second-best-) Ergebnisse unabhängig von der Marktstruktur ein.

Dies gilt unter den genannten Annahmen für natürliche Monopole allerdings nur dann, wenn sie auf durchgängig sinkenden Durchschnittskosten beruhen. Es läßt sich nun allerdings zeigen, daß sinkende Durchschnittskosten zwar eine hinreichende, keineswegs jedoch eine notwendige Bedingung dafür sind, daß ein Markt von nur einem Unternehmen bedient werden sollte.[44]

Natürliche Monopole liegen dann vor, wenn die gesamte Marktnachfrage von einem Unternehmen kostengünstiger bedient werden kann als von jeder größeren Anzahl von Unternehmen. Ist dies der Fall, dann liegt bezüglich

---

nahme bezeichnet wird. Bei Zugrundelegung der Bertrand-Annahme spielt die Marktstruktur hinsichtlich der Wohlfahrt keine Rolle, da selbst im Duopol der Gleichgewichtspreis mit dem Wettbewerbspreis zusammenfällt ("Bertrand-Paradox"). Vgl. hierzu beispielsweise Tirole, J.: The Theory of Industrial Organization, Cambridge/Mass. 1988, S. 209ff. und Koutsoyiannis, A.: Modern Microeconomics, 2. A., Basingstoke, London 1979, S.227.

43) Vgl. Baumol, W.J./ Panzar, J.C./ Willig, R.D.: Contestable Markets and the Theory of Market Structure, a.a.O., S.24f.

44) Vgl. Sharkey, W.W.: The theory of natural monopoly, a.a.O., S.4.

der langfristigen Kostenfunktion sogenannte Subadditivität vor.[45] Es ist klar, daß bei einer durchgehend sinkenden langfristigen Durchschnittskostenfunktion dieser Fall vorliegt. Es sind allerdings auch Fälle vorstellbar, in denen die Kostenfunktion subadditiv ist und somit ein natürliches Monopol vorliegt, die Durchschnittskosten jedoch zumindest teilweise steigenden Verlauf aufweisen.

Geht man etwa von einer Kostenfunktion C(x) aus, die folgenden Verlauf aufweist,[46]

$$C(x) = \begin{cases} a + cx & \text{für } 0 < x < k \\ a + b + cx & \text{für } x \geq k \end{cases}$$

und $0 < b < a$

dann wird deutlich, daß für alle Outputmengen Subadditivität der Kostenfunktion bzw. ein natürliches Monopol vorliegt und trotzdem ein Bereich existiert, in dem die (langfristigen) Durchschnittskosten ansteigen. Schneidet die Marktnachfragekurve die Durchschnittskostenkurve in ihrem aufsteigenden Ast, so besteht die Gefahr ineffizienter Marktzutritte durch Neulinge, für die ja annahmegemäß der Kontrahierungszwang nicht gilt. Sie können eine etwas kleinere Menge als der etablierte Monopolist zu einem etwas geringeren Preis anbieten und Gewinne erzielen. Insgesamt steigen die Produktionskosten dadurch erheblich an. Das Problem ineffizienter Markteintritte läßt sich allerdings relativ leicht dadurch lösen, daß auch für den Neuling ein Kontrahierungszwang eingeführt wird.

---

45) Vgl. ebenda, S.2.

46) Vgl. Baumol, W.J./ Panzar, J.C./ Willig, R.D.: Contestable Markets and the Theory of Market Structure, a.a.O., S.20. k ist eine bestimmte Outputmenge bzw. Kapazitätsgrenze.

Bisher läßt sich festhalten, daß bei Vorliegen der Annahmen der Contestable-markets-Theorie eine Regulierung selbst von natürlichen Monopolen überflüssig ist und trotzdem wohlfahrtsoptimale bzw. Second-best-Ergebnisse erzielt werden. Lediglich im Falle mangelnder Marktzutrittsresistenz natürlicher Monopole treten Probleme auf, die staatliche Eingriffe erforderlich machen.

b) Marktergebnisse bei Vorliegen natürlicher Mehrproduktunternehmen

Berücksichtigt man den Umstand, daß es sich bei Eisenbahnen in der Regel um Unternehmen handelt, die mehr als eine Leistung anbieten, muß auf den Mehrproduktfall abgestellt werden. Unterstellt man der Einfachheit halber ein natürliches Monopol mit subadditiver Kostenfunktion, das bei Befolgung der Grenzkostenpreisregel (auf den einzelnen Märkten) Verluste erleiden würde, so ist zunächst festzustellen, daß das Unternehmen bei Vernachlässigung von potentieller und von Substitutionskonkurrenz Monopolpreise setzen könnte. Eine derartige Betrachtung des Schienengüterverkehrsmarktes ist durchaus von Relevanz, da dieser Verkehrsträger über eine relativ lange Zeit eine fast unangefochtene Monopolstellung aufwies. Um die allokativen Verluste eines unregulierten Mehrproduktmonopols aufzuzeigen, müssen die Marktergebnisse im unregulierten Zustand mit denen verglichen werden, die als optimal zu bezeichnen sind. Geht man davon aus, daß die Grenzkostenpreisbildung bzw. eine entsprechende Subventionierung nicht möglich ist bzw. daß im Bahnbereich zumindest Kostendeckung angestrebt wird, so wird die Preisbildung dann als optimal bezeichnet, wenn sie den Sozialen Überschuß (SÜ) unter der Nebenbedingung der Kostendeckung maximiert. Man hat somit den Sozialen Überschuß der beiden Situationen zu vergleichen.

Unterstellt wird ein Unternehmen, das lediglich zwei Güter produziert, wobei die Nachfragen unverbunden sind. Wird das Monopolunternehmen nicht reguliert, steht es vor folgender Maximierungsaufgabe:

$$\text{Max } \pi\ (x,y) = p_x(x)\ x + p_y(y)\ y - C(x,y).$$[47]

[47]) Dabei ist π der Gewinn des Unternehmens, x und y bezeichnen die jeweiligen Gütermengen, p_x und p_y sind die entsprechenden Güter-

Als Ergebnis erhält man:

$p_x\ (1 - 1/\tau_x) = c_x \quad <=> \quad (p_x - c_x)/p_x = 1/\tau_x$

bzw.

$p_y\ (1 - 1/\tau_y) = c_y \quad <=> \quad (p_y - c_y)/p_y = 1/\tau_y$

Daraus folgt:

$((p_x - c_x)/p_x)\ \tau_x = ((p_y - c_y)/p_y)\ \tau_y$[48]

Wird dagegen versucht, die Wohlfahrt unter der Nebenbedingung der Kostendeckung zu maximieren, so ist die Differenz zwischen der Summe der Zahlungsbereitschaften (Konsumentenrenten zuzüglich der Erlöse des Unternehmens) und den entsprechenden Kosten unter der Nebenbedingung der Kostendeckung zu maximieren. Geht man mit Panzar von der Kostenfunktion

$C(x,y) = F + c_x\ x + c_y\ y$

aus, so erhält man folgendes Optimierungsproblem:[49]

---

preise und C(x,y) ist die von den produzierten Mengen abhängige Kostenfunktion.

48) τ_x und τ_y sind dabei die Absolutwerte der direkten Preiselastizitäten der Nachfrage für Gut x bzw y, c_x bzw. c_y sind die partiellen Ableitungen der Kostenfunktion nach x bzw. y.

49) Vgl. Panzar, J.C.: Sustainability, Efficiency, and Vertical Integration, in: Kleindorfer, P./ Mitchell, B.M. (Hrsg.): Regulated Industries and Public Enterprise, Lexington, Mass., 1980, S.172f. F sind nicht zurechenbare Fix- bzw. Gemeinkosten.

$$\text{Max. } S\ddot{U} = \int_{p_x}^{\infty} x(p_x)\,dp_x + \int_{p_y}^{\infty} y(p_y)\,dp_y +$$

$$+ \quad (1+\mu)[(p_x-c_x)\; x(p_x) + (p_y-c_y)\; y(p_y) - F]$$[50]

Aus den Bedingungen 1. Ordnung erhält man dann:

$-\mu\; x = (p_x-c_x)\; dx/dp_x\; (1+\mu)$
und
$-\mu\; y = (p_y-c_y)\; dy/dp_y\; (1+\mu)$.

Nach Division durch x bzw. y und Erweiterung um p_x/p_x bzw. p_y/p_y erhält man dann die Gleichungen:

$\mu/(1+\mu) = ((p_x-c_x)/p_x)\; \tau_x$
bzw.
$\mu/(1+\mu) = ((p_y-c_y)/p_y)\; \tau_y$

Hieraus erhält man wie im unregulierten Monopol die Optimierungsbedingung:

$((p_x-c_x)/p_x)\; \tau_x = ((p_y-c_y)/p_y)\; \tau_y$

An den Ergebnissen ist erkennbar, daß bei Monopolpreisbildung Wohlfahrtsverluste auftreten. Bei monopolistischer Preissetzung würden auf beiden Märkten höhere Preise verlangt als bei Maximierung des Sozialen Überschusses. Die Preisstruktur ist in den beiden Fällen allerdings gleich.[51] Aus der Preisstruktur läßt sich also nicht erkennen, ob ein Unternehmen Gewinne oder die Wohlfahrt maximiert, woraus sich insbesondere bei Informationsproblemen von Aufsichts- oder Regulierungsbehörden Probleme ergeben könnten. "A fear has been expressed that the advocates of Ramsey Pricing wish merely to implant the notion that prices should be inversely related to elasticities in order to maximize welfare...and then proceed to

50) μ bezeichnet einen Lagrange-Multiplikator.
51) Vgl. Finsinger, J.: Wohlfahrtsoptimale Preisstrukturen von Unternehmen unter staatlicher Regulierung, Diss., Bonn 1979, S.18.

practice profit maximizing price discrimination under the guise of Ramsey pricing..".[52] Aus den Wohlfahrtsverlusten bei monopolistischer Preisbildung resultiert scheinbar wiederum ein Eingriffsbedarf seitens des Staates oder von Regulierungsbehörden.

Berücksichtigt man jetzt allerdings den möglichen Einfluß potentieller Konkurrenz, so ist wie im Einproduktfall wieder damit zu rechnen, daß die etablierten Unternehmen ihre monopolistischen Spielräume nicht voll ausnutzen können. Unterstellt man wieder völlig freien Marktzugang, so kann auf die Contestable-markets-Theorie zurückgegriffen werden. Dabei ist zunächst die Frage nach den notwendigen und hinreichenden Bedingungen für ein natürliches Mehrproduktmonopol zu stellen. Eine subadditive Kostenfunktion garantiert wieder das Vorliegen eines natürlichen Monopols. Für den Mehrproduktfall ist es allerdings recht aufwendig, die notwendigen bzw. hinreichenden Bedingungen für das Vorliegen subadditiver Kostenfunktionen abzuleiten.

Zunächst ist festzustellen, daß es sich bei der Subadditivität um ein globales Konzept handelt, was zur Folge hat, daß der Nachweis der Subadditivität der Kostenfunktion in einem bestimmten Produktionspunkt bzw. Outputvektor (y^*) die genaue Kenntnis der Kostenfunktion für alle Outputvektoren (y) erforderlich macht, für die gilt: $y \leq y^*$.[53]

Im Mehrproduktfall müssen neuere Kostenkonzepte verwendet werden, da herkömmliche Instrumente mit Problemen behaftet sind. So bereitet der Durchschnittskostenbegriff im Mehrproduktfall erhebliche Schwierigkeiten, da die Bezugseinheit nicht eindeutig festgelegt werden kann. Geht man allerdings von gleichbleibenden Güterproportionen aus und variiert die Anzahl der Güterbündel, lassen sich Durchschnittskosten, jetzt sog. Strahldurchschnittskosten oder ray average costs (RAC) herleiten, die sich durch folgende Gleichung definieren lassen:

$$RAC = C(ty^o)/t$$

---

52) Allen, B.W.: Ramsey Pricing in the transportation industries, in: IJTE, vol.13, 1986, S.296.

53) Vgl. Baumol, W.J./ Panzar, J.C./ Willig, R.D.: Contestable Markets and the Theory of Industry Structure, a.a.O., S.171.

y^{o} stellt dabei das betreffende Einheitsgüterbündel dar und t gibt die Anzahl der Güterbündel an, wobei gilt: $y=ty^{o}$.[54] Abnehmende Strahldurchschnittskosten lassen sich durch die folgende Graphik darstellen.[55]

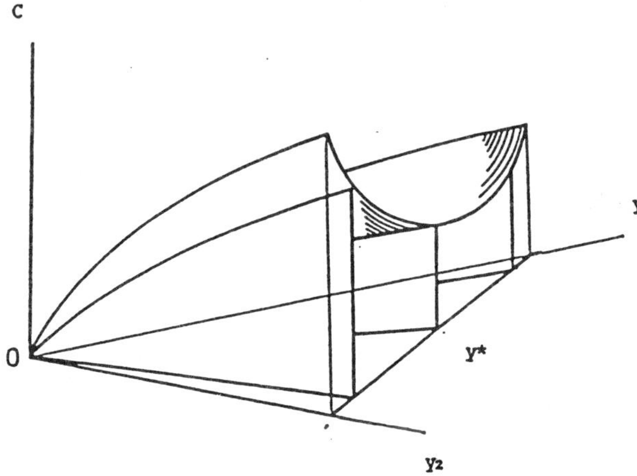

Abb. 6: Abnehmende Strahldurchschnittskosten im Zwei-Güter-Fall

Während im Einproduktfall abnehmende Durchschnittskosten hinreichend für das Vorliegen eines natürlichen Monopols sind, gilt dies für den Mehrproduktfall nicht. Folglich müssen neue Konzepte, wie das der inkrementalen Kosten (IC) zur Anwendung kommen. Betrachtet man einen Produktionsvektor y^{*}, der sich aus y^{*}_{1} und y^{*}_{2} zusammensetzt, so stellt die Differenz zwischen den Kosten für y^{*}, also $C(y^{*})$, und den Kosten, die allein bei Produktion von y^{*}_{1} anfielen, also $C(y^{*}_{1},0)$, die inkrementalen Kosten für

54) y^{o}, also eine Einheit des betreffenden Güterbündels, wird von Baumol et. al. dabei gleichgesetzt mit der Strecke vom Nullpunkt bis zum Schnittpunkt des Strahls mit dem sog. Einheitssimplex. Der Einheitssimplex ist im Zweigüterfall die Strecke in der Güterebene, die die Koordinaten (0,1) bzw. (1,0) miteinander verbindet. Vgl. hierzu auch Rabe, U.: Kann sich ein natürliches Monopol durch entsprechende Preispolitik vor Konkurrenz schützen?, a.a.O., S.24.

55) Vgl. Bongaerts, J.: Marktzutrittsresistenz eines natürlichen Mehrproduktunternehmens, in: Blankart, Ch.B./ Faber, M. (Hrsg.): Regulierung öffentlicher Unternehmen, Königstein/Ts. 1982, S.41. In der Abbildung liegen sinkende Strahldurchschnittskosten für beliebige Strahlen in der Güterebene vor. Vgl. auch Baumol, W.J./ Panzar, J.C./ Willig, R.D.: Contestable Markets and the Theory of Industry Structure, a.a.O., S.48.

y^*_2 (also $IC(y^*_2)$) dar. Die entsprechenden inkrementalen Durchschnittskosten (average incremental cost) sind dann folglich gegeben durch $AIC = IC(y_2)/y_2$.

In Verbindung mit den inkrementalen Kosten bzw. den AIC entwickelten Baumol et al. das Konzept der produktspezifischen economies of scale, deren Grad gemessen wird durch die Inverse der Elastizität der inkrementalen Kosten für das entsprechende Produkt, also das Verhältnis von durchschnittlichen und marginalen inkrementalen Kosten.[56]

Unter economies of scope versteht man Verbundvorteile der Produktion mehrerer Güter gegenüber einer spezialisierten Herstellung. Economies of scope liegen folglich im Zwei-Güter-Fall vor, wenn gilt: $C(y_1,y_2) < C(y_1,0) + C(0,y_2)$.[57] Economies of scope sind notwendig, jedoch nicht hinreichend für das Vorliegen von Subadditivität in einem bestimmten Outputvektor, wie sich durch die folgende Graphik leicht verdeutlichen läßt. Die Funktion C(y) ist in y^* nur dann subadditiv, wenn sich bei einer beliebigen Zerlegung des Outputvektors y^* in separate Produktionen (z.B. in I-I',II-II', III-III') höhere Produktionskosten ergeben als $C(y^*)$.[58]

56) Vgl. ebenda, S.68.
57) Vgl. ebenda, S.71 und Panzar, J.C./ Willig, R.D.: Economies of Scope, in: AER, vol. 71, 1981, S.268.
58) Vgl. Berg, S.V./ Tschirhart, J.: Natural Monopoly Regulation, Cambridge 1988, S.36.

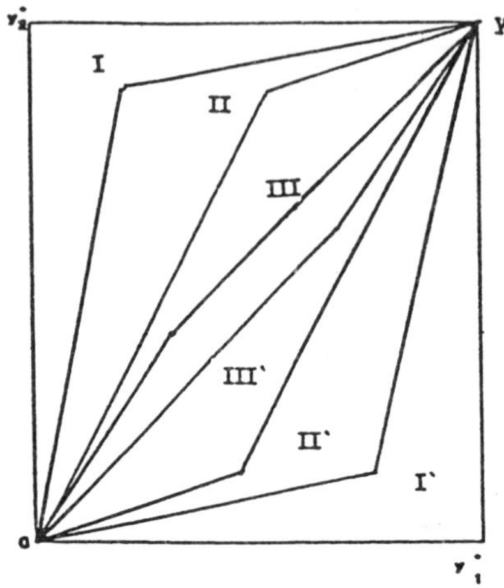

Abb. 7: Economies of scope und Subadditivität

Sogenannte Trans-ray-Konvexität liegt dann vor, wenn durch den betreffenden Outputvektor y* (mindestens) eine Strecke gelegt werden kann, die (im Zwei-Güter-Fall) die beiden Achsen miteinander verbindet und über der die Kostenfunktion einen konvexen Verlauf aufweist.[59]

Schließlich ist eine Kostenfunktion dann in y* (strikt) quasi-konvex, wenn die Menge y, für die gilt $\{y \mid C(y) \leq C(y^*)\}$, strikt konvex ist. Die sogenannten Isokostenkurven weisen folglich einen zum Ursprung konkaven Verlauf auf.[60] Nachdem die wichtigsten der für den Mehrproduktfall notwendigen Kostenkonzepte dargestellt worden sind, können nun die hinreichenden Bedingungen für das Vorliegen eines natürlichen Mehrproduktmonopols angeführt werden. Die Kostenfunktion ist in einem Outputvektor y* subadditiv, wenn eine der folgenden Bedingungen erfüllt ist:

59) Vgl. Sharkey, W.W.: The theory of natural monopoly, a.a.O., S.66; Baumol, W.J./ Panzar, J.C./ Willig, R.D.: Contestable Markets and the Theory of Industry Structure, a.a.O., S.79ff. Vgl. hierzu auch die Abbildung 6, in der für die eingezeichneten Outputvektoren jeweils Trans-ray-Konvexität vorliegt.

60) Vgl. ebenda, S.83.

1) "C(y) hat für jedes Produkt streng abnehmende AIC bis $y^{[*]}$ und in $y^{[*]}$ economies of scope".

2) "C(y) hat streng abnehmende RAC bis $y^{[*]}$ und ist trans-ray convex in der Hyperebene durch $y^{[*]}$."

3) "C(y) hat streng abnehmende RAC bis $y^{[*]}$ und ist quasiconvex in $y^{[*]}$."[61]

Die abgeleiteten Bedingungen für das Vorliegen natürlicher Mehrproduktunternehmen machen deutlich, daß eine empirische Überprüfung in der Realität nur sehr schwer möglich sein dürfte.[62] Es soll aber trotzdem danach gefragt werden, welche Ergebnisse bei Vorliegen eines natürlichen Monopols unter den Annahmen der Contestable-markets-Theorie zu erwarten sind. Von Interesse ist insbesondere, ob sich ein natürliches Monopol bei Existenz potentieller Konkurrenten durch eine geeignete Preispolitik vor Marktzutritten schützen kann und wenn ja, welche Eigenschaften derartige marktzutrittsresistente Preisvektoren aufweisen. Von Baumol/Bailey/Willig wurde nun gezeigt, daß der Ramsey-Preis-Vektor des Mehrproduktunternehmens unter bestimmten, allerdings sehr restriktiven Annahmen sustainability bzw. Marktzutrittsresistenz garantiert und somit in Einzelfällen damit gerechnet werden könnte, daß der Druck potentieller Konkurrenz die etablierten Unternehmen zu einer effizienten Vorgehensweise im Produktions- und im Absatzbereich zwingen kann.[63] Sind die marktzutrittsresistenten Preise allerdings nicht zugleich identisch mit dem Ramsey-Preis-Vektor, entstehen trotz potentieller Konkurrenz wiederum Ineffizienzen. Ein weiteres Problem liegt wie im Einproduktfall dann vor, wenn es keine marktzutrittsresistenten Preise gibt, das natürliche Monopol also keine Möglichkeit besitzt, durch eine geeignete Preispolitik ineffiziente Marktzutritte zu verhindern.[64] Auch in diesem Fall scheinen staatliche

---

61) Rabe, U.: Kann sich ein natürliches Monopol durch entsprechende Preispolitik vor Konkurrenz schützen?, a.a.O., S.37.

62) Vgl. hierzu auch Windisch, R.: Privatisierung natürlicher Monopole: Theoretische Grundlagen und Kriterien, a.a.O., S.53f.

63) Vgl. Baumol, W.J./ Bailey, E./ Willig, R.D.: Weak Invisible Hand Theorems on the Sustainability of Multiproduct Natural Monopoly, in: AER, vol.67, 1977, S.351.

64) Vgl. hierzu auch Faulhaber, G.: Cross-Subsidization: Pricing in Public

Regulierungen, z.B. in Form von Marktzutrittsregulierungen bei gleichzeitiger Preisregulierung der etablierten Unternehmung, angebracht.

Aus den bisherigen Ausführungen folgt, daß bei isolierter Betrachtung des Schienengüterverkehrsmarktes zunächst geprüft werden müßte, ob tatsächlich ein natürliches Monopol vorliegt oder nicht, was, wenn überhaupt, nur unter Inkaufnahme extrem hoher Informationskosten möglich erscheint. Entsprechende Untersuchungen müßten zudem laufend vorgenommen werden. Des weiteren wäre zu prüfen, ob marktzutrittsresistente Preisvektoren existieren. Dies ist nur über ein Trial-and-error-Verfahren möglich, was die Gefahr ineffizienter Marktzutritte nicht ausschließen könnte. Schließlich wäre die Relevanz der sog. Bertrand-Annahme im betrachteten Markt zu untersuchen. Muß diese etwa durch die Cournot-Annahme ersetzt werden, stellen sich u.a. stark abweichende Ergebnisse hinsichtlich der Marktzutrittsresistenz bestimmter Preisvektoren und auch der Wohlfahrtswirkungen potentieller Konkurrenz ein.[65]

Bisher wurde von der Existenz versunkener Kosten abstrahiert. Versunkene Kosten stellen jedoch u.U. Markteintrittsbarrieren dar, die den Aktionsradius etablierter Monopolisten erhöhen und damit Wohlfahrstverluste vergrößern können. Gerade der Schienenverkehr ist ein Sektor mit extrem hohen versunkenen Kosten, insbesondere im Bereich der Schienenanlagen und teilweise auch der stationären Anlagen (z.B. Rangierbahnhöfe), so daß die Contestable-markets-Theorie gerade für diesen Bereich von nur geringer Relevanz zu sein scheint.

Utilities, in: AER, vol.65, 1975, S.974.

65) "The sustainability of industry configurations and the consequences of entry depend on which assumptions can be verified as describing firms` behavior."; Knieps, G./ Vogelsang, I.: The sustainability concept under alternative behavioral assumptions, in: BJE, vol.13, 1982, S.241.

3. Versunkene Kosten als Markteintrittsbarrieren

Die Bedeutung von Zutrittsschranken als Marktstrukturelement wurde insbesondere von Bain hervorgehoben, der economies of scale, absolute Kosten- und Produktdifferenzierungsvorteile als Ursachen von Markteintrittsschranken betrachtete.[66] Markteintrittsbarrieren wurden dabei als exogene Determinanten des Marktverhaltens und der Marktergebnisse angesehen.[67]

Marktzutrittsbarrieren lassen sich einteilen in rechtliche bzw. institutionelle, natürliche und strategische Hindernisse.[68] Kruse versteht dabei unter natürlichen Zutrittshindernissen solche, die auf Kostenirreversibilitäten, also die Existenz versunkener Kosten zurückzuführen sind. Strategische Eintrittshindernisse sind dagegen Barrieren, die von den etablierten Unternehmen zur Abschreckung potentieller Konkurrenz bzw. zur Eintrittsverhinderung oder zumindest zur Eintrittserschwerung errichtet worden sind.[69] Versunkene Kosten können nicht nur natürliche Zutrittsschranken hervorrufen, sondern stellen auch ein wichtiges Instrument im Rahmen der strategischen Eintrittsverhinderung dar und werden so zu einem Aktionsparameter der Unternehmenspolitik.

In sämtlichen Modellen zur Eintrittsverhinderung wird davon ausgegangen, daß etablierte Unternehmen durch bestimmte (Voreintritts-) Entscheidungen Marktzutritte verhindern oder erschweren können bzw. die Gewinnerwartungen eines Neulings für den Fall des Eintritts auf Null sinken lassen. Hauptkritikpunkt an den älteren Limit-Preis-Modellen war die Tatsache, daß für den Fall eines Eintritts nicht-rationales Verhalten der etablierten Unternehmen zugelassen wurde. So gehen die newcomer in den Modellen von Bain, Sylos-Labini und Modigliani davon aus, die etablierten

---

66) Vgl. Bain, J.S.: Barriers to New Competition, a.a.O., S.12f.

67) In verschiedenen Limit-Preis-Modellen wurde etwa untersucht, wie hoch das etablierte Unternehmen seinen Preis über die langfristige Durchschnittskostenkurve anheben kann, ohne Neulinge (mit spezifizierten Erwartungen bzgl. der Nacheintrittsreaktion des etablierten Unternehmens) in den Markt zu locken. Entsprechende Modelle wurden von Bain, Sylos-Labini und Modigliani entwickelt.

68) Vgl. hierzu auch Kruse, J.: Ökonomie der Monopolregulierung, a.a.O., S.12f. und Jacquemin, A.: Industrieökonomik, Frankfurt/M. u.a. 1986, S.93ff.

69) Vgl. Kruse, J.: Ökonomie der Monopolregulierung, a.a.O., S.12.

Unternehmen würden nach einem Eintritt ihre Mengen unverändert lassen und zwar auch dann, wenn dies nicht die für sie optimale Strategie ist. Entsprechende Drohungen sind folglich nicht glaubhaft, jedenfalls dann nicht, wenn rationales Verhalten auf Seiten des etablierten Unternehmens unterstellt werden kann.[70] Es kann nun gezeigt werden, daß etablierte Unternehmen bei gegebenen Regeln für das Nacheintrittsspiel durch irreversible Investitionen die Gleichgewichtslösungen für den Fall eines Eintritts zu ihren Gunsten beeinflussen können.[71] Dixit geht in einem grundlegenden Modell von der folgenden Kostenfunktion aus, die sowohl für das etablierte Unternehmen wie für den potentiellen Konkurrenten gültig ist:[72]

$$C_i = f_i + w_i x_i + r_i k_i$$

$i = 1, 2$ (1 = Etablierter, 2 = newcomer)

Die f_i sind dabei fixe (Set-up-) Kosten, w_i bezeichnen die kurzfristigen Grenzkosten der Produktion bis zur Kapazitätsgrenze und die r_i sind die konstanten Kapazitätsstückkosten. Wählt die etablierte Unternehmung ein bestimmtes Kapazitätsniveau k'_1, dann weist sie folgende (kurzfristige) Kostenfunktion auf:

$$C_1 = f_1 + w_1 x_1 + r_1 k'_1.$$

mit Grenzkosten $C'_1 = w_1$ für $x_1 \leq k'_1$

Soll darüber hinaus produziert werden, gilt:

---

70) Vgl. hierzu auch Dixit, A.: Recent Developments in Oligopoly Theory, in: AER PP, vol.72, 1982, S.12.

71) Vgl. Dixit, A.: The role of investment in entry-deterrence, in: EJ, vol.90, 1980. S.96. In einem Beispiel von Salop wird die Gleichgewichtslösung durch die Investition nicht verändert, allerdings ändern sich die Werte der entsprechenden Iso-Gewinnkurven; vgl. Salop, S.: Strategic Entry Deterrence, in: AER PP, vol.69, 1979, S.335-338.

72) Vgl. zum folgenden Dixit, A.: The role of investment in entry-deterrence, a.a.O., S.96ff. Bei Salop wirkt die irreversible Investition der etablierten Unternehmung anders als bei Dixit wie eine fixe Eintrittsgebühr, die die Reaktionsfunktionen der beteiligten Unternehmen unverändert läßt. Vgl. Salop, S.: Strategic Entry Deterrence, a.a.O., S.336.

$C_1 = f_1 + (w_1 + r_1)x_1.$

mit Grenzkosten $C'_1 = w_1 + r_1$

Für den Neuling, der annahmegemäß noch über keine Kapazitäten verfügt, gilt:

$C_2 = f_2 + w_2x_2 + r_2k_2$

mit Grenzkosten $C'_2 = w_2 + r_2$

Wählt das etablierte Unternehmen eine bestimmte (nach unten nicht variable) Kapazität k'_1, weist seine Grenzkostenkurve bei der entsprechenden Menge einen Knick auf.

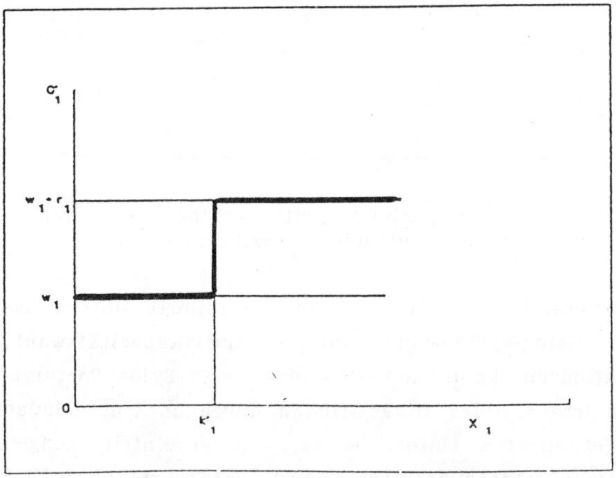

Abb. 8: Grenzkostenverlauf der etablierten Unternehmung[73]

73) Vgl. Dixit, A.: The role of investment in entry-deterrence, a.a.O., S.97.

Unterstellt man für die Nacheintrittssituation ein Mengendyopol nach Cournot, lassen sich für die Unternehmen Reaktionskurven durch Gleichsetzen der aus den jeweiligen Restnachfragekurven abgeleiteten Grenzerlöskurven mit den jeweiligen Grenzkostenkurven ermitteln. Das etablierte Unternehmen kann sich dabei bis zur Kapazitätsgrenze auf seiner kurzfristigen Reaktionskurve R^k_1 bewegen und muß erst bei größeren Mengen auf die langfristige Reaktionskurve R^l_1 überwechseln. Für den newcomer existiert annahmegemäß nur eine langfristige Reaktionskurve R^l_2.[74]

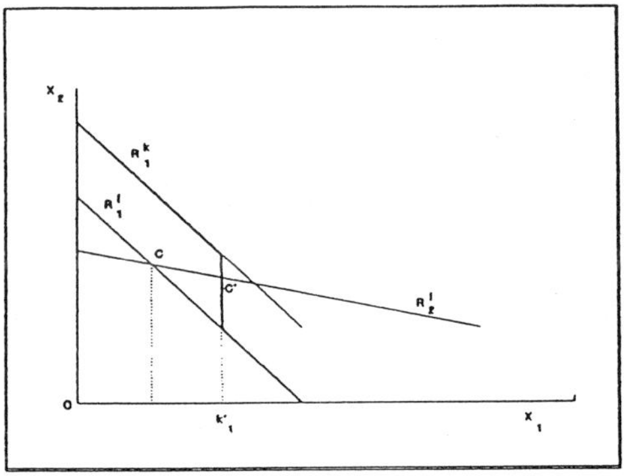

Abb. 9: Strategische Eintrittsverhinderung durch entsprechende Kapazitätswahl

Aus der Graphik wird deutlich, daß das etablierte Unternehmen ein mögliches Nacheintrittsgleichgewicht durch seine Kapazitätswahl zu seinen Gunsten beeinflussen kann und daß das sog. Sylos-Postulat unter Berücksichtigung irreversibler Investitionen durchaus von Relevanz ist. Eine Drohung des etablierten Unternehmens, die Voreintrittsmenge auch nach einem Eintritt aufrechtzuerhalten, wird somit glaubhaft.[75] Irreversible Investitionen bzw. versunkene Kosten können somit als Mittel zur Ver-

74) Vgl. ebenda, S.98f. und Tirole, J.: The Theory of Industrial Organization, a.a.O., S.318f.

75) Vgl. hierzu auch Gilbert, R.J.: Mobility barriers and the value of incumbency, in: Schmalensee, R./ Willig, R.D. (Hrsg.): Handbook of industrial economics, vol.1, Amsterdam 1989, S.491f. In der Abbildung ist dies am vertikalen Stück der Reaktionskurve des Etablierten zu erkennen.

hinderung bzw. Erschwerung von Eintritten verwendet werden.

Vielleicht noch größer als ihre Bedeutung als strategische Zutrittshindernisse ist die Wirkung versunkener Kosten als natürliche Markteintrittsbarriere, denn "[A] firm that buys equipment today signals that it will be around tomorrow if it cannot resell the equipment".[76] Durch die notwendige Festlegung auf eine marktirreversible Ausrüstung o.ä. entsteht in jedem Fall eine Art Marktaustrittsbarriere für den Investor, die ihrerseits das Marktzutrittsrisiko eines potentiellen Konkurrenten erhöht.[77]

Geht man von einer vertikalen Integration zwischen Netz und Betrieb aus und unterstellt weiter, daß versunkene Kosten vorwiegend im Infrastrukturbereich auftreten, dann wird klar, daß die Marktzutrittsbarrieren des Netzbereichs auch auf den mobilen Betrieb übertragen werden. Bei einer vertikalen Integration besteht somit die Gefahr, daß monopolistische Praktiken angewendet werden, die staatliche Regulierungsmaßnahmen erforderlich machen oder aber die Produktion in einem öffentlichen Unternehmen wie der Bundesbahn nahelegen. Damit könnten allokative Verluste, sei es durch monopolistische Ausbeutung oder aber durch ineffiziente Marktzutritte, verhindert werden.

Bei einer Trennung von Netz und Betrieb käme es zumindest im Infrastrukturbereich (Netz) zu einem Marktversagen und zu allokativen Verzerrungen. Anbieter von Infrastrukturleistungen wären aufgrund der existierenden Marktzugangsbarrieren in der Lage, monopolistische Preissetzungspraktiken gegenüber den Nachfragern von Infrastrukturleistungen anzuwenden.

Zusammenfassend läßt sich somit festhalten, daß der Schienenverkehrssektor als Ganzes betrachtet in völlig unreguliertem Zustand allokativ unerwünschte Ergebnisse hervorbringen würde.

---

76) Tirole, J.: The Theory of Industrial Organization, a.a.O., S.314f.

77) Dies gilt allerdings streng genommen nur, solange die Entscheidung noch nicht getroffen, die irreversible Investition also noch nicht getätigt wurde.

4. Vertikale Integration im Bahnbereich

Bisher wurde eine vertikale Integration von Netz- und Betriebsbereich im Bahnsektor angenommen, was auch in der Realität den Regelfall darstellt.[78] Zu fragen ist allerdings, ob die Annahme einer vertikalen Integration für einen unregulierten Verkehrsmarkt überhaupt sinnvoll ist. Welche Gründe sprechen für eine vertikale Integration bzw. warum existieren in der Realität so wenige Beispiele für die Trennung der beiden Bereiche? Erklärungen hierfür liefert die Theorie der vertikalen Integration. Danach sind die Hauptdeterminanten der vertikalen Konzentration technologische Verbundvorteile, Transaktionskostenersparnisse und Marktunvollkommenheiten.[79]

Der transaktionskostentheoretische Ansatz bzw. die Theorie der New Institutional Economics geht insbesondere auf Coase und Williamson zurück.[80] Coase stellte urprünglich die Frage, warum sich in Tausch- bzw. Marktwirtschaften Unternehmen herausbilden und erklärte dies mit der Existenz von Transaktionskosten, worunter Arrow "the costs of running the economic system" versteht.[81] Mit diesem transaktionskostentheoretischen Ansatz läßt sich nun auch die Existenz der vertikalen Integration in verschiedenen Bereichen erklären. Fusionen zwischen Unternehmen verschiedener Produktionsstufen kommen dann zustande, wenn die durch den Zusammenschluß entstehende Institution (Unternehmen) geringere Transaktionskosten aufweist als die marktmäßige Beziehung zwischen den beiden Bereichen. Ihre Grenze findet die Bildung bzw. das Wachstum von Unternehmen

---

78) Beispiele für (ehemals) existierende Trennungen von Netz und Betrieb finden sich bei Göhringer, M.: Trennung von Infrastruktur und Verkehrsleistungsproduktion im Bereich des Schienenverkehrs, Berlin 1980, Kapitel 4.

79) Vgl. Perry, M.K.: Vertical integration: Determinants and effects, in: Schmalensee, R./ Willig, R.D.(Hrsg.): Handbook of Industrial Organizations, vol.1, Amsterdam 1989, S.185.

80) Vgl. Coase, R.: The nature of the firm, in: EC, vol.4, 1937, S.386-405 und Williamson, O.: The Economic Institutions of Capitalism, New York 1985.

81) Arrow, K.J.: The organization of economic activity: Issues pertinent to the choice of market versus nonmarket allocation, in: The Analysis and Evaluation of Public Expenditure: The PPB System, vol.1. U.S. Joint Economic Committee, 91st Congress, 1st Session, Washington, D.C. 1969, S.48. Richter unterscheidet drei Arten von Transaktionskosten und zwar die "Kosten der Marktbenutzung", der "Dispositionsnutzung in Unternehmungen" und der "Bereitstellung der Organisation einer elementaren (staatlichen) Gemeinschaft", Richter, R.: Geldtheorie, Berlin u.a. 1987, S.72.

dort, wo die Vorteile des internen bzw. externen Wachstums auf entsprechend hohe Kosten der hierarchischen Organisation stoßen.[82]

Insbesondere die Notwendigkeit, langlebige, transaktions- bzw. marktirreversible Investitionen zu tätigen, spricht nach Williamson für eine vertikale Integration zweier aufeinanderfolgender Stufen.[83] Während in einer stationären Umwelt die vertikale Integration keine Vorteile gegenüber langfristigen Verträgen bietet, gilt dies nicht bei Vorliegen von Unsicherheit über zukünftige Gegebenheiten. Ein "Once-for-all-Vertrag" kann zu vertretbaren Kosten nicht alle zukünftigen Möglichkeiten einschließen bzw. regeln. Folglich werden die Vertragsparteien versuchen, Vertragslücken zu ihren Gunsten zu interpretieren bzw. auszunutzen. Somit ist damit zu rechnen, daß "...the divergent interests between the parties will predictably lead to individually opportunistic behavior and joint losses."[84] Durch kurzfristige Verträge könnte zwar flexibler auf Veränderungen reagiert werden. Dem ist allerdings entgegenzuhalten, daß "...optimal investment considerations favor the award of a long-term contract so as to permit the supplier confidently to amortize his investment."[85] Aus diesem Dilemma führt nun u.U. die vertikale Integration heraus.

Betrachtet man etwa einen Schienenverkehrsmarkt zwischen zwei Punkten A und B, so führt insbesondere die Installation des Schienenweges zu versunkenen Kosten bzw. markt- oder transaktionsirreversiblen Investitionen.[86] Hierdurch entsteht für den Infrastrukturanbieter eine Quasirente, die nach dem Markteintritt durch opportunistisches Verhalten der Betriebsgesellschaft(en) gefährdet ist.[87] Hat der Infrastrukturanbieter seine

---

82) Vgl. Coase, R.: The nature of the firm, a.a.O., S.395.

83) Vgl. Williamson, O.: The Vertical Integration of Production: Market Failure Considerations, in: AER, vol.61, 1971, S.114ff. "Je nachdem, ob der betrachtete Produktionsfaktor für die jeweilige Industrie spezifisch ist, nur für einen Markt oder gar nur im Hinblick auf einen bestimmten Transaktionspartner, wird zwischen "Industrieirreversibilität", "Marktirreversibilität" und "Transaktionsirreversibilität" unterschieden."; Kruse, J.: Ökonomie der Monopolregulierung, a.a.O., S.59f.

84) Vgl. Williamson, O.: The Vertical Integration of Production: Market Failure Considerations, a.a.O., S.117.

85) Ebenda, S.116.

86) Vgl. hierzu auch Kahn, A.E.: The Economics of Regulation, Principles and Institutions, (vol.2), a.a.O., S.4.

87) Vgl. Klein, B./ Crawford, R.G./ Alchian, A.A.: Vertical integration, ap-

Anlagen installiert, besteht für einen opportunistischen Nachfrager die Möglichkeit, ihm lediglich einen Preis zu zahlen, der gerade zur Deckung der nicht versunkenen Kosten ausreicht bzw. den Wert der Anlage in ihrer nächstbesten Verwendung knapp übersteigt.[88] Im betrachteten Fall wären auf Seiten des Nachfragers nur geringe marktirreversible Kosten aufzubringen, da die Betriebsmittel - bei gegebener technischer Standardisierung - relativ leicht auf andere Relationen übertragbar wären. Existieren unterschiedliche technische Zugangsvoraussetzungen (z.B. verschiedene Spurweiten) oder handelt es sich um einen großen Teil des gesamten Schienenmarktes, steigt der Grad der Irreversibilität bei den Investitionen der Nachfrageseite an und somit wird diese ihrerseits gegenüber opportunistischem Verhalten des Anbieters anfällig.

Die Theorie der vertikalen Integration liefert noch eine weitere Erklärung für die Konzentration im Bahnsektor. Unterstellt man für den Infrastrukturbereich wieder die Existenz eines (natürlichen) Monopols und für den nachgelagerten Verkehrsleistungsbereich eine substitutionale Produktionsfunktion, die konstante Skalenerträge aufweist, dann läßt sich zeigen, daß eine vertikale Vorwärtsintegration für den Monopolisten von Vorteil ist. Die daraus erzielbaren Gewinne übersteigen die bei einer Monopolpreisbildung (bei Trennung der beiden Bereiche), da letztere einen in bezug auf den vom Monopolisten produzierten Inputfaktor negativen Substitutionseffekt auslöst.[89] Graphisch läßt sich der Sachverhalt wie folgt darstellen:[90]

---

propriable rents, and the competitive contracting process, in: JL&E, vol.21, 1978, S.297ff. Die Quasi-Rente ist gleich der Differenz des Wertes der Anlage in der betreffenden und dem in ihrer zweitbesten Verwendung. Vgl. Perry, M.K.: Vertical integration: Determinants and effects, a.a.O., S.213.

88) Ein Zahlenbeispiel hierzu liefern Klein, B./ Crawford, R.G./ Alchian, A.A.: Vertical integration, appropriable rents, and the competitive contracting process, a.a.O., S.298.

89) Vgl. Vernon, J.M./ Graham, D.A.: Profitability of Monopolization by Vertical Integration, in: JPE, Vol.79, 1971, S.924-925.

90) Vgl. ebenda, S.925.

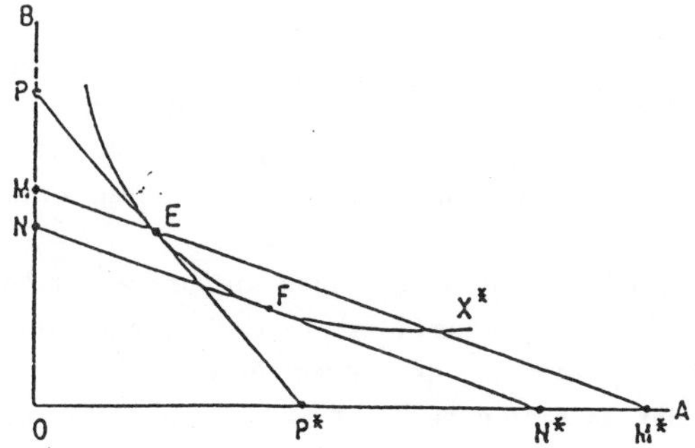

Abb. 10: Vorteile einer vertikalen Integration

Die durch X* gekennzeichnete Isoquante stellt den (fixen) Output des wettbewerblich organisierten Bereichs dar, der den Faktor B auf einem Wettbewerbsmarkt zum Grenzkostenpreis (=1) bezieht. Der Faktor A wird dagegen von einem vorgelagerten Monopolisten gekauft. Verlangt dieser den Monopolpreis, wird in E produziert; das entsprechende Faktorpreisverhältnis wird durch die Steigung der Geraden PP* ausgedrückt, die notwendige Kostensumme beträgt OP Geldeinheiten. Unterstellt man, der Monopolist würde bei Aufrechterhaltung des Produktionspunktes E, lediglich Grenzkostenpreise verlangen (Gerade MM*), dann würde sich die notwendige Kostensumme für den nachgelagerten Wettbewerbsbereich um PM reduzieren. Folglich kann PM auch als Gewinn des Monopolisten interpretiert werden.

Bei einer vertikalen Integration würde der Monopolist tatsächlich lediglich Grenzkostenpreise "verrechnen", was zur Produktion in Punkt F und zu einer nochmaligen Reduktion der erforderlichen Kostensumme bei gegebenem Outputniveau X* um MN bzw. einer entsprechenden weiteren Gewinnsteigerung des Monopolisten führen würde.

Die Annahme einer substitutionalen Produktionsfunktion erscheint für den Schienenverkehr zunächst nicht einsichtig zu sein. Entscheidend ist hierbei allerdings, was als Output des Infrastrukturbereichs betrachtet wird. Geht man beispielsweise davon aus, daß der Verkehrsleistungsproduzent Nutzungszeiten vom Infrastrukturanbieter kauft, so wird klar, daß Substitutionsmöglichkeiten bestehen (bei Einsatz eines schnelleren Zuges wäre weniger Nutzungszeit notwendig). Weist der nachgelagerte Bereich dagegen eine limitationale Technologie auf, so gewinnt der Monopolist durch eine Integration in den nachgelagerten Bereich nichts. Der Gewinn, den er bei Monopolpreisbildung erzielt, ist ebenso hoch wie der Gewinn, den er bei vertikaler Integration in den mobilen Bereich erhalten könnte.[91]

Es läßt sich also festhalten, daß auch auf unregulierten Märkten einiges für die Herausbildung von zumindest partiell integrierten Unternehmen im Bahnsektor spricht. Weist nun der Infrastrukturbereich Irreversibilitäten und Subadditivität der Kostenfunktion auf, was in der Literatur regelmäßig unterstellt wird,[92] und kommt es im freien Markt zur Konzentration von Netz und Betrieb, dann werden diese Eigenschaften auch auf den nachfolgenden Verkehrsleistungsmarkt übertragen, wodurch Wettbewerb auch auf dieser Stufe eingeschränkt oder unmöglich gemacht wird.[93]

---

91) Vgl. Scherer, F.M.: Industrial market structure and economic performance, 2.A., Boston 1980, S.302.

92) Vgl. beispielsweise Werner, M.: Regulierung und Deregulierung des Verkehrssektors in der wirtschaftswissenschaftlichen Diskussion - Die Theorie der Regulierung - , in: ZfV, 59.Jg., 1988, S.135.

93) Diese wettbewerbsbeschränkende Wirkung der vertikalen Integration kann ihrerseits Ziel derselben sein. Die Wohlfahrtswirkungen bzw. die Wirkungen auf den Preis im nachgelagerten Markt hängen allerdings wieder von den Produktionsbedingungen ab. Zwar ist c.p. durch die Monopolisierung des nachgelagerten Bereichs mit einer Preiserhöhung zu rechnen. Andererseits führt die Integration, wie gezeigt, u.U. zu Kosteneinsparungen, die teilweise an die Nachfrageseite weitergegeben werden können. Vgl. Scherer, F.: Industrial market structure and economic performance, a.a.O., S.302.

B. Der unregulierte Markt für Straßengüterverkehrsleistungen

1. Kostenstruktur im Güterkraftverkehr

Von zentraler Bedeutung für die Ergebnisse auf einem unregulierten Straßengüterverkehrsmarkt ist wiederum die Produktions- und Kostenstruktur. Zunächst muß allerdings unterschieden werden in den Wagenladungsverkehr und den Sammelgutverkehr, was der Unterscheidung in Truckload- und Less-than-truck-load-Verkehr entspricht.[94] Beim Wagenladungsverkehr wird eine größere Gütermenge transportiert , ".. die als geschlossene Ladung auf einen Frachtbrief aufgegeben" wird "...und für deren Verladung der Absender ein Fahrzeug bestellt hat".[95] Sammelgutverkehr liegt dagegen vor, wenn (kleinere) Einzelsendungen von verschiedenen Verladern gesammelt und dann nach Zielorten gebündelt versendet werden. Diese Art des Transports verursacht höhere Kosten als reine Wagenladungsverkehre, da "..additional terminals, management, and overhead expenses are required to handle the small-size shipments."[96] Insbesondere der Wagenladungsverkehr weist einen im Vergleich zu den Gesamtkosten hohen Anteil variabler Kosten auf. Economies of scale sowie economies of scope spielen im Straßengüterverkehr, mit Ausnahme des Sammelgutverkehrs und im Speditionsbereich keine Rolle.[97] Weiterhin kann davon ausgegangen werden, daß ein unregulierter Markt für Wagenladungsverkehre keine nennenswerten Marktzutrittsschranken aufweist. Folglich scheint es sich hier um einen Markt zu handeln, auf dem vollkommene Konkurrenz möglich ist. Von Baumol et al. wird der Straßengüterverkehrsmarkt auch als Beispiel für einen perfect contestable market angeführt.[98]

---

94) Vgl. Horn, M./ Knieps, G./ Müller, J.: Deregulierungsmaßnahmen in den USA: Schlußfolgerungen für die Bundesrepublik Deutschland, Baden-Baden 1988, S.238.

95) Heimes, A. Handlexikon des Güterkraftverkehrs, Hamburg 1983, S.237.

96) Coyle, J.J./ Bardi, E.J./ Cavinato, J.C.: Transportation, 2.A., St.Paul 1986, S.124.

97) Organisation for Economic Co-Operation and Development: Competition Policy and the Deregulation of Road Transport, Paris 1990, S.18; vgl. auch Sharkey, W.W.: The theory of natural monopoly, a.a.O., S.28.

98) Vgl. hierzu auch Wagner, J.: Zur mikroökonomischen Analyse des Straßengüterfernverkehrs, in: ZfV, Bd.59, 1988, S.76 und Baumol, W.J./ Willig, R.D.: Contestability: Developments since the book, in: Morris, D.J./ Sinclair, P.J.N./ Slater, M.D.E./ Vickers, J.S. (Hrsg.):

2. Ruinöse Konkurrenz als Problem des Straßengüterverkehrs?

Trotzdem wird immer wieder argumentiert, daß aufgrund sogenannter Besonderheiten des Verkehrs die Gefahr ruinöser Konkurrenz auf unregulierten Straßengüterverkehrsmärkten bestehe. So stellte etwa der Wissenschaftliche Beirat beim Bundesverkehrsministerium in einem Gutachten 1960 fest: "Bei einem völlig freien Verkehrsmarkt (ohne Kontingentierung und ohne Preisbindung) würde sich bei den vorgenannten Eigenarten der Verkehrsmärkte ein besonders scharfer Wettbewerb mit ausgeprägter Tendenz zu "ruinöser Konkurrenz" ergeben. Das würde bedeuten, daß nicht nur Grenzbetriebe gefährdet werden, sondern daß die Mehrheit der Wettbewerber nicht mehr in der Lage wäre, langfristig die nötigen Abschreibungen zu machen und die Verzinsung des investierten Kapitals sicherzustellen."[99] Weitere Gefahren sah der Beirat in einer stärkeren räumlichen Preisdifferenzierung und einem Absinken der Markttransparenz.[100]

Kahn sieht als notwendige Voraussetzung für einen übersteigerten Wettbewerb hohe fixe oder versunkene Kosten und langanhaltende und wiederkehrende Perioden mit erheblichen Überkapazitäten im betreffenden Markt. Sind diese Bedingungen erfüllt, können die (Grenzkosten-) Preise in unkonzentrierten Märkten längerfristig unter den Durchschnittskosten, d.h. die Branchenerlöse unter den Gesamtkosten liegen.[101]

Diese Bedingungen für das Vorliegen ruinöser Konkurrenz sind aber gerade im Straßengüterverkehr nicht gegeben.[102] Allerdings kann der Straßengüterverkehr als Beispiel für einen Markt angeführt werden, auf dem

---

Strategic behaviour and industrial competition, Oxford 1986, S.24.

99) Wissenschaftlicher Beirat beim Bundesverkehrsministerium: Grundsätze zur Verkehrspolitik, Bad Godesberg 1961, S.12f.

100) Vgl. ebenda, S.13.

101) Vgl. Kahn, A.E.: The Economics of Regulation, Principles and Institutions, (Vol.2), a.a.O., S.173.

102) Vgl. hierzu auch Willeke, R.: "Ruinöse Konkurrenz" als verkehrspolitisches Problem, in: Ordo, Bd. 28, 1977, S.166f. und Kahn, A.E.: The Economics of Regulation, Principles and Institutions, (vol.2), a.a.O., S.178ff. sowie Aden, K.: Die Deregulierung des Straßengüterverkehrs der Vereinigten Staaten von Amerika, Göttingen 1987, S.39-44.

während der Weltwirtschaftskrise in einer Reihe von Ländern ruinöser Wettbewerb stattgefunden hat. Kahn erklärt dies zum einen damit, daß die Kurve der variablen Durchschnittskosten, die eine natürliche Untergrenze für Preisunterbietungen darstellt, in Krisenzeiten, d.h. bei starken Nachfragerückgängen nach unten absinkt. Dies kann damit erklärt werden, daß das Arbeitsangebot im Straßengüterverkehr in Krisenzeiten aufgrund mangelnder Beschäftigungsalternativen völlig unelastisch ist und sich Rückgänge der abgeleiteten Verkehrsnachfrage ausschließlich in Lohnsenkungen und damit Senkungen der variablen Kosten bemerkbar machen. Zudem bestehen große Anreize für Arbeitslose anderer Branchen, in den Markt einzutreten, da in weiten Bereichen fast keine Qualitätsanforderungen oder sonstige Markteintrittsbarrieren vorliegen, was durch niedrige Preise für gebrauchte Lastkraftwagen noch verstärkt wird.[103]

Ruinöse Konkurrenzprozesse aufgrund von Qualitätsunsicherheiten (Lemon-Problematik) dürften wie Cut-throat-Wettbewerb auf dem Straßengüterverkehrsmarkt ohne größere Relevanz sein.[104] In Bereichen mit relativ hohen Qualitätsansprüchen der Nachfrager steigen auf der Angebotsseite die Marktzutrittsschranken. Werden diese von den Anbietern in Kauf genommen bzw. überwunden, wird den Nachfragern signalisiert, daß die Anbieter an dauerhaften Geschäftsbeziehungen bzw. einem längeren Aufenthalt im Markt interessiert sind und folglich im eigenen Interesse eine bestimmte Mindestqualität anbieten werden. Auf (ausländische) "Trampfahrer" werden sich gewerbliche Nachfrager nur in Ausnahmefällen verlassen und auch nur dann, wenn die Qualitätsanforderungen relativ niedrig sind. Schließlich wird die Möglichkeit ruinöser Konkurrenz auf dem Straßengüterverkehrsmarkt mit einer der sogenannten Besonderheiten des Verkehrs, nämlich der Unpaarigkeit der Verkehrsnachfrage zu begründen versucht.

---

103) Kahn, A.E.: The Economics of Regulation, Principles and Institutions, (vol.2), a.a.O., S.181.

104) Vgl. hierzu auch Werner, M.: Regulierung und Deregulierung des Verkehrssektors in der wirtschaftswissenschaftlichen Diskussion, - Die Theorie der Regulierung - a.a.O., S.152.

3. Marktergebnisse bei unpaariger Verkehrsnachfrage

Kostenasymmetrien würden danach zu gegenseitiger Preisunterbietung führen. Transportiert ein Unternehmen Fracht von A nach B, fallen die Kosten der Rückfahrt in jedem Fall an, so daß Transporte von B nach A vom betreffenden Unternehmen auch zu sehr niedrigen Preisen angenommen würden. Folglich käme es zu Marktversagen in Form ruinöser Konkurrenz. Stellt man sich den Verkehrsmarkt als Strecke zwischen den beiden Punkten A und B vor, so produzieren Unternehmen im Regelfall Fahrten von A über B nach A zurück (bzw. von B über A nach B). Anders ausgedrückt, produziert eine Unternehmung ausgehend von A Verkehrsleistungen auf der Strecke AB, so entsteht als Kuppelprodukt eine potentielle Verkehrsleistung derselben Größenordnung von B nach A. Während im deutschen Schrifttum zeitweise eine kontroverse Diskussion über die Verwendbarkeit des Konzepts der joint production auf Verkehrsmärkten abgelaufen ist, scheint sich zumindest im angelsächsischen Raum eine einheitliche Meinung herausgebildet zu haben, die den Joint-production-Ansatz grundsätzlich für die verkehrswissenschaftliche Analyse als geeignet erachtet.[105] Auch wenn wie Sanmann feststellt, bei der Produktion von Verkehrsleistungen einige Voraussetzungen der Kuppelproduktion und der verbundenen Produktion nicht vorliegen,[106] wird im folgenden das Konzept der joint production verwendet. So räumt Dusseldorp auch ein, daß, "...obwohl nicht von Kuppelproduktion gesprochen werden kann, jedenfalls unter betriebswirtschaftlichem Aspekt eine analoge Situation besteht".[107] Wenn im folgenden der Verkehrsmarkt auf die Relation AB (bzw. BA) reduziert wird, so bedeutet das nicht, daß von Linienverkehr ausgegangen wird, der ja unabhängig von der jeweiligen Nachfragesituation abläuft.

Unterstellt wird, daß im Straßengüterverkehrssektor konstante Grenzkosten in bezug auf die Fahrten (ABA bzw. BAB) vorliegen, wobei diese Kosten nicht aufgespalten werden können in solche für die Hin- und solche für die Rückfahrt. Die Nichtberücksichtigung der Frage, ob die Lastkraft-

---

105) Vgl. hierzu beispielsweise Button, K.J.: Transport Economics, London 1982, S.156.

106) Vgl. Sanmann, H.: Kuppelproduktion im Verkehr, in: ZfV, 33.Jg.,1963, S.88 und Dusseldorp, A.M. van: Einige Betrachtungen über Kosten und Kostenbildung im Verkehr und Transport, in: ZfV, 33.Jg., 1962, S.138f.

107) Ebenda, S.139.

wagen beladen sind oder nicht, ist dann gerechtfertigt, wenn man auf die reine Transportleistung abstellt. "..., apart from the additional pickup, delivery, and terminal costs that may be involved, there is no appreciable difference between the costs of sending loaded and empty vehicles between any two points".[108] Während sich also die Kosten lediglich dem joint product Fahrt (ABA bzw. BAB) zuordnen lassen, existieren für die beiden Teilrelationen AB und BA jeweils eindeutige Nachfragekurven. Auf einem polypolistisch strukturierten Verkehrsmarkt werden sich unter den getroffenen Annahmen Grenzkostenpreise einstellen. Da sich die Grenzkosten auf die Fahrtenanzahl, die Nachfragen jedoch nur auf die Teilrelationen beziehen, bedeutet das hier, daß im Gleichgewicht die Summe der Einzelpreise gleich den Grenzkosten der Fahrten ist. Der Sachverhalt läßt sich graphisch folgendermaßen abbilden:[109]

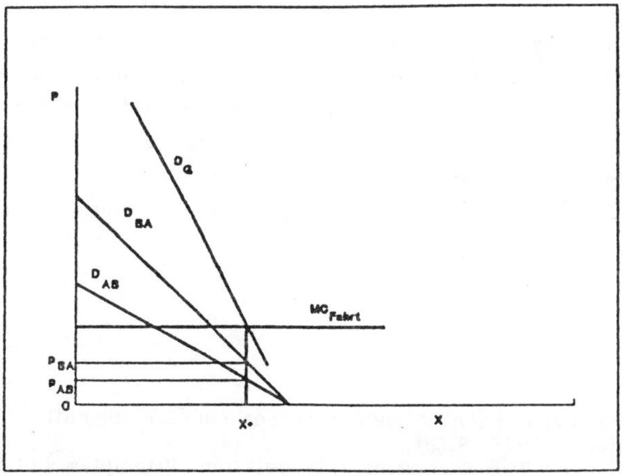

Abb. 11: Hin- und Rückfahrt-Problem

In der Abbildung zeigen die Kurven D_{AB} und D_{BA} die Nachfragekurven auf den Teilrelationen und die Kurve MC die Grenzkosten in Abhängigkeit von der Fahrtenanzahl. Das Marktgleichgewicht erhält man dann durch

---

108) Mohring, H.: Transportation Economics, Cambridge/Mass. 1976, S.61.
109) Vgl. zur Abbildung z.B. Layard, P.R.G./ Walters, A.A.: Microeconomic Theory, New York 1978, S.179.

vertikale Addition der Teilnachfragekurven zur Gesamtnachfrage D_G und Gleichsetzen von D_G mit der Angebotskurve MC.[110] Fällt man ausgehend von diesem Gleichgewichtspunkt das Lot auf die beiden Teilnachfragekurven, erhält man die Preise für die Hin- und Rückfahrt. Für Transporte auf der Relation AB ergibt sich ein Preis in Höhe von P_{AB}, auf der Relation BA entsprechend ein Preis von P_{BA}. Bei Unpaarigkeit der Nachfrage werden diese Preise unterschiedlich hoch sein, während Leerfahrten weitgehend vermieden werden können. Andauernde ruinöse Konkurrenzprozesse sind hier allenfalls dann vorstellbar, wenn die gesamte Branche überbesetzt ist und Kapazitätsanpassungen auf Hindernisse stoßen.[111] Die Ableitung des Marktgleichgewichts verdeutlicht, daß eine starke Ähnlichkeit mit dem sogenannten peak-load-pricing besteht. Während im vorliegenden Fall die Nachfrage räumlich bzw. je nach Richtung auseinanderfällt, behandelt die Theorie des peak-load-pricing den Fall zeitlich schwankender Nachfrage. Auch in diesem Fall führen unterschiedliche Preise dazu, daß Kapazitätsunterauslastungen weitgehend vermieden werden können (Tag- und Nachtstrom in der Elektrizitätswirtschaft, Tag- und Nachttarife im Telekommunikationsbereich).[112] Im Verkehrssektor treten unter Umständen beide Fälle gleichzeitig auf. Aufgrund der Tatsache, daß die meisten Straßengüterverkehrsmärkte mehr oder weniger stark reguliert sind, läßt sich eine empirische Überprüfung der abgeleiteten Preisbildung in der Regel allerdings kaum durchführen.[113]

---

110) Vgl. auch Sohmen, Egon: Allokationstheorie und Wirtschaftspolitik, Tübingen 1976, S.78f.

111) Vgl. Kahn, A.E.: The Economics of Regulation, Principles and Institutions, (vol.2), a.a.O., S.184.

112) Vgl. Sohmen, Egon: Allokationstheorie und Wirtschaftspolitik, a.a.O., S.388ff.

113) Vgl. hierzu Ferguson, D.C.: Joint products and road transport rates in transport models, in: JTEP, vol.6, 1972, S.69-76 und Anderson, D.G./ Felton, J.R. (Hrsg.): Regulation and deregulation of the motor carrier industry, Ames/Iowa 1989, S.71-77. Während sich in den Untersuchungen für Großbritannien nur ein "relatively minor influence of regional origin-destination patterns on rates..." ; (ebenda, S.74) feststellen läßt, deutet die Untersuchung Fergusons auf die Brauchbarkeit der Modellergebnisse hin; vgl. Ferguson, D.C.: Joint products and road transport rates in transport models, a.a.O., S.73ff.

4. Die Bedienung von Randgebieten

Die räumlichen Wirkungen freier Verkehrsmärkte sind seit langem ein Streitpunkt in der verkehrswissenschaftlichen Literatur. Ein häufig vorgetragener Einwand gegen unregulierte Verkehrsmärkte ist, daß es in diesem Fall zu einer Benachteiligung abgelegener Gebiete käme. Um diese Frage berücksichtigen zu können, wird unterstellt, daß sich der gesamte Straßengüterverkehrsmarkt auf die Relationen AB und AC reduzieren läßt. Die Strecke AC stellt die Nebenstrecke dar. Auf ihr existiere lediglich Nachfrage in einer Richtung, nämlich von A nach C, so daß in jedem Fall Leerfahrten anfallen. Die Gesamtnachfrage auf der Relation AB ist im vorliegenden Modell größer als die auf der Nebenstrecke, wobei sich die Nachfrage jedoch auf die beiden Richtungen AB und BA (ungleich) verteilt. In der Ausgangssituation herrsche Gleichgewicht. Die (Gesamt-) Erlöse decken jeweils die Gesamtkosten bzw. die (Gesamt-) Preise entsprechen den Grenzkosten (vgl. Abb. 12)

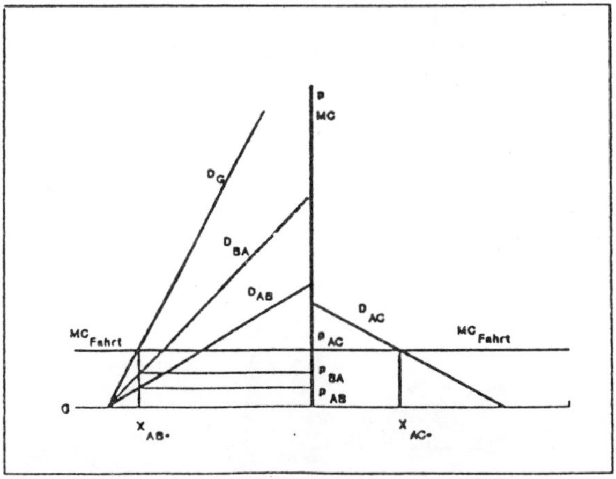

Abb. 12: Unpaarigkeit der Verkehrsnachfrage und Versorgung von Nebenstrecken

Aufgrund des verschieden starken Grades der Unpaarigkeit der Nachfrage kommt es u.U. zu erheblichen Preisunterschieden auf den beiden Relationen. Auf der Strecke AC stellt sich im Gleichgewicht der Preis P_{AC} ein, wogegen sich auf der Strecke AB für Transporte von A nach B ein Preis von P_{AB} und auf der Relation BA ein Preis von P_{BA} ergibt, mit $P_{AB} + P_{BA} = MC =$

P_{AC}. Im Gleichgewicht stellt sich überdies die optimale Anzahl von Unternehmen n^* im Markt ein, die hier gleichgesetzt wird mit der Menge an Fahrten ($n^* = X_{AC}^* + X_{AB}^*$).

Der Unterschied zwischen Haupt- und Nebenstrecken besteht nicht in erster Linie darin, daß auf der Hauptrelation insgesamt mehr Nachfrage auftritt, sondern liegt darin begründet, daß der Grad der Unpaarigkeit der Verkehrsnachfrage auf Nebenstrecken höher ist als auf Hauptstrecken. Läge der einzige Unterschied in verschieden hohen Nachfragen, ließen sich wohl keine unterschiedlichen Preise ableiten. Mit Hilfe der obigen Abbildung wird deutlich, daß trotz grundsätzlich gleicher Kostenfunktion in bezug auf die Fahrten (gleicher Länge) auf Nebenstrecken höhere Preise gesetzt werden müssen und bei Wettbewerb auch erwartet werden können.

C. Intermodaler Wettbewerb zwischen Schiene und Straße

Bisher wurden der Straßengüterfernverkehr und der Schienenverkehrsmarkt jeweils isoliert betrachtet. Im folgenden wird versucht, den Wettbewerb zwischen beiden Verkehrsträgern auf einem unregulierten Verkehrsmarkt abzubilden. Da im Rahmen der Arbeit davon ausgegangen wird, daß intramodal auf der Angebotsseite keine Qualitätsunterschiede bestehen, d.h. homogene Leistungen angeboten werden, war bisher eine genauere Analyse der angebotenen bzw. nachgefragten Verkehrsleistungen überflüssig.[114]

1. Qualitätsprofile der Verkehrsträger

Die verschiedenen Verkehrsträger, d.h. hier Bahn und Straßengüterverkehr, bieten keine homogenen Leistungen an, was neben den Produktions- und Kostenfunktionen erhebliche Bedeutung für den intermodalen Wettbewerb hat. Die angebotenen Verkehrsleistungen weisen jeweils eine Reihe von Eigenschaften auf, die die Qualität determinieren.[115] Unterschieden werden kann in die weg-, zeit- und mengenbezogenen Eigenschaften von Verkehrsleistungen.[116] Die vielleicht wichtigsten Eigenschaften sind die Massenleistungsfähigkeit, die Netzbildungsfähigkeit, die Schnelligkeit und die Sicherheit, mit der Transporte durchgeführt werden können, die Berechenbarkeit, die Bequemlichkeit und Häufigkeit der Verkehrsleistungen.[117]

Unter der Massenleistungsfähigkeit versteht man die Fähigkeit eines

114) Eine Ausnahme bilden Qualitätsunterschiede zwischen den Verkehrsleistungen des gewerblichen und des Werkverkehrs.

115) Vgl. Klatt, S.: Die ökonomische Bedeutung der Qualität von Verkehrsleistungen, Berlin 1965 und Witte, H.: Die Verkehrswertigkeit, Berlin 1977.

116) Vgl. Klatt, S.: Die ökonomische Bedeutung der Qualität von Verkehrsleistungen, a.a.O., S.59ff.

117) Vgl. hierzu und zum folgenden Dick, W.: Die ökonomische Bedeutung der Qualität des Schienengüterverkehrs, Berlin 1980, S.20-40; vgl. auch Voigt, F.: Die volkswirtschaftliche Bedeutung des Verkehrssystems, Berlin 1960, S.36. Voigt spricht in diesem Zusammenhang nicht von der Qualität der Verkehrsleistung, sondern von der Verkehrswertigkeit und ihren Ebenen (Schnelligkeit, Netzbildungsfähigkeit) bzw. Teilwertigkeiten.

Verkehrsträgers, große Mengen (bei einem Transportvorgang) zu befördern. Unter den drei betrachteten Verkehrsträgern weist somit der Straßengüterverkehr in bezug auf diese Teilwertigkeit Nachteile auf. Indikator für die Netzbildungsfähigkeit ist die jeweilige Streckenlänge oder die Netzlänge pro Quadratkilometer, wovon die Erreichbarkeit bestimmter Zielorte abhängig ist. In bezug auf die Netzbildungsfähigkeit hat der Straßengüterverkehr eine überragende Stellung inne, die ihm im Gegensatz zu den anderen Verkehrsträgern den Umladevorgänge ersparenden Haus-zu-Haus-Verkehr ermöglicht. Ein Synonym für die Berechenbarkeit ist die Pünktlichkeit der Verkehrsträger bzw. ihre Fähigkeit, Fahrpläne bzw. vereinbarte Termine einzuhalten. Schließlich versteht man unter der Bequemlichkeit als Eigenschaft von Verkehrsleistungen den Umfang von Eigenleistungen, die im Rahmen von Transporten durchzuführen sind.

Durch den Grad der Ähnlichkeit der Verkehrsleistungen der verschiedenen Verkehrsunternehmen bzw. Verkehrsträger wird in erheblichem Maße die Art und die Intensität des Wettbewerbs beeinflußt. "Verkehrsleistungen sind dann einander ähnlich (oder vollständig gleich), wenn sie einander in der Zusammensetzung nach Eigenschaften stark (oder vollständig) entsprechen und die Niveaus der Eigenschaften nahezu (oder vollständig) gleichgelagert sind."[118]

---

118) Klatt, S.: Die Qualität der Verkehrsleistungen, in: Schriften des Instituts für Verkehrsplanung und Verkehrswegebau - TU Berlin - 6, Berlin 1981 (Berliner Sommerseminar 1980), S.117.

2. Güteraffinitäten und intermodaler Wettbewerb

Die Nachfrage nach Verkehrsleistungen kann unter verschiedenen Aspekten betrachtet werden. Bisher waren lediglich die Verkehrsnachfragen nach (standardisierten) Verkehrsleistungen zwischen zwei Punkten (Regionen) relevant. Diese Nachfrage läßt sich relativ leicht mit Güter- oder Faktorpreisunterschieden zwischen verschiedenen (geographischen) Märkten erklären. Der Nachfrage nach Verkehrsleistungen ist somit eine originäre Nachfrage nach dem Transportgut vorgelagert. Die Determinanten der Nachfrage nach materiellen Gütern bestimmen somit auch die Nachfrage nach Verkehrsleistungen. Zur Verdeutlichung des Charakters der Transportnachfrage als abgeleitete Nachfrage kann auf einfache Modelle der Außenhandelstheorie zurückgegriffen werden.

Der Einfachheit halber wird angenommen, daß sich ohne Außenhandel und damit ohne die Produktion von Verkehrsleistungen in den beiden Punkten A und B unterschiedliche Preise für ein bestimmtes Gut einstellen werden.

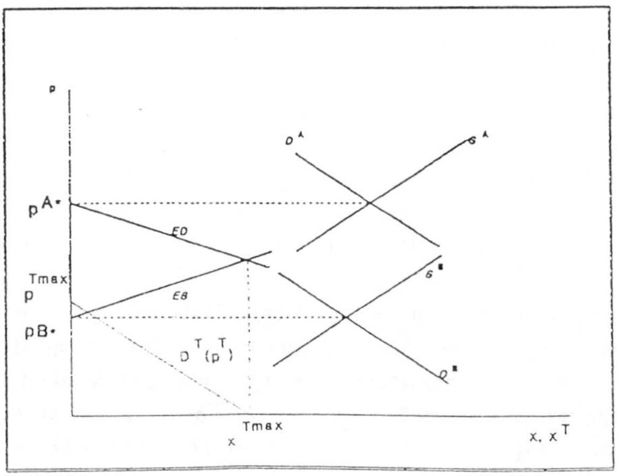

Abb. 13: Verkehrsnachfrage als abgeleitete Nachfrage

$D^{A(B)}$ und $S^{A(B)}$ bezeichnen die Nachfrage- und die Angebotskurven für das originäre Gut im Ort A bzw. im Punkt B. Ohne Tausch bzw. "Außenhandel" stellen sich die Gleichgewichtspreise p^{A*} und p^{B*} ein. Ist der Transport kostenlos und wird von weiteren Faktoren abstrahiert, so verursacht die Preisdifferenz "Außenhandel". Der Umfang der von B nach A transportierten Menge x^{Tmax} bei Transportkosten von null läßt sich im Schnittpunkt der Angebotsüberschuß- und Nachfragekurve (ES bzw. ED) ablesen. Steigt der Transportpreis an, so geht das Transportvolumen zurück. Bei einem Transportpreis $p^{Tmax} = p^{A*}-p^{B*}$ sinkt das Transportvolumen auf Null. Somit kann in der Darstellung die Nachfrage nach Transporten in Abhängigkeit vom Transportpreis p^T abgeleitet und durch die Kurve D^T abgebildet werden. Sind durch "Außenhandel" Wohlfahrtssteigerungen erzielbar, so besteht grundsätzlich Nachfrage nach Transportleistungen, die sich bei gegebener Qualität der angebotenen Verkehrsleistungen als Funktion des Transportpreises darstellen läßt. Dabei muß davon ausgegangen werden, daß die Mindestanforderungen an die Qualität erfüllt sind. Analog zur obigen Darstellung könnten nun auch für andere Produkte Transportnachfragekurven abgeleitet werden, die bei identischer Transportrichtung horizontal aggregiert werden können.[119]

Ebenso wie das Angebot ist jedoch auch die Nachfrage nach Güterverkehrsleistungen keine homogene Größe. Die unterschiedlichen Investitions- und Konsumgüter stellen keine gleichartigen Anforderungen an die Qualität der angebotenen Verkehrsleistungen. So ist es unmittelbar einsichtig, daß die Eigenschaft "Schnelligkeit" bei Transporten von verderblichen Nahrungsmitteln von erheblich größerer Bedeutung ist als etwa beim Transport von Metallabfällen. Die Eigenschaften der angebotenen Verkehrsleistungen bzw. die Ausprägungen ihrer Teilwertigkeiten sind demzufolge je nach zu transportierendem Gut von unterschiedlicher Bedeutung. Man spricht in diesem Zusammenhang von der Affinität bestimmter Güter in bezug auf bestimmte Verkehrsträger bzw. deren Transportleistungen.

---

119) Vgl. zur Abbildung Jara-Diaz, S.R.: On the relation between users' benefits and the economic effects of transportation activities, in: JRS, vol. 26, 1986, S.380ff; vgl. auch Kanafani, A.: Transportation Demand Analysis, New York u.a. 1983, S.299f.

3. Determinanten des Modal Split zwischen Schiene und Straße

Die Zerlegung der Verkehrsleistung in einzelne Komponenten oder in ein Eigenschaftsbündel bzw. die Vorstellung, daß nicht Güter, sondern eine Menge von Eigenschaften nachgefragt wird, "erinnert" stark an den nachfragetheoretischen Ansatz von Lancaster, der seinerseits Modal-Split-Modelle beeinflußt hat.[120]

Der Modal Split als Ergebnis von Wettbewerbsprozessen läßt sich folglich aus dem Zusammenspiel von Qualitätsprofilen der Verkehrsträger bzw. -unternehmen und den Anforderungsprofilen der Nachfrager bzw. der zu transportierenden Güter sowie der jeweiligen durch die Produktions- und Kostenstrukturen determinierten Marktstrukturen erklären. Alle Maßnahmen oder Ereignisse, die die Qualitätsprofile der Verkehrsträger bzw. die Anforderungsprofile der Nachfrage der Art oder der Stärke nach beeinflussen, sind somit neben den Tarifen wettbewerbsrelevant.

Auf den Gütermärkten kommt es im Zuge des Strukturwandels zu Angebots- und Nachfrageverschiebungen. So verursachen technische Fortschritte und Kostenreduktionen aufgrund von Prozeßneuerungen ebenso wie Änderungen der Präferenzstruktur der Nachfrager Verschiebungen der Angebots- und Nachfragekurven. Aufgrund des wirtschaftlichen Wachstums und damit einhergehend steigender Einkommen verringert sich der Anteil von Gütern, die eine geringe Einkommenselastizität aufweisen zugunsten solcher Güter, die eine relativ hohe Einkommenselastizität der Nachfrage

---

120) Vgl. Lancaster, K.J.: A new approach to consumer theory, in: JPE, vol.64, 1966, S.132-157. Lancaster stellt fest: "The essence of the new approach can be summarized as follows, each assumption representing a break with tradition:
1. The good, per se, does not give utility to the consumer; it possesses characteristics, and these characteristics give rise to utility.
2. In general, a good will possess more than one characteristic, and many characteristics will be shared by more than one good.
3. Goods in combination may possess characteristics different from those pertaining to the goods separately."; ebenda, S.134. Vgl. hierzu auch: Quandt, R.E./ Baumol, W.J.: The demand for abstract transport modes: theory and measurement, in: JRS, vol. 6, 1966, S.13-26 und Kanafani, A.: Transportation Demand Analysis, a.a.O., S.196f. und 290ff.

besitzen. Transportiert ein Verkehrsträger in großem Umfang Güter mit niedriger Einkommenselastizität, kommt es bei anhaltendem Wirtschaftswachstum somit zu einem Rückgang des Anteils dieses Verkehrsträgers am Modal Split. Drastische Preisänderungen, wie die Ölpreisschocks in den 70er Jahren lösen Substitutionsprozesse aus, die auch für die Verteilung des Verkehrsaufkommens auf die einzelnen Verkehrsträger nicht ohne Wirkung bleiben. So erlebte beispielsweise der Rohrfernleitungsverkehr, der vorwiegend Mineralöl und Mineralölerzeugnisse transportiert, im Anschluß an die Ölpreisschocks 1973 und 1978 zweimal erhebliche Einbußen seiner Anteile am Verkehrsaufkommen und an den Verkehrsleistungen. Wies dieser Verkehrsträger 1973 noch einen Anteil von 3,3% am gesamten binnenländischen Verkehrsaufkommen (8,3% an den Verkehrsleistungen) auf, so reduzierte sich der Wert bis 1975 auf 2,9% (6,8% der Verkehrsleistungen).[121]

Art und Umfang der (öffentlichen) Verkehrsinfrastrukturpolitik sind neben der staatlichen Regulierungspolitik maßgeblich an der Ausgestaltung der Verkehrsteilung beteiligt. So wurde die Binnenschiffahrt nach einem drastischen Rückgang ihres Anteils am Verkehrsaufkommen und an den Verkehrsleistungen ab der Mitte des 19. Jahrhunderts (Aufkommen der Eisenbahnen) erst wieder zu einem ernstzunehmenden Konkurrenten der Bahn, als in großem Umfang Kanäle gebaut wurden, die größeren Schiffen (Kostendegressionseffekte) den Verkehr ermöglichten.[122]

Weitere Ursachen für (kurzfristige) Änderungen des Modal Split liegen in saisonalen und konjunkturellen Schwankungen, wenn sich die Transportvolumina bestimmter Verkehrsträger zu einem größeren Teil als bei anderen aus konjunkturreagiblen Gütern zusammensetzen. Schließlich stellen natürliche Ursachen, wie Hochwasser oder extreme Witterungsverhältnisse wichtige Faktoren kurzfristiger Modal Split-Veränderungen dar.

Diese vielfältigen Einflüsse lassen sich modellmäßig kaum abbilden. Ein Modell, das zumindest die wesentlichen Charakteristika des Güterverkehrsmarktes berücksichtigt, stammt von Braeutigam und wird im folgenden

---

121) Vgl. Bundesminister für Verkehr (Hrsg.): Verkehr in Zahlen 1990, Bonn 1990, S.198/202.

122) Vgl. Voigt, F.: Verkehr, Zweiter Band, Erste Hälfte, Bonn 1965, S.255ff.

diskutiert.

4. Intermodaler Wettbewerb im Güterverkehr: Das Modell von Braeutigam[123]

Im Modell von Braeutigam steht ein natürlicher Monopolist, der auf allen Märkten steigende Skalenerträge aufweist, einer polypolistisch strukturierten Konkurrenz gegenüber, die jeweils (schwache) Substitute anbietet. Die Nachfragen nach Verkehrsleistungen der verschiedenen Verkehrsträger auf jeweils einem Markt sind somit voneinander abhängig. Dagegen wird unterstellt, daß die Nachfragen nach Verkehrsleistungen eines Verkehrsträgers auf den verschiedenen Märkten voneinander unabhängig sind.[124] Innerhalb eines Verkehrsträgers wird von Braeutigam Homogenität des Verkehrsleistungsangebots unterstellt. Unter der Annahme vernachlässigbarer Einkommenseffekte kommt Braeutigam zu dem Ergebnis, daß bei Wettbewerb zwischen einer steigende Skalenerträge aufweisenden Bahn und einem polypolistisch strukturierten Straßengüterverkehr, der ein völlig elastisches Angebot aufweist, die Second-best-Lösung erhebliche Regulierungen erforderlich macht und zwar auch in bezug auf den eigentlich wettbewerblich organisierbaren Straßengüterverkehr, dessen Preise über die Grenzkosten gesetzt werden müßten. Werden hierfür Preisregulierungen verwendet, folgen Markteintrittsregulierungen zwangsläufig. Eine andere Möglichkeit bieten Steuern, die den Vorteil haben, daß ein nicht in die Preisregulierung einbeziehbarer Werkverkehr ebenfalls gelenkt werden kann. Formal läßt sich die Regulierungsnotwendigkeit wie folgt ableiten:[125] Zunächst wird der Einfachheit halber unterstellt, daß sowohl die Bahn als auch der Straßengüterverkehr jeweils nur eine Leistung anbieten. Der Gesamtnutzen läßt sich dann als Summe der Zahlungsbereitschaften G für die Leistungen der beiden Verkehrsträger darstellen:[126]

---

123) Vgl. hierzu Braeutigam, R.R.: Optimal pricing and intermodal competition, a.a.O. S. 38–49 und Berg, S.V./ Tschirhart, J.: Natural Monopoly Regulation, a.a.O., S.69–74.

124) Diese Annahme wird von Janis in einer Erweiterung des Braeutigam-Modells aufgehoben.; vgl. Janis, R.A.: Regulatory actions in a welfare context: an economics and law study of the rail rate relationship between virgin and recyclable materials, Northwestern University Ph.D. 1983, S.87ff.

125) Vgl. hierzu Braeutigam, R.R.: Optimal pricing and intermodal competition, a.a.O., S.41.

126) p^1 und x_1 bezeichnen Preis und Menge der Bahnleistung, p^2 und x_2 Preis und Menge der Leistung des Straßengüterverkehrs.

$$G = \int_{w=0}^{x_1} p^1 \, (w,0)\, dw + \int_{w=0}^{x_2} p^2 \, (x_1, w)\, dw$$

mit $\delta G/\delta x_i = p^i$ [127] $\qquad i = 1,2$

Als Wohlfahrtsmaß verwendet Braeutigam den sozialen Überschuß T, also die Differenz zwischen der gesamten Zahlungsbereitschaft und den totalen Produktionskosten.

Es gilt: $T = G - C^1 - S^2 x_1$

Dabei bezeichnet C^1 die Produktionskosten des Bahnunternehmens und S^2 die konstanten Grenzkosten des Straßengüterverkehrs. Aus der Annahme steigender Skalenerträge im Bahnbereich ergibt sich bei Grenzkostenpreisen das bekannte Defizitproblem, so daß hier der soziale Überschuß unter der Nebenbedingung der Kostendeckung im Bahnbereich maximiert wird.

Bildet man die Lagrange-Funktion und differenziert partiell nach x_1, also nach den vom Bahnunternehmen angebotenen Verkehrsleistungen, erhält man:

$$\delta L/\delta x_1 = p^1 - \delta C^1/\delta x_1 + \mu((\delta p^1/\delta x_1)x_1 + p^1 - \delta C^1/\delta x_1)$$

Für die partielle Ableitung nach den vom Straßenverkehr angebotenen Verkehrsleistungen erhält man analog:

$$\delta L/\delta x_2 = p^2 - S^2 + \mu((\delta p^1/\delta x_2)x_1)$$

Für positive x_2 muß $\delta L/\delta x_2$ im Optimum Null sein, so daß gilt:

$$p^2 + \mu((\delta p^1/\delta x_2)x_1) = S^2$$

Aus der Bedingung 1.Ordnung für den Straßengüterverkehr wird ersicht-

---

127) i bezeichnet den jeweiligen Verkehrsträger (mit i = 1 = Bahn und i = 2 für den Straßengüterverkehr).

lich, daß im Optimum dort die Preise über die Grenzkosten angehoben werden müssen.[128] Zusammen mit der Kostendeckungsbedingung des Bahnbereichs erhält man eine Regulierungslösung, die von Braeutigam als "totally regulated second best" bezeichnet wird und die bei Regulierungskosten von null und unter Vernachlässigung von Grenzkostenpreisen die optimale Lösung im Markt darstellt, also dem unregulierten Zustand vorzuziehen ist.[129] Im unregulierten Zustand wäre es dagegen dem Monopolunternehmen möglich, sich wie ein Stackelberg-Führer zu verhalten und auf der "Quasi-Reaktionsfunktion" des Straßengüterverkehrsmarktes den gewinnmaximalen Punkt zu suchen (Tangentialpunkt C zwischen der Iso-Gewinn-Kurve G_1 und der Reaktionskurve bzw. der Markträumungskurve des Straßengüterverkehrs).[130]

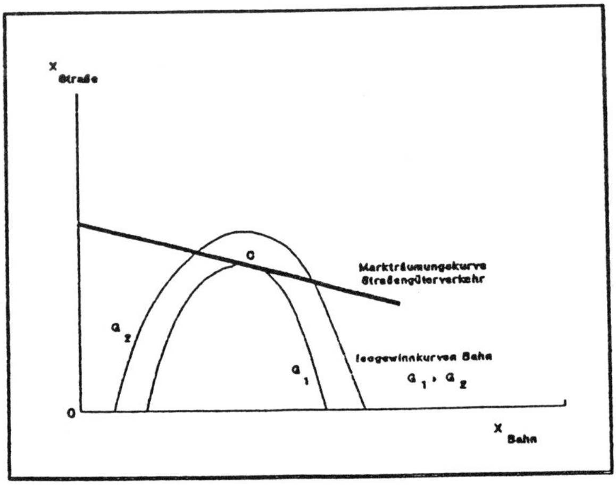

Abb. 14: Marktergebnisse bei intermodalem Wettbewerb

Dieses Verhalten ist für den unregulierten Monopolisten allerdings wieder nur dann möglich, wenn die Annahmen der Contestable-markets-Theorie

---

128) Dies wird bei Betrachtung des Klammerausdrucks deutlich, der für positive Mengen und Substitutionsbeziehungen negativ wird.

129) Vgl. Braeutigam, R.R.: Optimal pricing and intermodal competition, a.a.O., S.42.

130) Zur Abbildung vgl. ebenda, S.45.

nicht erfüllt sind und sich somit für den Bahnbereich aufgrund potentieller Konkurrenz keine gewinnlose Situation einstellt. Die Ergebnisse auf einem unregulierten Gütermarkt hängen folglich u.a. davon ab, ob potentielle Konkurrenz im Schienenverkehr eine Rolle spielt oder nicht, was seinerseits vom Grad der vertikalen Integration zwischen Infrastruktur- und Betriebsbereich bei der Eisenbahn abhängt.

5. Zwischenergebnis

Aus den vorausgegangenen rein effizienzorientierten Modellüberlegungen lassen sich nun folgende Schlußfolgerungen ziehen: Bei isolierter Betrachtung des Schienengüterverkehrsmarktes und unter der Annahme einer vertikalen Integration von Netz und Betrieb ist nicht davon auszugehen, daß ein sich herausbildendes Monopolunternehmen durch potentielle Konkurrenz diszipliniert wird, denn die Existenz von versunkenen Kosten führt zu hohen Markteintrittsbarrieren. Insofern käme es auf einem unregulierten Markt zu Wohlfahrtsverlusten.

Für den Straßengüterfernverkehr konnte abgeleitet werden, daß insbesondere das Problem der Unpaarigkeit der Nachfrage bei Wettbewerb gelöst wird und kein Regulierungsbedarf vorliegt. Es werden sich entsprechend der unterschiedlichen Nachfragestärken verschieden hohe Preise für gleiche Verkehrsleistungen einstellen. Randgebiete, in denen die Wahrscheinlichkeit einer Rückladung eher gering ist, werden im Durchschnitt nur zu relativ hohen Preisen bedient. Gibt man die isolierte Betrachtung der einzelnen Verkehrsträger auf, ergibt sich unter der Annahme durchgängig sinkender Durchschnittskosten im Bahnbereich, bei vollkommener Konkurrenz im Straßengüterverkehr und unter Berücksichtigung der unterschiedlichen Güteraffinitäten unter Umständen eine allokativ ineffiziente Situation bzw. Verkehrsteilung. Auch in diesem Fall erscheinen Regulierungsmaßnahmen sinnvoll.

IV. Staatliche Regulierung im Verkehr

A. Erklärungsansätze zur Regulierung

Die ökonomische Theorie und auch die Politikwissenschaften bieten eine ganze Reihe von zum Teil recht unterschiedlichen Erklärungsansätzen der staatlichen Regulierung an. Dabei werden zumeist nur Teilaspekte der Regulierungsproblematik beleuchtet. Im folgenden werden deshalb einige wichtige Ansätze diskutiert, die insbesondere die Entstehung von Regulierungseingriffen erklären wollen, teilweise aber auch Folgen der staatlichen Interventionen aufzeigen. Auf die Darstellung und Diskussion bürokratietheoretischer Ansätze soll dagegen weitgehend verzichtet werden.

1. Public interest theory - Normative Theorie des Marktversagens

Verwendet man das Konzept der vollkommenen Konkurrenz bzw. die hierdurch ermöglichte Pareto-Optimalität als Referenzsituation, so kann immer dann von Marktversagen gesprochen werden, wenn Abweichungen von diesem Sollzustand vorliegen. Dieses statische Konzept, das auf die Allokationseffizienz abstellt, ist also die Norm, an der reale Situationen gemessen werden. Diese Sollsituation wird nicht erreicht, wenn die Produktion über dem nachfragerelevanten Bereich steigende Skalenerträge aufweist, wenn externe Effekte vorliegen oder wenn es sich bei den betrachteten Gütern um sogenannte öffentliche Güter handelt.[131] Des weiteren werden in der Literatur asymmetrische Informationsverteilungen[132] (zwischen Käufern und Verkäufern) und ruinöse Konkurrenz als Ursachen des Marktversagens genannt. Einige der genannten Fälle lassen sich dabei allerdings nicht eindeutig voneinander trennen. So besteht beispielsweise eine enge Beziehung bzw. Überschneidung zwischen dem Fall öffentlicher Güter und dem externer Effekte und zwischen dem Fall des natürlichen Monopols und dem der ruinösen Konkurrenz. Die normative Regulierungstheorie geht nun davon

131) Vgl. hierzu Bator, F.M.: The anatomy of market failure, in: QJE, vol.72, 1958, insbes. S.358-371.

132) Vgl. hierzu Akerlof, G.A.: The Market for "Lemons": Quality Uncertainty and the Market Mechanism, in QJE, vol.84, S.488-500 und Milde, H.: Die Theorie der adversen Selektion, in: WiSt; 17. Jg., 1988, S.1-6.

aus, daß nur dann reguliert wird bzw. werden soll, wenn Abweichungen zwischen dem Soll- und dem Istzustand vorliegen.

In der Literatur wurde eine ganze Reihe von Instrumenten entwickelt bzw. Maßnahmen vorgeschlagen, die zu Verringerungen dieser Soll-Ist-Abweichungen bzw. zu deren Elimination führen können. Beispielhaft wären hier die auf Pigou zurückgehende Steuer- bzw. Subventionslösung im Fall externer Effekte,[133] die von Chadwick und Demsetz[134] geforderte Ausschreibung im Fall natürlicher Monopole, die Einführung von Qualitätsstandards und Normen bei asymmetrischen Informationsverteilungen[135] oder etwa die verschiedenen Mechanismen zur Aufdeckung der Präferenzen bei Vorliegen von öffentlichen Gütern zu nennen.[136]

Wird die normative Theorie der Regulierung nicht nur als Handlungsanweisung verstanden, sondern soll mit ihr eine Erklärung durchgeführter Regulierungseingriffe geliefert werden, so ist zu prüfen, ob den Regulierungseingriffen immer Fälle des Marktversagens zugrundelagen. Ist dies nicht der Fall, so muß nach alternativen oder allgemeineren Erklärungsansätzen gefragt werden.

Der Erklärungsgehalt der normativen Theorie, die durch die Verwendung als Erklärungsinstrument eigentlich zur positiven Theorie umfunktioniert wird,[137] wurde in der Literatur insbesondere deshalb bezweifelt, weil implizit von politischen oder bürokratischen Akteuren ausgegangen wird, die

---

133) Vgl. hierzu auch Baumol, W.J.: On Taxation and the Control of Externalities, in: AER, vol.62, 1972, S.307-322. In diesem Zusammenhang ist auch auf die Coase`sche Verhandlungslösung hinzuweisen.

134) Auf Chadwick geht die Unterscheidung zwischen dem "Wettbewerb im Markt" und dem "Wettbewerb um den Markt" zurück; vgl. hierzu Demsetz, H.: Why Regulate Utilities, in: JL&E, vol.11, 1968, S.57.

135) Vgl. Ernst, M.: Neue Informations- und Kommunikationstechnologien und marktwirtschaftliche Allokation, München u.a. 1990 (zugleich Diss. Würzburg), S.154.

136) Vgl. hierzu bspw. Bernholz, P./ Breyer, F.: Grundlagen der Politischen Ökonomie, 2.A., Tübingen 1984, S.105-115.

137) "The essence of this normative analysis as a positive theory is that one begins an analysis of a regulatory process with the assumption that its purpose is to maximize some universal measure of economic welfare, such as consumers` surplus or total surplus", Joskow, P.L./ Noll, R.G.: Regulation in Theory and Practice: An Overview, in: Fromm, G.: (Hrsg.): Studies in Public Regulation, Cambridge, Mass., 1981, S.36.

ausschließlich das Gemeinwohl zu maximieren trachten.[138] Empirische (Branchen-) Untersuchungen haben belegt, daß den Regulierungseingriffen in nur relativ seltenen Fällen Marktversagen zugrunde lag.[139] Des weiteren kann angeführt werden, daß Begründungen staatlicher Regulierungen, die auf der Marktversagensthese beruhen, nach Regulierungseingriffen nicht oder kaum mehr überprüfbar bzw. widerlegbar sind.

---

138) "In that model the existence of market failure is sufficient to generate a demand for regulation, though there is no mention of the mechanism that makes that demand effective. Then, in a crude reversal of Say`s Law, the demand is supplied costlessly by the political process." Peltzman, S.: Toward a more general theory of regulation, in: JL&E, vol.19, 1976, S.212.

139) Vgl. Posner, R.: Theories of economic regulation, in: BJE, vol.5, 1974, S.336.

2. Positive Regulierungstheorie

Untersuchungsgegenstand dieser Theorien ist zum einen die Frage, warum in der Praxis überhaupt reguliert wird; weiter wird die Frage nach der praktischen Ausgestaltung der Regulierung, ihren Wirkungen und dem Verhalten der Entscheidungsträger gestellt.[140]

Zentrales Element der positiven Theorie ist die Verwerfung der Annahme, Politiker bzw. Bürokraten würden ausschließlich im öffentlichen Interesse handeln. Statt dessen werden diese Akteure als eigennutzorientierte Wirtschaftssubjekte begriffen. Politiker streben demzufolge nach einer Maximierung der Stimmen bzw. der politischen Mehrheit, Bürokraten nach hohem Einkommen, Prestige und dergleichen. Damit wird klar, daß bei Gültigkeit dieser Hypothesen eine am gesamtgesellschaftlichen Wohl orientierte Politik bzw. Regulierung nur dann zustande kommen wird, wenn sie zugleich auch im individuellen Interesse der Entscheidungsträger (Politiker, Bürokraten) liegt.

Nach Downs "..ist die Erfüllung sozialer Funktionen gewöhnlich ein Nebenprodukt des menschlichen Handelns, dessen Ziel private Ambitionen sind".[141] Auch Schumpeter vertritt die Ansicht, ".. daß die soziale Funktion, so wie die Dinge nun einmal liegen, nur nebenher erfüllt wird - im gleichen Sinne wie die Produktion eine Nebenerscheinung beim Erzielen von Profit ist."[142]

Diese Sichtweise des politischen Prozesses und damit auch der staatlichen Regulierung schließt jedoch keineswegs aus, daß trotzdem eine gesamtgesellschaftlich optimale Politik realisiert wird, da - wie Schumpeter fest stellt - eine Analogie zum Marktprozeß existiert.[143]

---

140) Für einen Überblick vgl. Müller, J./ Vogelsang, I.: Staatliche Regulierung, Baden-Baden 1979, Kapitel 5 und Krakowski, M.: Theoretische Grundlagen der Regulierung, in: ders. (Hrsg.): Regulierung in der Bundesrepublik Deutschland, Hamburg 1988, S.95-106.

141) Downs, A.: Ökonomische Theorie der Demokratie, Tübingen 1968, S.28.

142) Schumpeter, J.A.: Kapitalismus, Sozialismus und Demokratie, 5. A., München 1980, S.448.

143) Vgl. auch Bartholomé, B.: Die Entstaatlichungs- bzw. Deregulierungskontroverse als Reflex konkurrierender wirtschaftstheoretischer Ansätze, Idstein 1989, S.116.

Zu fragen ist jedoch, ob alle gegenläufigen Interessen im politischen Prozeß adäquat Berücksichtigung finden oder ob Asymmetrien existieren, die letztlich Ursache einer nicht optimalen Politik sein können. In diesem Zusammenhang ist etwa auf die Arbeit von Olson hinzuweisen, in der auf die Informations- und Organisationskosten bzw. -probleme von Gruppen abgestellt wird. Mit Hilfe der Theorie von Olson kann erklärt werden, warum sich in der Praxis häufig relativ kleine, gut organisierbare Gruppen auf Kosten größerer Gruppen im politischen Prozeß durchsetzen.[144]

a) Regulierung als ökonomisches Gut

Die genannten Ansätze gingen auch in die ökonomische Theorie der Regulierung Stiglers und anderer Chicago-Ökonomen ein, deren Kernstück die Betrachtung der Regulierung als ökonomisches Gut ist. Stigler geht also von einem Markt für Regulierungseingriffe aus, auf dem bestimmte Gruppen als Nachfrager nach Regulierung auftreten und die politischen Entscheidungsträger die Anbieter darstellen.[145]

Industrien wenden nach Stigler Ressourcen auf, um für sie nützliche Regulierungen zu erreichen, wie etwa direkte Subventionen, Marktzutrittsbeschränkungen für potentielle Konkurrenten, Maßnahmen, die die Substitutionskonkurrenz beschränken und Komplementärindustrien bzw. -güter fördern und schließlich Preisfixierungen. Folglich kann im Regelfall davon ausgegangen werden, daß Regulierungen vor allem den regulierten Branchen selbst nützen.[146]

Der Stiglersche Ansatz wurde von Peltzman in verschiedener Hinsicht erweitert.[147] Die wohl wichtigste Aussage ist, daß die für die Regulierung Verantwortlichen keine reine Bevorzugung bzw. Benachteiligung bestimmter Gruppen vornehmen werden, sondern mittlere Lösungen anstreben. "His regulatory equilibrium is one where a balance is struck among the marginal

144) Vgl. Olson, M. Jr.: Die Logik des kollektiven Handelns, Tübingen 1968, Kapitel II.

145) Vgl. Stigler, G.: The Theory of Economic Regulation, in: BJE, vol.2, 1971, S.3.

146) Vgl. ebenda, S.3-6.

147) Vgl. Peltzman, S.: Toward a more general theory of regulation, a.a.O., S.211.

costs and benefits of the different interest groups affected and one which includes (through the impact of these costs and benefits upon electoral competition) the interest of the regulators as well."[148]

Peltzman geht also von stimmenmaximierenden Politikern aus, wobei die Anzahl der Stimmen abhängig ist von der Wohlfahrt der (beiden) betroffenen Gruppen und die "Gesamtwohlfahrt" bzw. die zur Disposition stehende "Vermögens"masse (hier in Form von Gewinnen bzw. Konsumentenrente) begrenzt ist.[149] Die wesentlichen Ergebnisse des Modells von Peltzman lassen sich mit Hilfe der folgenden Graphik veranschaulichen:[150]

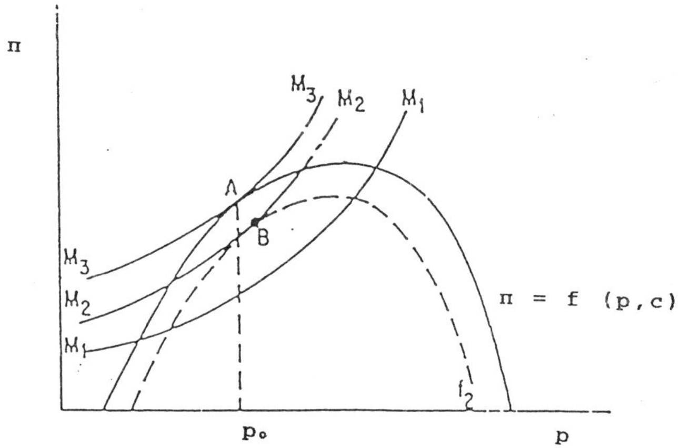

Abb. 15: Regulierungsgleichgewicht im Peltzman-Modell

Der Regulierungsinstanz bzw. den Politikern steht eine Kombination aus Preis- und Mengenregulierungen zur Verfügung. Für sie stellt sich nun die Frage, welcher Punkt (Preis-Mengen-Kombination) in ihrem Interesse optimal ist. Dabei wird von Peltzman unterstellt, daß die Folgen der Regulierungspolitik über den Gewinn bzw. den Preis auf die Zielfunktion - die Politiker versuchen die größtmögliche Unterstützung zu erhalten - einwirken.

148) Hirshleifer, J.: Comment [zu Peltzman], in: JL&E, vol.19, 1976, S.243.

149) Vgl. zur folgenden Modelldarstellung Peltzman, S.: Toward a more general theory of regulation, a.a.O., S.222ff.

150) Zur Graphik vgl. ebenda, S.224.

Einerseits führen höhere Preise zu einer Abnahme der Konsumentenrente und damit zu einer Verringerung der Unterstützung bzw. einer Verstärkung der Opposition durch die Nachfragergruppe. Andererseits führt eine (regulierungsbedingte) Erhöhung der Gewinne zu einer Zunahme der Unterstützung durch die Anbieter. Folglich lassen sich in einem π-p-Diagramm (π steht für die Gewinne der Anbieter, p ist der Preis) Indifferenzkurven (M_1, M_2, M_3) einzeichnen, die jeweils Preis-Gewinn-Kombinationen darstellen, denen die Politiker denselben Zielerreichungsgrad (politische Unterstützung) zuordnen. Es ist unmittelbar einsichtig, daß diese Kurven im π-p-Diagramm positive Steigung aufweisen müssen. Wird nun weiter unterstellt, daß die Politiker nur solche Preis-Mengenkombinationen realisieren können, die auf der Nachfragekurve liegen, wird klar, daß der Optimalpunkt ein Tangentialpunkt mit der Gewinnfunktion ($\pi=f(p,c)$) ist.[151] Bei normalem Verlauf der Gewinnfunktion wird weiter deutlich, daß dieser Punkt auf dem aufsteigenden Ast der Gewinnkurve liegt und somit die Optimalsituation für die Politiker zwischen dem Monopolpreis und dem Preis bei vollkomener Konkurrenz liegen wird.

Der Monopolpreis wäre nur dann optimal, wenn die Regulierungspolitik keinen Einfluß auf das Verhalten der geschädigten Nachfrager haben würde und somit die Indifferenzkurven horizontal verliefen.[152] Die andere Extremsituation würde sich im umgekehrten Fall dann einstellen, wenn politische Maßnahmen zwar das Verhalten der Nachfrager, nicht jedoch das der Anbieter beeinflußten. Der Grad der Informiertheit bzw. der Art der Reaktionen der beteiligten Gruppen auf politische Maßnahmen äußert sich somit im Verlauf der Indifferenzkurven. Je flacher sie verlaufen, desto stärker wird die Regulierungspolitik die Anbieterseite unterstützen. Peltzman folgert hieraus, daß die Wahrscheinlichkeit von Regulierungen, die ja positiv von der erwarteten Unterstützung der Politiker abhängt, dann besonders groß ist, wenn (bei gleichem Verlauf der Indifferenzkurven) ursprünglich, also vor dem Eingriff, eine Extremsituation in Form eines Monopols oder aber eines Konkurrenzmarktes vorliegt. "Either naturally monopolistic or naturally competitive industries are more political attractive to regulate than an oligopolistic hybrid."[153]

---

151) Mit c werden die Produktionskosten der Unternehmung bezeichnet.

152) Vgl. auch Crew, M.A./ Rowley, Ch.K.: Deregulation as an instrument in industrial policy, in: JITE, vol.142, 1986, S.55.

153) Peltzman, S.: Toward a more general theory of regulation, a.a.O.,

Eine weitere wichtige Aussage Peltzmans ist, daß sich die Begünstigungen bzw. Benachteiligungen innerhalb der jeweiligen Gruppe nicht gleich verteilen. Es ist danach vielmehr möglich, daß etwa die Nachfrager als Gruppe durch die Regulierungspolitik schlechter gestellt werden, einzelne Gruppenmitglieder jedoch von den Politikmaßnahmen profitieren.[154]

Hier besteht eine Analogie zwischen dem Ansatz bzw. der Regulierungstheorie Peltzmans und neueren Modellen der Informationsökonomie, die versuchen, Preisdispersionen auf Gütermärkten zu erklären.[155] Grundlage für derartige Preisdispersionen sind danach unterschiedlich hohe Informationskosten der verschiedenen Nachfragergruppen, die dazu führen, daß auf Märkten, auf denen gleichartige Güter gehandelt werden, unterschiedliche hohe Preise möglich werden. Die Informationskosten hängen dabei einmal von der Güterart ab, zum anderen von der jeweiligen Transaktionshäufigkeit. Nachfrager, die nur selten auf einem Markt auftreten, sind in der Regel schlechter informiert als solche, die recht häufig nachfragen bzw. kaufen. Entsprechend müssen diejenigen Modelle modifiziert werden, die davon ausgehen, daß sich regulierungsbedingte Zuwächse oder Verminderungen an Renten sofort in eine Zu- bzw. Abnahme des "political support" ummünzen lassen. Bezogen auf den Verkehrsmarkt bedeutet dies zunächst, daß sich eine ineffiziente Regulierung dann aufrechterhalten läßt, wenn die Geschädigten überhaupt nicht wissen, daß sie geschädigt werden bzw. wenn es sich für sie nicht lohnt, entsprechend informiert zu sein.

In diesem Zusammenhang kann man beispielsweise die Frage stellen, wieviele Bundesbürger eigentlich über den durchschnittlichen Jahreszuschuß pro Kopf an die Bundesbahn (und mittlerweile auch die Reichsbahn) informiert sind oder wieviele eigentlich wissen, daß ein beachtlicher Teil der Lastkraftwagen auf den bundesdeutschen Autobahnen regulierungsbedingt leer oder unterausgelastet fahren.

Eine Informationsbeschaffung über die hierfür verantwortliche Politik lohnt sich jedoch für viele der dadurch Benachteiligten nicht, so daß sich

---

S.223f.

154) Vgl. ebenda, S.218f.

155) Vgl. für einen Überblick Varian, H.: Mikroökonomie, 2.A., München 1985, Kapitel 8.

die Schädigung (bspw. in Form überhöhter Steuerzahlungen) keineswegs auf ihr Stimmverhalten auswirkt.[156] Diejenigen Gruppen jedoch, die informiert sind und entsprechend "aggressiv" auf für sie nachteilige Regulierungen reagieren, zahlen einen geringeren "Preis", was bezogen auf die Regulierung etwa für bestimmte Nachfragergruppen die Einräumung von Ausnahmetarifen zur Folge hat. Negative Wirkungen der Regulierung auf den "political support" lassen sich somit verringern oder sogar umkehren.

Geht man davon aus, daß sich eine ineffiziente und nach verschiedenen Gruppen diskriminierende Regulierung zumindest teilweise auf die Existenz unterschiedlich hoher Informationskosten der Beteiligten zurückführen läßt, dann läßt sich hieraus die Notwendigkeit von Institutionen ableiten, die hinreichend über die Zusammenhänge aufklären und somit dafür sorgen, daß der Informationsgrad bzw. die Transparenz in bezug auf die Regulierung und ihre Wirkungen ansteigt und damit positive wie negative Wirkungen der Regulierung Eingang in das Stimmverhalten der Betroffenen finden. Während in vielen Bereichen bzw. Märkten die Einführung solcher Informationsproduzenten funktioniert,[157] bestehen im Regulierungsbereich Probleme insofern, als die Betroffenen ein Interesse haben, den Output der Informationsproduzenten zu beeinflussen. Der Umstand, daß nicht nur objektive Gutachter Lageanalysen abgeben, sondern auch interessengebundene Informationsproduzenten, führt letztlich dazu, daß sich der Grad der Transparenz für die Betroffenen nicht bzw. kaum erhöht. Gutachter stehen wie die Produzenten anderer Güter vor dem Problem, daß sie sich an der Nachfrage orientieren müssen, was zur Folge haben kann, daß objektive Gutachten eben nicht nachgefragt werden bzw. durch Gegengutachten interessengebundener Produzenten entwertet werden. Hieraus folgt, daß sich "Preisdispersionen" bzw. Regulierungen in bestimmten Märkten dauerhaft halten können.

In Anbetracht dieser Tatsache erweisen sich ausländische Erfahrungen mit bestimmten Politiken als bedeutsam, liefern sie doch quasi kostenlos Informationen über Alternativen. Diese Informationen können nun dafür

---

156) Vgl. auch Keeler, Th.E.: Theories of regulation and the deregulation movement, in: PC, vol.44, 1984, S.130.

157) Vgl. hierzu bspw. Ernst, M.: Neue Informations- und Kommunikationstechnologien und marktwirtschaftliche Allokation, a.a.O., Kapitel C.III./IV.

sorgen, daß vormals stabile Regulierungsgleichgewichte instabil werden, beziehungsweise den Geschädigten ihre Benachteiligung bewußt wird und sich diese in politische Reaktionen umsetzt.[158]

b) Wohlfahrtsverluste durch Rent-seeking-Aktivitäten

Die Regulierungstheorie Stiglers und Peltzmans nimmt explizit kaum Bezug auf die Public-Choice-Literatur bzw. die auf Tullock und Buchanan zurückgehende Rent-seeking-Theorie.[159] Auch dieser Ansatz verwirft die Annahme, Politiker seien nur am Gemeinwohl orientiert. Wie bei Stigler und Peltzman führt das Streben bestimmter Gruppen nach künstlich geschaffenen Renten zu Regulierungsmaßnahmen durch die Politiker bzw. Entscheidungsträger. Problematisiert wird dabei insbesondere der mit den Rent-seeking-Aktivitäten verbundene Wohlfahrtsverlust. "(Negative) rent seeking covers those individual or collective utility- or profit-seeking activities which, through change, modification, or attenuation of the prevailing socio-economic arrangement (the structure of property rights), secure particular or partisan-specific competitive advantages. These activities, if scrutinized by a cost-benefit-analysis, can be seen to lead to a negative social surplus, thus indicating inefficient allocation or resource waste. Of course, a positive surplus may result from such activities as lobbying for free trade, deregulation or a monetary and fiscal constitution."[160]

Die etwa von Harberger angegebenen Verluste aufgrund der Monopolisierung von Märkten sind nach Tullock im Vergleich zu den mit dem rent-seeking verbundenen Kosten gering bzw. unbedeutend.[161] Ursprünglich wurden vor allem Aktivitäten der Anbieter betrachtet, die auf die Errei-

---

158) Vgl. Keeler, Th.E.: Theories of regulation and the deregulation movement, a.a.O., S.135.

159) Ihren Anfang nahm diese Theorie-Richtung mit Gordon Tullocks Artikel "The Welfare Costs of Tariffs, Monopolies, and Theft", in: WEJ, vol.5., 1967, S.224-232, hier zitiert nach dem Wiederabdruck in: Buchanan, J.M./ Tollison, R.D./ Tullock, G.: Toward a Theory of the Rent-Seeking Society, College Station 1980, S.39-50.

160) Monissen, H.G.: Rent-Seeking in general equilibrium: A didactic illustration, in: PC, vol.72, 1991, S.112.

161) Vgl. Tullock, G.: The Welfare Costs of Tariffs, Monopolies, and Theft, a.a.O., S.40ff.

chung von Monopolrenten abzielen. In den traditionellen Analysen wird allerdings implizit von einem kostenlosen Umverteilungsprozeß ausgegangen. Die mit der Monopolisierung verbundenen Kosten lassen sich dann mit Hilfe der folgenden Graphik durch die Fläche ABC angeben.[162]

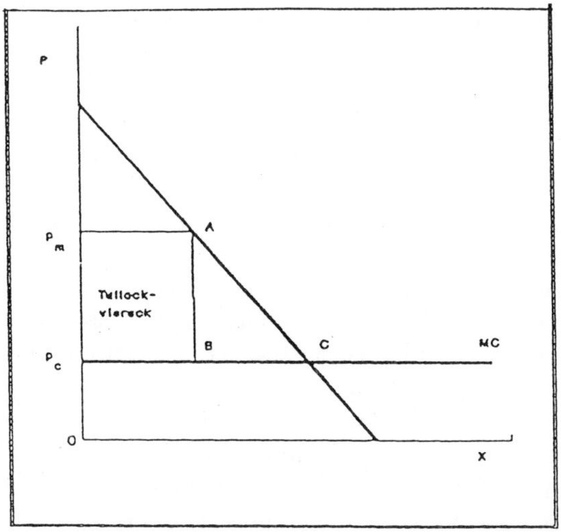

Abb. 16: Wohlfahrtsverluste durch Rent-seeking

Nach Tullock muß nun jedoch davon ausgegangen werden, daß die Anbieter, die die Monopolisierung anstreben, Ressourcen aufwenden, um diese zu erlangen. Mit Hilfe dieser Ressourcen könnten nun jedoch statt Umverteilungen Güter erzeugt werden.[163] Um wieviel der Wohlfahrtsverlust das sogenannte "dead-weight-loss" Harbergers übersteigt, kann nicht eindeutig bestimmt werden bzw. ist vom Einzelfall abhängig. Zunächst wurde davon ausgegangen, daß bei Wettbewerb um die Monopolrente der Ressourcenaufwand die Höhe der Monopolrente erreicht (p_mABp_c) und somit durch die Rent-seeking-Aktivitäten ein Gesamtverlust in Höhe von p_mACp_c auftritt. In der Folgezeit wurde nun jedoch gezeigt, daß sowohl Fälle

162) Vgl. ebenda, S.41.
163) Vgl. ebenda, S.44.

denkbar sind, in denen der reale Ressourcenverzehr des Rent-seeking (einschließlich Rent-protection-Maßnahmen) sowohl größer als auch kleiner sein kann als das sogenannte Tullock-Viereck (p_mABp_c).[164]

Es ist nun keineswegs zwingend, davon auszugehen, daß die Aufwendungen der Anbieter immer zu realen Wohlfahrtsverlusten führen müssen. So könnte etwa eine Monopollizenz versteigert werden. Das Maximalgebot würde bei hinreichend großer Bieterzahl dann zwar dem Tullock-Viereck entsprechen, ein realer Ressourcenverzehr würde jedoch unter der Bedingung einer kostenlosen Auktion nicht stattfinden. Vielmehr fließt in diesem Fall die Gesamtsumme an den Auktionator, was den sozialen Überschuß nicht vermindert. Dies führt jedoch nicht dazu, daß im gesamten Rent-seeking-Prozeß keine realen Verluste auftreten. Vielmehr könnten in diesem Fall Wohlfahrtsverluste dadurch entstehen, daß ein Wettbewerb um die Position des Auktionators entstünde, der seinerseits Ressourcen verbraucht. Erhält der Auktionator bzw. der politische Entscheidungsträger keine Rente, dann entstehen Rent-seeking-Verluste dadurch, daß "individuals seek to become members of the groups favored by the tax-expenditure program".[165]

Brauchbare empirische Untersuchungen, die die von Tullock u.a. dem Rent-seeking zugesprochene Bedeutung unterstreichen würden, liegen bisher kaum vor. Eine Ausnahme hiervon stellen die Untersuchungen Kruegers dar, die allerdings die Wohlfahrtsverluste durch Rent-seeking-Aktivitäten für Indien und die Türkei analysierte.[166]

---

164) Vgl. für einen Überblick auch Brooks, M.A./ Heijdra, B.J.: An Exploration of Rent Seeking, in: ER, vol.65, 1989, S.36ff.

165) Tollison, R.D.: Rent Seeking: A Survey, in: Kyklos, vol.35, 1982, S.579; Vgl. zu den verschiedenen Stufen des rent-seeking insbesondere Buchanan, J.M.: Rent Seeking and Profit Seeking, in: Buchanan, J.M./ Tollison, R.D./ Tullock, G.: Toward a Theory of the Rent-Seeking Society, College Station, 1980, S.12f. Vgl. auch Posner, R.: The social costs of monopoly and regulation, in: JPE, vol.83, 1975, S.813.

166) Vgl. Krueger, A.O.: The Political Economy of the Rent-Seeking Society, in: AER, vol.64, 1974, S.293. Erhebliche Zweifel wirft dagegen eine Untersuchung von Laband und Sophocleus auf, in der ein auf Rent-seeking-Aktivitäten zurückgehender Wohlfahrtsverlust für die Vereinigten Staaten von fast einem Viertel des nominalen Bruttosozialprodukts abgeleitet wurde. Vgl. Laband, D.N./ Sophocleus, J.P.: The social cost of rent-seeking: First estimates, in: PC, vol.58, 1988, S.269.

c) X-Ineffizienzen in regulierten Bereichen

Während die bisher vorgestellten Modelle versuchen, die Existenz von Regulierungen zu erklären bzw. die Kosten des Regulierungsprozesses aufzuzeigen, kommt man mit Hilfe der Leibenstein`schen Theorie der X-(In-) Effizienz zu dem Ergebnis, daß die durch die Regulierung bzw. Monopolisierung zumeist ausgelöste Abschwächung des Wettbewerbsdrucks zu ineffzienter Produktionsweise und damit zu einer zusätzlichen Quelle für Wohlfahrtsverluste führt.[167] Graphisch läßt sich der Sachverhalt folgendermaßen abbilden:[168]

---

[167]) Vgl. hierzu Comanor, W.S./ Leibenstein, H.: Allocative Efficiency, X-Efficiency and the Measurement of Welfare Losses, in: EC, vol.36, 1969, S.304ff. Die X-Ineffizienz kann sich dabei sowohl in einer Verschiebung der "Grenzkostenkurve" nach oben als auch durch eine Erhöhung der Fixkosten äußern. Vgl. hierzu auch Crew, M.A./ Rowley, C.K.: On Allocative Efficiency, X-Efficiency and the Measurement of Welfare Loss, in: EC, vol.38, 1971, S.200f.

[168]) Vgl. zur folgenden Graphik Naugthon, M.C./ Frantz, R.: X-efficiency, rent-seeking and social costs: Comment, in: PC, vol.68, 1991, S.261.

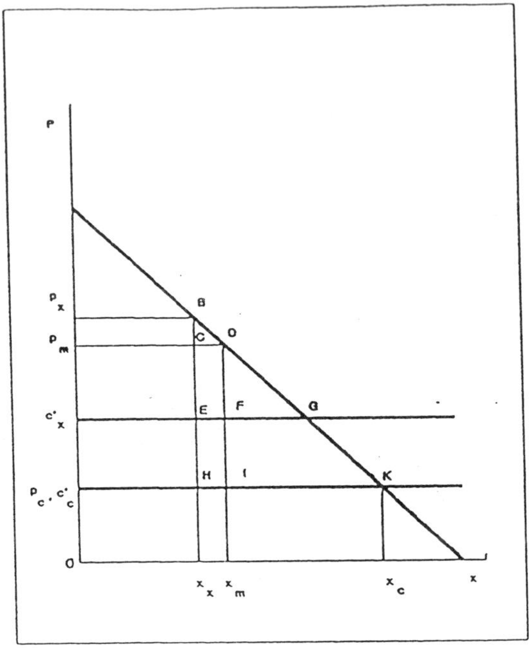

Abb. 17: Regulierung und X-Ineffizienz

In der Ausgangssituation liegt bei Wettbewerb die Gleichgewichts-Kombination p_cx_c vor, d.h. der Preis entspricht den Grenzkosten C'_c. Kommt es nun zur Transformation des Wettbewerbsmarktes in ein effizient arbeitendes Monopol, so tritt bei der neuen Kombination p_mx_m ein Wohlfahrtsverlust von DIK ein. Wird als Folge der Monopolisierung eine x-ineffiziente Produktionsweise unterstellt, wirkt sich dies dadurch aus, daß nun von einer neuen Grenzkostenkurve C'_x ausgegangen werden muß. Hieraus resultiert schließlich die Preis-Mengen-Kombination p_xx_x, die gegenüber dem effizient arbeitenden Monopol einen zusätzlichen allokativen Verlust in Höhe von HBDI und zusätzliche X-Ineffizienzen in Höhe von $C'_xC'_cEH$ aufweist.[169]

---

[169]) Vgl. ebenda, S.263f. Formby/ Keeler/ Thistle leiten statt dessen einen Wohlfahrtsverlust des Übergangs vom effizienten zum x-ineffizienten Monopol ab, der der Fläche x_xx_mDB entspricht. Vgl. hierzu Formby, J.P./ Keeler, J.P./ Thistle, P.D.: X-efficiency, rent-seeking and social costs, in PC, vol.57, 1988, S.119.

Das Konzept der X-Ineffizienz wurde allerdings erheblich kritisiert und zwar insbesondere deshalb, weil vom Maximierungsgedanken abgewichen wird. Damit sind aber die von Leibenstein angegebenen Wohlfahrtsverluste nicht mehr im Güterraum bzw. im Mengendiagramm darstellbar.[170] Besteht etwa aufgrund geringen Wettbewerbsdrucks für Arbeitnehmer die Möglichkeit zu einer Reduktion ihres Arbeitseinsatzes und ziehen sie hieraus Nutzen, so liegt keine Ineffizienz, sondern vielmehr eine Änderung in der Outputstruktur vor. Statt des Gutes X wird nun eine Kombination aus (der ursprünglichen) Güterproduktion und Müßiggang "produziert". Entsprechend müssen Kosten-Nutzen-Untersuchungen beide Gutsarten umfassen. Eventuelle Nutzenzuwächse, die z.B. aus einem langsameren Arbeitstempo resultieren, müssen folglich Berücksichtigung finden.[171]

Äußert sich die Erhöhung der Kosten dadurch, daß den Faktoren lediglich eine höhere Entlohnung zukommt, dann liegen des weiteren keine realen, sondern allein pekuniäre X-Ineffizienzen vor, was eine Umverteilung von Produzenten- bzw. Konsumentenrente in Faktorrente bedeutet, die allerdings ihrerseits Bestandteil des sozialen Überschusses darstellt und somit nicht als realer Wohlfahrtsverlust zu werten ist.[172]

Selbst wenn also die Existenz der X-Ineffizienz nicht in Frage gestellt wird, so ist doch bei der Ermittlung von Wohlfahrtsverlusten zumindest eine Unterscheidung in reale und pekuniäre X-Ineffizienzen vorzunehmen.[173]

---

170) Vgl hierzu Stigler, G.: The X-istence of X-Efficiency, in: AER, vol.66., 1976, S.213-216. Zu einer grundsätzlichen Kritik am Konzept der X-Ineffizienz vgl. auch DeAlessi, L.: Property Rights, Transaction Costs, and X-Efficiency, in: AER, vol.73, 1983, S.72ff.

171) Vgl. hierzu auch Frantz, R.S.: X-Efficiency: Theory, Evidence and Applications, Boston 1988, S.188f.

172) Vgl. hierzu Parish, R./ Ng, Y.-K.: Monopoly, X-Efficiency and the Measurement of Welfare Loss, in: EC, vol.39, 1972, S. 301-308 und Formby, J.P./ Keeler, J.P./ Thistle, P.D.: X-efficiency, rent-seeking and social costs, a.a.O., S.118ff. Hier ergibt sich u.U. eine Überschneidung mit der Theorie des Rent-seeking, die unter dem Stichwort des Rent-sharing einen ähnlichen Sachverhalt beschreibt. Faktoren erhalten danach für ihre Unterstützung im Rent-seeking-Prozeß eine Faktorrente, die diejenige unter Wettbewerbsverhältnissen übersteigt. Vgl. hierzu auch Rose, N.: Labor Rent Sharing and Regulation: Evidence from the Trucking Industry, in: JPE, vol.95, 1987, S.1146-1150; vgl. hierzu auch Kapitel V.B.1.a).

173) Einen Überblick über Kritikpunkte an der Leibenstein'schen X-Ineffi-

d) Krisen als Ausgangspunkt für Regulierungen

Neben den vorgenannten Ansätzen kann schließlich noch die sogenannte Krisentheorie der Regulierung angeführt werden. Dabei wird davon ausgegangen, daß Regulierungen insbesondere in Krisenzeiten entstehen. Überschreiten die Soll-Ist-Abweichungen eine bestimmte Toleranzschwelle, kommt es zu Regulierungseingriffen und zwar unabhängig von den Ursachen der Krise. Nach Beendigung der gesamtwirtschaftlichen oder branchenspezifischen Krise werden die Regulierungseingriffe allerdings nicht wieder abgebaut. Von Weizsäcker geht hierbei von einer Analogie zum Modell von Peacock und Wiseman aus, die das langfristige Anwachsen der Staatsausgaben auf Krisen, wie etwa Kriege, zurückführen, in denen die Staatsausgaben anwachsen, nachher jedoch nicht wieder auf das ursprüngliche Niveau heruntergefahren werden.[174] Vogelsang weist darauf hin, daß die Regulierungseingriffe in Krisenzeiten durchaus zu gesamtwirtschaftlichen Wohlfahrtssteigerungen führen können,[175] die allerdings bei einem späteren Nichtabbau durch die hieraus folgenden Ineffizienzen unter Umständen überkompensiert werden.[176] Bei der Frage nach der Relevanz der Krisenthese für die Erklärung von Staatseingriffen rückt insbesondere der Zeitpunkt der Regulierung in den Vordergrund. Es müßte hier also geprüft werden, ob unmittelbar vor den Eingriffen eine krisenhafte Situation in der jeweiligen Branche vorlag oder nicht.

Zusammenfassend läßt sich feststellen, daß bisher keine umfassende positive Theorie der Regulierung vorliegt. Vielmehr existiert eine Reihe von Ansätzen, die zumeist nur einzelne Aspekte der Regulierung in den Vordergrund rücken. Allerdings wird auch deutlich, daß zwischen den verschiedenen Theorien Überschneidungen existieren, die auf die Möglichkeit einer Zusammenführung zu allgemeineren Erklärungsansätzen hindeuten.[177]

---

zienztheorie und eine Gegenkritik gibt Frantz, R.S.: X-Efficiency: Theory, Evidence and Applications, a.a.O., Kapitel 9.

174) Vgl. Weizsäcker, C.Ch. v.: Staatliche Regulierung - positive und normative Theorie, in: SZVS, 118.Jg., 1982, S.337.

175) Insofern könnten entsprechende Eingriffe auch mit dem öffentlichen Interesse erklärt werden.

176) Vgl. Vogelsang, I.: Anreizmechanismen zur Regulierung der Elektrizitätswirtschaft, Tübingen 1982, S.9.

177) Vgl. hierzu bspw. Paul und Schoening, die versuchen, das Peltzman-Modell um den Rent-seeking-Aspekt zu erweitern; vgl. Paul, C./ Schoening, N.: Regulation and rent-seeking: Prices, profits, and

Nachdem einige der wichtigsten Erklärungsansätze für Regulierungen aufgezeigt wurden, sollen im folgenden grundsätzliche Probleme einer effizienzorientierten Regulierungspolitik betrachtet und entsprechende Lösungsansätze diskutiert werden, bevor im nächsten Kapitel geprüft wird, inwieweit die dargestellten Ansätze die Regulierungseingriffe im Verkehrssektor erklären können.

---

third-party transfers, in: PC, vol.68, 1991, S.185-194. Vgl. hierzu auch Keeler, Th.E.: Theories of regulation and the deregulation movement, a.a.O., S.122ff.

B. Effiziente Regulierung: Grundsätzliche Probleme und Lösungsansätze

1. Informationsasymmetrien als fundamentales Problem von Regulierungseingriffen

Unterstellt man - anders als die ökonomische Theorie der Politik - politische Entscheidungsträger (Legislative), die im öffentlichen Interesse handeln, stellt sich bei Existenz von bürokratischen Regulierungsapparaten die Frage, ob diese die beabsichtigten Politikmaßnahmen auch umsetzen. Die Bürokratietheorie sieht hier erhebliche diskretionäre Spielräume der Exekutive (Bürokraten), die aufgrund von Informationsvorsprüngen in der Lage wären, eigene Ziele zu verfolgen, was einer effizienten Regulierung im Wege steht. Ein grundlegendes Modell hierzu wurde von Niskanan entwickelt, der von nutzenmaximierenden Bürokraten ausgeht.[178]

Sieht man von derartigen Problemen ab und unterstellt eine ausschließlich am Gemeinwohl orientierte Exekutive, bleibt die Frage, ob diese in der Lage ist, eine optimale Politik durchzusetzen. Zentrale Probleme stellen wiederum Informationsasymmetrien dar, diesmal zwischen Politikern/Bürokraten und den zu regulierenden Unternehmen. Es liegt ein Principal-agent-Problem vor, in dem die Regulierungsinstanz als Prinzipal und das zu regulierende Unternehmen als Agent betrachtet werden müssen.[179]

Zielgrößen der Regulierung sind letztlich Mengen, Preise und Qualitäten der angebotenen Güter. Eine an ökonomischen Größen orientierte Regulierungspolitik muß sich bei ihren Beeinflussungsversuchen an den Nachfrage- und Kostenverhältnissen der regulierten Branche ausrichten. Bei der Informationsbeschaffung sind die Regulierungsbehörden nun jedoch auf die Mithilfe der Unternehmen angewiesen. Wenn die Kosten-, Erlös- oder Gewinnsituation der Unternehmen Grundlage der Regulierung darstellt, so wird klar, daß die regulierten Unternehmen Anreize haben, ihre "privaten" Informationen u.U. nicht korrekt weiterzugeben. Es stellt sich somit die

---

178) Vgl. Niskanan, W.A.: Bureaucrats and Politicians, in: JL&E, vol.18, 1975, S.618ff.

179) Vgl. Keck, O.: The Information Dilemma, IIUG preprints 86-5 des Wissenschaftszentrums Berlin, Berlin 1986, S.20ff.

Frage, wie die Regulierungsinstanzen in die Lage versetzt werden können, letztlich eine optimale Regulierungspolitik durchzusetzen.

In der Literatur wurde zur Lösung dieser Problemstellung eine ganze Reihe von Anreizmechanismen entwickelt, die die Unternehmen entweder dazu bewegen sollen, wahre Informationen zu liefern oder aber es für diese optimal werden lassen, sich im gesamtwirtschaftlichen Interesse zu verhalten.[180]

180) Analoge Probleme existieren etwa im Bereich privater Kapitalgesellschaften, bei denen u.U. die Interessen von Managern und Kapitalgebern auseinanderfallen ("Principal-agent-Problematik").

2. Anreizmechanismen zur Durchsetzung optimaler Regulierungspolitik

Sind Kosten- und Nachfragefunktionen der betreffenden Unternehmen Ansatzpunkte für Regulierungen, dann können Informationsasymmetrien zwischen Regulierungsbehörden und regulierten Unternehmen derart bestehen, daß die Unternehmen vollständig informiert sind, die staatlichen Instanzen dagegen keine oder ungenügende Informationen über erstens die Nachfrage, zweitens über die Kostenverhältnisse oder drittens über Kosten- und Nachfragefunktionen besitzen. Folglich besteht die Gefahr, daß die Unternehmen solche Informationen weiterleiten, die für sie von Vorteil sind bzw. für sie gewinnmaximale Regulierungseingriffe zur Folge haben. Es muß an dieser Stelle allerdings darauf hingewiesen werden, daß auch die Annahme vollständig informierter Unternehmen nicht unproblematisch ist. Informationsprobleme wurden etwa im Zuge einer Marketingmaßnahme der Deutschen Bundesbahn im Jahre 1989 deutlich. Die Bahn beförderte an einem Wochenende Personen im ganzen Bundesgebiet zu einem äußerst günstigen Pauschaltarif, was auf bestimmten Relationen stark überfüllte Züge und damit eine Konterkarierung der eigentlichen Zielsetzung zur Folge hatte. Trotz dieses Beispiels soll im folgenden von vollständig informierten Unternehmen ausgegangen werden.

Entsprechend den unterschiedlichen Konstellationen von Informationsasymmetrien wurden verschiedene Anreizmechanismen entwickelt. In den Modellen wird dabei in der Regel von natürlichen Monopolen bzw. public utilities ausgegangen. Wie bereits oben diskutiert, besteht bei derartigen Unternehmen unter den Annahmen der Contestable-markets-Theorie im Falle durchgängig sinkender Durchschnittskosten kein Regulierungsbedarf, da die Unternehmen durch potentielle Konkurrenz zur Setzung von Ramsey-Preisen veranlaßt werden. Bei Nichtvorhandensein von sunk costs bzw. intertemporalen Kosteninterdependenzen besteht darüber hinaus auch die Möglichkeit der Versteigerung von Monopolrechten.[181] Ver-

181) Vgl. hierzu Demsetz, H.: Why regulate Utilities?, a.a.O., S.58. Demsetz führt als notwendige Voraussetzungen für Ausschreibungen an, daß erstens die für die Produktion notwendigen Faktoren einer Vielzahl potentieller Interessenten zur Verfügung stehen und daß zweitens die Kosten einer Kollusion prohibitiv hoch sind. Vgl. hierzu auch Weizsäcker, C.Ch. v.: Barriers to Entry, Berlin u.a. 1980, S.31f.

zichtet man auf diese restriktiven Annahmen, so existiert ein Regulierungsproblem und es stellt sich die Frage nach seiner optimalen Lösung. Ziel ist die Implementierung eines geeigneten Anreizmechanismus, der das Unternehmen letztlich zu einem optimalen Verhalten veranlaßt und somit Probleme, die z.B. mit der insbesondere in den Vereinigten Staaten praktizierten Rate-of-return-Regulierung verbunden sind (Averch-Johnson-Effekt bzw. Inputverzerrungen), zu überwinden hilft.[182]

a) Das Modell von Loeb und Magat - Informationsasymmetrien bezüglich der Kosten

Ein grundlegendes Modell zur vorliegenden Problematik wurde von Loeb und Magat entwickelt, das im folgenden kurz dargestellt und analysiert werden soll.[183] Magat und Loeb gehen zunächst davon aus, daß sowohl das Management als auch die Regulierungsbehörde über die Nachfrage informiert sind. Eine Asymmetrie besteht jedoch hinsichtlich der Kosten. Das Monopolunternehmen kennt seine (Grenz-) Kostenfunktion, die Regulierungsbehörde nicht. Dem Unternehmen bleibt es nun überlassen, den Preis frei zu wählen. Eine Verhaltensbeeinflussung wird durch die Behörde mit Hilfe einer Subventionierung angestrebt, die an der Konsumentenrente ansetzt, d.h. das Unternehmen erhält eine Subvention in Höhe der Konsumentenrente beim von ihm selbst gewählten Preis.[184] Eine Preisreduktion führt nun (bei entsprechender Nachfrageelastizität) zu einer Reduktion der Erlös-Produktionskostendifferenz, die jedoch (teilweise) durch die Erhöhung der Konsumentenrente und damit der Subvention (über-) kompensiert wird. Es kann nun gezeigt werden, daß bei Anwendung dieses Mechanismus das Unternehmen zur Setzung des Wettbewerbspreises veranlaßt werden kann.

Im unregulierten Zustand wird das Unternehmen versuchen, den Mono-

182) Vgl. hierzu die nachfolgenden Modelle sowie V.B.2.c)(2).

183) Vgl. hierzu Loeb, M./ Magat, W.A.: A Decentralized Method for Utility Regulation, in: JL&E, vol.22, 1979, S.399-404 und Sharkey, W.W.: A Decentralized Method for Utility Regulation: A Comment, in: JL&E, vol.22, 1979, S.405-407.

184) Die Konsumentenrente entspricht der Differenz zwischen der Zahlungsbereitschaft (ZB(x)) und den tatsächlichen Ausgaben der Konsumenten (p(x) x).

polpreis zu setzen und es kommt zu einer Abweichung zwischen Grenzkosten und Preis entsprechend der Amoroso-Robinson-Gleichung:

$$C'(x) = p(x)\ (1+1/\tau)$$

Wird nun der angesprochene Anreizmechanismus installiert, so muß die Gewinnfunktion $\pi(x)$ des Unternehmens modifiziert werden. Es gilt nun:

$$\pi(x) = p(x)\ x - C(x) + ZB(x) - p(x)\ x =$$

$$= ZB(x) - C(x)$$

$$\pi'(x) = ZB'(x) - C'(x) \overset{!}{=} 0$$

$$= p(x) - C'(x) \overset{!}{=} 0$$

$$\underline{\Rightarrow p(x) = C'(x)}$$

Die Unternehmung hat also einen Anreiz zu Grenzkostenpreisen anzubieten. Weiter besteht, im Gegensatz zur traditionellen Rate-of-return-Regulierung, ein Anreiz, kosteneffizient zu produzieren. Verschieben sich die Grenzkosten z.B. aufgrund technischen Fortschritts nach unten, ist es für das Unternehmen sinnvoll, mit dem Preis nachzuziehen.[185]

Zur Reduktion der notwendigen Subvention schlagen Loeb und Magat die Erhebung fixer Abgaben vor. Einen Anhaltspunkt könnten hier eventuell anfallende Gewinne der ersten Perioden bieten.

Weiter halten Loeb und Magat Versteigerungsverfahren für anwendbar. Den Zuschlag würde folglich dasjenige Unternehmen erhalten, das die höchste Fixgebühr zu zahlen bereit wäre.[186] Hier ist allerdings wieder auf die u.U. vorliegende Sunk-cost-Problematik hinzuweisen, die diese Verfahren ineffizient werden läßt bzw. Verzerrungen zugunsten der etablierten

185) Vgl. Loeb, M./ Magat, W.A.: A Decentralized Method for Utility Regulation, a.a.O., S.402.

186) Vgl. ebenda, S.403.

Unternehmen herbeiführt.

b) Der Vogelsang-Finsinger-Mechanismus

Mittlerweile liegt eine ganze Reihe von Modellen vor, die das Grundmodell von Loeb und Magat erweitert bzw. verbessert haben oder aber andere Informationsasymmetrien berücksichtigen.[187] Asymmetrien bezüglich der Informationen über die Kosten sind auch Ausgangspunkt der Modelle von Baron/Myerson und Sappington/Sibley.[188] Lewis/Sappington konstruieren dagegen einen Anreizmechanismus für den Fall privater Informationen der Unternehmen über die Nachfrageverhältnisse. Eindeutige bzw. überzeugende Ergebnisse werden hier allerdings nur für den Fall steigender Grenzkosten der regulierten Unternehmen abgeleitet.[189]

Ein wichtiges Unterscheidungsmerkmal der Modelle ist die Differenzierung nach einmaligen bzw. wiederkehrenden Beziehungen zwischen den Unternehmen und den Regulierungsbehörden. Wiederkehrende bzw. dauerhafte Beziehungen zwischen den Parteien werden u.a. in einem Modell berücksichtigt, das von Finsinger und Vogelsang entwickelt wurde. Der darin enthaltene Anreizmechanismus veranlaßt Mehrproduktmonopole zur Setzung von Ramsey-Preisen.[190] Die Regulierungsbehörde benötigt lediglich "bookkeeping data" und diese auch nur mit zeitlicher Verzögerung. Vogelsang/Finsinger unterstellen ein Monopolunternehmen mit durchgängig abnehmenden Strahldurchschnittskosten, einer Eigenschaft, die auch der

---

187) Für einen Überblick vgl. beispielsweise Besanko, D./ Sappington, D.E.M.: Designing Regulatory Policy with Limited Information, Chur u.a. 1987 und Sappington, D.E.M./ Stiglitz, J.E.: Information and Regulation, in: Bailey. E. (Hrsg.): Public Regulation, Cambridge/ Mass. 1987, S.3-43.

188) Vgl. Baron, D.P./ Myerson, R.B.: Regulating a monopolist with unknown costs, in: ECO, vol.50, 1982, S.911-930 und Sappington, D.E.M./ Sibley, D.S.: Regulating a monopolist without cost information: The incremental surplus subsidy scheme, in: IER, vol.29, 1988, S.297-306.

189) Vgl. Lewis, T.R./ Sappington, D.E.M.: Regulating a monopolist with unknown demand, in: AER, vol.78, 1988, S.986-998.

190) Vgl. Vogelsang, I./ Finsinger, J.: A regulatory adjustment process for optimal pricing by multiproduct monopoly firms, in: BJE, vol.10, 1979, S.157-171. Zu den Modellannahmen vgl. ebenda, S. 158-160.

Regulierungsbehörde bekannt sei.[191] Weiter verlangt der Anreizmechanismus einen Kontrahierungszwang und im Zeitablauf stationäre Kosten- und Nachfragefunktionen sowie vernachlässigbare Einkommenseffekte. Die Regulierungsbehörde hat als Ziel die Maximierung der Wohlfahrt (Konsumentenrente) unter der Nebenbedingung, daß die Unternehmung zumindest Nullgewinne erreicht. Für die Unternehmung wird kurzfristige Gewinnmaximierung unterstellt.

Der Firma wird nun eine Beschränkung derart auferlegt, daß sie in einer Periode t ihre Preise nur so wählen kann, daß diese multipliziert mit den Mengen der Vorperiode t−1 abzüglich der Kosten in t−1 einen Wert kleiner oder gleich null ergeben. Diese Restriktion läßt sich auch schreiben als:

$R_t = x_{t-1} p_t - C(x_{t-1}) \leq 0$ [192]

Graphisch läßt sich der Sachverhalt für den Einproduktfall recht einfach darstellen. Ausgehend von einem beliebigen, nicht-optimalen Punkt A und der zugehörigen Preis-Mengen-Kombination $p_1;x_1$, führt der von Vogelsang und Finsinger konstruierte Anpassungsprozeß nach n Perioden letztlich zum Ramsey-Preis p^* bzw. zum Gleichgewicht in B. Der Ramsey-Preis ist im vorliegenden Einprodukt-Fall identisch mit dem Durchschnittskostenpreis.[193]

---

191) Vgl. zur Definition von Strahldurchschnittskosten oben III.A.2.b)

192) "A simple interpretation of the constraint R_t is that it forces the firm to reduce its prices in each period on average by the last period's profit margin. Here the average is defined by a Laspeyres chain index; that is, prices are weighted by last period's quantities."; Vogelsang, I.: Price cap regulation of telecommunications services: A long-run approach, in: Crew, M.A., (Hrsg.): Deregulation and diversification of utilities, Boston u.a. 1989, S.24.

193) Vgl. zur Abbildung auch Neu, W.: A theoretical look at price capping mechanisms: Some clarifications and one recommendation, (WIK Diskussionsbeitrag Nr. 47), Bad Honnef 1988, S.8f. Für ein numerisches Beispiel des Anpassungsprozesses im Zwei-Güter-Fall vgl. Berg, S.V./ Tschirhart, J.: Natural Monopoly Regulation, a.a.O., S.502ff.

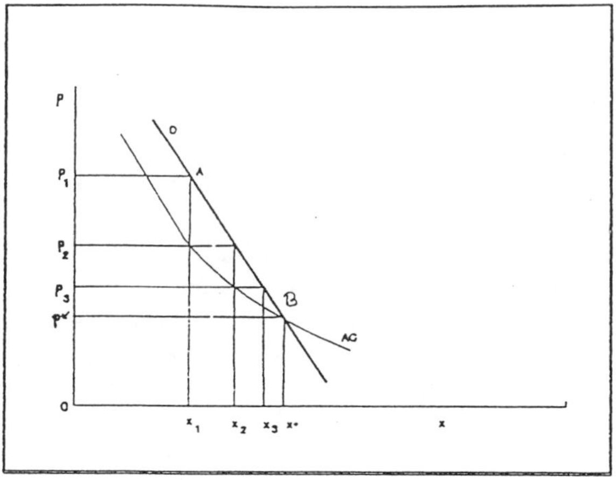

Abb. 18: Konvergenz des Vogelsang-Finsinger-Mechanismus zum Ramsey-Optimum

Kritisiert wurde am ursprünglichen Modell von Vogelsang/Finsinger insbesondere seine Anfälligkeit gegen strategisches Verhalten der regulierten Unternehmen und die Annahme einer stationären Umwelt, die Änderungen der Inputpreise, der Nachfrage oder der Produktionstechnologie ausschließt.[194] Maximiert die Unternehmung nicht ihre jeweiligen Periodengewinne, sondern den abdiskontierten Wert aller zukünftigen Gewinne, kann es für sie von Vorteil sein, in einer Periode von der kostenminimalen Produktion abzuweichen, um damit in den nachfolgenden Perioden die Menge zulässiger Preise zu erweitern. U.U. können die Wohlfahrtsergebnisse des ursprünglichen Vogelsang/Finsinger-Mechanismus durch derartiges strategisches Verhalten der Unternehmen soweit verschlechtert werden, daß sie noch ungünstiger sind als die Ergebnisse im unregulierten Monopol.[195] Diese Kritikpunkte haben zu Weiterentwicklungen und Modifikationen der ursprünglichen Modelle geführt. Ein dem modifizierten Vogelsang/Finsinger-Mechanismus ähnliches und in der Praxis erprobtes Verfahren ist das sog. RPI-X-Verfahren, mit dessen Hilfe in Großbritannien die privatisierte British Telecom reguliert wird.[196]

---

194) Vgl. Vogelsang, I.: Anreizmechanismen zur Regulierung der Elektrizitätswirtschaft, a.a.O., S.97ff.

195) Vgl. Besanko, D./ Sappington, D.E.M.: Designing Regulatory Policy with Limited Information, a.a.O., S.49f.

196) Vgl. hierzu Vogelsang, I.: Price cap regulation of telecommunications

C. Die Regulierung des Verkehrsmarktes in (der Bundesrepublik) Deutschland

1. Das Gemeinwirtschaftlichkeitsprinzip als zentrales Element der Regulierung des Schienenverkehrs

Obwohl der Verkehrssektor seit dem Aufkommen der Bahnen vor mehr als 150 Jahren vielfältigen Wandlungen unterworfen wurde, fand doch ein Prinzip, nämlich das der gemeinwirtschaftlichen Verkehrsbedienung, durchweg Anwendung. Die Theorie der Gemeinwirtschaft geht auf Arbeiten Schäffles, Wagners und von Sax zurück.[197] Insbesondere Sax hat sich mit der Anwendung des Prinzips bzw. mit der Notwendigkeit einer Politik der gemeinwirtschaftlichen Verkehrsbedienung auseinandergesetzt.[198] Bevor die Problematik der gemeinwirtschaftlichen Aufgaben des Verkehrs bzw. die Anwendung des Prinzips aufgezeigt und diskutiert wird, muß zunächst auf die Abgrenzung des Begriffs eingegangen werden.

a) Zur Problematik einer eindeutigen Definition der Begriffe Gemeinwirtschaft und Gemeinwirtschaftlichkeit

Als relativ unfruchtbar erweist sich der Versuch, mit Hilfe der Literatur zu einer exakten und operationalen Begriffsabgrenzung der Termini Gemeinwirtschaft bzw. Gemeinwirtschaftlichkeit zu gelangen. Die Vermutung, die Theorie der Gemeinwirtschaft basiere auf einer einigermaßen faßbaren Abgrenzung ihres Untersuchungsobjektes, erweist sich als Trugschluß.[199] So kann die Theorie der Gemeinwirtschaft zunächst untergliedert werden in

---

services: A long-run approach, a.a.O., S.21 und Neu, W.: A theoretical look at price capping mechanisms: Some clarifications and one recommendation, a.a.O., S.3ff. und Littlechild, St.C.: Regulation of British Telecommunications' Profitability, Report to the Secretary of State, London 1983, insbes. S.34ff., sowie Abschnitt V.B.2.c)(2)(c).

197) Einen dogmenhistorischen Überblick liefert Thiemeyer, Th.: Gemeinwirtschaftlichkeit als Ordnungsprinzip, Berlin 1970, insbesondere S.21-26.

198) Vgl. hierzu Sax, E.: Die Verkehrsmittel in Volks- und Staatswirtschaft, Dritter Band: Die Eisenbahnen, Berlin 1922, S.7-42.

199) Vgl. hierzu beispielsweise Eichhorn, P.: Gemeinwirtschaftliche Bedeutung der Telekommunikation, in: Neu, W./ Neumann, K.-H.: Die Zukunft der Telekommunikation in Europa, Berlin u.a. 1989, S.31-35.

einen gesamtwirtschaftlichen bzw. ordnungspolitischen Ansatz und eine einzelwirtschaftliche Ausrichtung. Ebels und Maaßen verwenden statt dessen die Unterteilung in den makroökonomischen und den mikroökonomischen Ansatz.[200]

Bei den gesamtwirtschaftlich orientierten Ansätzen wird unter Gemeinwirtschaft zumeist eine Ausprägung der Wirtschaftsordnung verstanden, die sich von der Marktwirtschaft und der Zentralverwaltungswirtschaft unterscheidet. Thiemeyer unterteilt hier wiederum nach verschiedenen Versionen. So verstehen bzw. verstanden sozialistische Vertreter unter der Gemeinwirtschaft etwa eine Zwischenstufe, die von der Marktwirtschaft weg hin zum Sozialismus führt. Dieser sozialistischen Auffassung läßt sich eine liberale Sichtweise gegenüberstellen, die ebenso wie die sozialistische Richtung in der Gemeinwirtschaft einen Fremdkörper innerhalb der Marktwirtschaft erblickt, der einen Störfaktor darstellt und somit abzulehnen ist. Dieser Fremdkörpertheorie in ihrer sozialistischen und ihrer liberalen Ausprägung steht die von Thiemeyer so bezeichnete "Lückenbüßertheorie" gegenüber, die die Auffassung vertritt, daß gemeinwirtschaftliche Bereiche innerhalb von Marktwirtschaften eine Ergänzungsfunktion wahrnehmen würden.[201]

Die heute im Vordergrund stehenden eher einzelwirtschaftlich orientierten Ansätze fragen insbesondere nach den Merkmalen gemeinwirtschaftlicher Unternehmen bzw. nach Kriterien ihrer Abgrenzung, wobei hier etwa die Frage strittig ist, ob sich Gemeinwirtschaftlichkeit und die Verfolgung des Eigenwirtschaftlichkeitsprinzips gegenseitig ausschließen oder nicht. Öffentliche Unternehmen werden zumeist als Instrumente (Instrumentalthese) zur Verfolgung öffentlicher Ziele bzw. der Erledigung öffentlicher Aufgaben gesehen.[202] Dabei gehen die ihnen zugewiesenen Aufgaben über die von der

200) Vgl. Ebels, R./ Maaßen, J.: Gemeinwirtschaft - Kritik an der Lehre von den gemeinwirtschaftlichen Institutionen im Rahmen einer systematisierten Darstellung und kritischen Würdigung der historischen Gemeinwirtschaftskonzeptionen, Diss. Trier 1987, S.18. Für einen Systematisierungsversuch "mikroökonomischer" und "makroökonomischer" Ansätze vgl. ebenda, S.23 und 29f.

201) Vgl. für einen Überblick Thiemeyer, Th.: Grundzüge einer Theorie der Gemeinwirtschaft, Frankfurt/M. 1970, S.11 und 25f.

202) Vgl. hierzu bspw. Thiemeyer, Th.: Wirtschaftslehre öffentlicher Betriebe, Reinbek 1975, S.28.

Allokationstheorie gezogenen Grenzen zum Teil weit hinaus und "...lassen sich weder generell bestimmen noch auf Dauer festlegen".[203]

Strittig war und ist die Frage, ob gemeinwirtschaftliche Aufgaben von öffentlichen oder aber von staatlich regulierten privaten Unternehmen zu übernehmen sind. Sax beispielweise trat für die letztere Möglichkeit ein, die in den USA auch weitgehend realisiert wurde (Regulierung privater Unternehmen durch Kommissionen).[204] In Deutschland wurde dagegen zumeist die Alternative öffentlicher Unternehmen gewählt. Reine Effizienzüberlegungen spielen in der Theorie der Gemeinwirtschaft eine untergeordnete Rolle bzw. werden von ihr abgelehnt.[205] Dies gilt zumindest für Vertreter der sog. "idealistischen" (H. Ritschl) sowie der "kritizistischen" Gemeinwohlkonzeptionen (G. Weiser, Th. Thiemeyer).[206]

---

203) Wissenschaftlicher Beirat der Gesellschaft für öffentliche Wirtschaft und Gemeinwirtschaft: Thesen des Wissenschaftlichen Beirats zu den Aufgaben öffentlicher und gemeinwirtschaftlicher Unternehmen im Wandel, in: Eichhorn, P./ Münch, P. (Hrsg.): Aufgaben öffentlicher und gemeinwirtschaftlicher Unternehmen im Wandel, Baden-Baden, 1983, S.31. Vgl. hierzu auch Budäus, D.: Problematik einzelwirtschaftlicher Effizienzkriterien bei öffentlichen Unternehmen, in: Thiemeyer, Th.: Öffentliche Unternehmen und ökonomische Theorie, Baden-Baden 1987, S.177. Thiemeyer sieht öffentliche Unternehmen als Instrumente in einer Vielzahl von Politikbereichen, so etwa in der Raumordnungs-, Wettbewerbs-, Konjunktur-, Struktur-, Sozial- und Fiskalpolitik etc., Vgl. Thiemeyer, Th.: Wirtschaftslehre öffentlicher Betriebe, a.a.O., D. Vierter Teil. Die Notwendigkeit einer strengen Ausrichtung an der Allokationstheorie sieht dagegen Rittig. Vgl. Rittig, G.: Gemeinwirtschaftsprinzip und Preisbildung bei öffentlichen Unternehmen unter volkswirtschaftlichen Gesichtspunkten, Frankfurt/ M. 1977, S.14.

204) Vgl. Sax, E.: Die Verkehrsmittel in Volks- und Staatswirtschaft, Dritter Band: Die Eisenbahnen, a.a.O., S.7f.

205) Vgl. hierzu Budäus, D.: Problematik einzelwirtschaftlicher Effizienzkriterien bei öffentlichen Unternehmen, a.a.O., S.193. Eine andere Ansicht vertritt Rittig: "Der eine von Thiemeyers Ablehnungsgründen einer präzisen gemeinwirtschaftlichen Preistheorie ist die Leugnung der Möglichkeit, ein gesamtwirtschaftliches Zieloptimum bzw. Maximum angeben zu können....Wir werden sehen, daß ein solches Ziel sehr wohl möglich ist und daß es einen sehr realen Sinn hat, ein Maximum an Bedürfnisbefriedigung unter Berücksichtigung aller individuellen Nutzenfunktionen anzustreben." Rittig, G.: Gemeinwirtschaftsprinzip und Preisbildung bei öffentlichen Unternehmen unter volkswirtschaftlichen Gesichtspunkten, a.a.O., S.14.

206) Diesen Konzeptionen stellt Thiemeyer die rationalistische Gemein-

Die Substitution des Effizienzzieles durch kaum operationalisierbare Zielkataloge birgt natürlich die Gefahr der Immunisierung erstens der Theorie selbst und zweitens spezieller Maßnahmen, Verhaltensweisen bzw. Ergebnisse öffentlicher Unternehmen gegenüber Kritik.[207] Wird etwa eine zu hohe Beschäftigungszahl bzw. X-Ineffizienz in öffentlichen Unternehmen kritisiert, kann beispielsweise mit beschäftigungspolitischen Argumenten gegengehalten werden. So wird die Theorie der Gemeinwirtschaft auch wegen ihrer Unschärfe zum Teil heftig kritisiert. Von Weizsäcker beispielsweise macht "... der Gemeinwirtschaftslehre den Vorwurf.., die Interessen derjenigen zu schützen, deren wirtschaftliche Aktivität dem Wettbewerb entzogen worden ist, in einer Zeit, in der diese Abschottung gegen den Wettbewerb nicht mehr zeitgemäß ist."[208]

b) Die Anwendung des Gemeinwirtschaftlichkeitsprinzips im Verkehrssektor

Nachdem die Theorie der Gemeinwirtschaftlichkeit keine eindeutigen Begriffsabgrenzungen bzw. eine Vielzahl von Definitionen und Interpretationen hervorgebracht hat, folgt fast zwingend, daß auch die sogenannte Gemeinwirtschaftlichkeit im Verkehr bzw. deren Abgrenzung nicht eindeutig ist.[209] Unklar ist etwa, ob eine gemeinwirtschaftliche Aufgabenerfüllung

---

wohlkonzeption gegenüber. Als Vertreter dieser Richtung wird Rittig genannt;(siehe auch die vorhergehende Fußnote). Vgl. Thiemeyer, Th.: Art. Gemeinwirtschaft, in: Albers, W. u.a. (Hrsg.): HdWW, Bd. 3, Stuttgart u.a. 1981, S.532f.

207) Vgl. Budäus, D.: Problematik einzelwirtschaftlicher Effizienzkriterien bei öffentlichen Unternehmen, a.a.O., S.184.

208) Weizsäcker, C.Ch. v.: Öffentliche Bindung - Deregulierung - Privatisierung, in Thiemeyer, Th. (Hrsg.): Öffentliche Unternehmen und ökonomische Theorie, Baden- Baden 1987, S.89.

209) Nach Most wäre dies auch gar nicht möglich gewesen. "Da es hier nichts absolut "Gemeinwirtschaftliches" gibt, sondern unbeschadet der länger oder kürzer währenden Konstanz einzelner Momente der konkrete Inhalt des Wortes nach Ort und Zeit schwankt, muß man sich schließlich, um praktisch weiterzukommen, mit einer kasuistischen Aufzählung derjenigen Zielsetzungen begnügen, die gegenwärtig als Fundamentalstücke einer gemeinwirtschaftlich ausgerichteten Verkehrsgestaltung im deutschen Raum anzusehen sind." Most, O.: Soziale Marktwirtschaft und Verkehr, (Schriftenreihe des Bundesministers für Verkehr, Heft 6) Bielefeld 1954, S.39.

auch dann vorliegt, wenn dadurch gleichzeitig betriebswirtschaftlichen Interessen entsprochen wird. Most vertritt beispielsweise die Ansicht, daß die Verfolgung betriebswirtschaftlicher Ziele einer gemeinwirtschaftlichen Aufgabenerfüllung zumindest nicht widerspricht.[210] Analog hierzu gelangt Napp-Zinn zu dem Ergebnis, daß gemeinwirtschaftliche Auflagen betriebswirtschaftlichen Interessen nur zum Teil entgegenstehen und führt preisdifferenzierende Maßnahmen und eine den Kostenverläufen entsprechende Entfernungsstaffelung an.[211] Auch Kloten hält es in bezug auf die Gemeinwirtschaftlichkeit einer Verkehrsordnung "für völlig nebensächlich, ob die .. Verkehrsordnung einzelwirtschaftlichen Interessen entspricht oder nicht."[212]

Dagegen vertritt der Wissenschaftliche Beirat beim Bundesministerium für Verkehr in einem Gutachten von 1987 die Ansicht, daß "[d]er Ausdruck Gemeinwirtschaftlichkeit in unbestimmter und heterogener Weise benutzt" wird, wobei die unterschiedlichen Sichtweisen darin übereinstimmen würden, ".., daß es sich bei den als gemeinwirtschaftlich angesehenen Aufgaben oder Leistungen um solche handelt, die politisch gewollt sind, jedoch vom kaufmännisch handelnden Unternehmen nicht zu den gesetzten Preisen und Bedingungen angeboten würden. Es wird also ein Spannungsverhältnis zwischen politischer Zielsetzung und dem Ergebnis kaufmännischen Handelns unterstellt".[213]

Wenn auch die Begriffsabgrenzung strittig ist, so scheint doch weitgehend Einmütigkeit darüber zu bestehen, welche Auflagen in jedem Fall als gemeinwirtschaftlich zu bezeichnen sind. Ein relativ umfassender Katalog von gemeinwirtschaftlichen Auflagen wurde vom sogenannten Beyer-Ausschuß entwickelt, nach dem folgende Maßnahmen Mittel zur Erreichung gemeinwirtschaftlicher Ziele sind: Aufrechterhaltung unrentabler Nebenstrecken (Betriebspflicht), Tarifveröffentlichungzwang, Tarifgleichheit im

210) Vgl. ebenda, S.39.

211) Vgl. Napp-Zinn, A.: Die Prinzipien der Gemeinwirtschaftlichkeit in ihrer Anwendung auf die Verkehrsträger, in: Handbuch der öffentlichen Wirtschaft, Stuttgart 1960, S.212.

212) Kloten, N.: Die Gemeinwirtschaftlichkeit im Verkehr. Zum Stilwandel in der Verkehrspolitik, in: Ordo, Bd.13, 1962, S.223.

213) Wissenschaftlicher Beirat beim Bundesministerium für Verkehr: Gemeinwirtschaftlichkeit und Deutsche Bundesbahn, in: ZfV, 59.Jg., 1988, S.86.

Raum, Wertstaffel, Entfernungsstaffel, Sozialtarife, die Beförderungspflicht sowie die Vorhaltung einer Transportraumreserve.[214] Nach Ansicht des Beyer-Auschusses liegen die Ziele einer gemeinwirtschaftlichen Verkehrsbedienung vor allem im Bereich der sektoralen und regionalen Strukturpolitik bzw. im Bereich der Raumordungspolitik.[215]

In der Verkehrsliteratur wird somit der ansonsten recht unklare Begriff der Gemeinwirtschaftlichkeit dadurch konkretisiert, daß man ihm bestimmte Auflagen bzw. Maßnahmen zuordnet. Als zentrale Elemente der gemeinwirtschaftlichen Verkehrsbedienung lassen sich somit Beschränkungen hinsichtlich der Kapazitäten bzw. des Marktaustritts und der Preisgestaltungsmöglichkeiten ableiten. Hinzu kommt als weiterer wichtiger Bestandteil die Beförderungspflicht bzw. ein Kontrahierungszwang. Die der Gemeinwirtschaftlichkeit zugewiesenen Instrumente stimmen somit mit dem von Kahn allgemein der Regulierung zugeordneten Instrumentarium weitgehend überein, wobei allerdings keine bzw. nur eine lose Ausrichtung an Effizienzzielen existiert.[216]

Die Deklaration bestimmter (öffentlicher) Unternehmen als gemeinwirtschaftlich hat bzw. hatte zumeist weitreichende Folgen. So sahen bzw. sehen sich die politischen Entscheidungsträger häufig gezwungen, gemeinwirtschaftliche Unternehmen als wettbewerbliche Ausnahmebereiche zu kennzeichnen bzw. vor Wettbewerb zu schützen. Die in diesem Zusammenhang ergriffenen Maßnahmen reichten bzw. reichen von massiven Regulierungen und steuerlichen Belastungen der Substitutionskonkurrenz bis zur Übertragung gemeinwirtschaftlicher Verpflichtungen auch auf diese Unternehmen. Wie im folgenden gezeigt werden wird, wurden und werden derartige Maßnahmen im deutschen Verkehrswesen angewendet. Im Zentrum der gegenwärtigen Diskussion stehen Fragen nach der Notwendigkeit bzw. dem Sinn gemeinwirtschaftlicher Auflagen im Verkehr sowie nach der (Ausgestaltung der) Abgeltung gemeinwirtschaftlicher Auflagen durch den jeweiligen Auftraggeber bzw. die dadurch Begünstigten.

---

214) Vgl. Sachverständigenausschuß (Vorsitz Dr. Paul Beyer): Gutachten zur Neugestaltung des Gütertarifs, Bielefeld 1957, zugleich Schriftenreihe des Bundesministers für Verkehr, Heft 17, S.22.

215) Vgl. ebenda, S.22.

216) Vgl. Kahn, A.E.: The Economics of Regulation, Principles and Institutions, (vol.1), a.a.O., S.20.

2. Entwicklung der Verkehrsmarktregulierung bis zur Mitte der Dreißiger Jahre

Zu Beginn des Eisenbahnzeitalters wurde der privaten Initiative ein breiter Bewegungsspielraum gelassen. Folglich wird die Zeit zwischen 1835 und 1875 auch als "Ära der Privatbahnen" bezeichnet.[217] Trotzdem finden sich bereits am Anfang der Entwicklung erste Regulierungseingriffe, die man heute als gemeinwirtschaftliche Auflagen bezeichnen würde. So enthält das Preußische Eisenbahngesetz von 1838 bereits wesentliche Bestandteile eines gemeinwirtschaftlich orientierten Regulierungssystems, wie Beförderungspflicht, Tarifzwang und Betriebspflicht.[218] Daneben existierten z.B. in Sachsen bereits 1835 Höchstpreisregulierungen. Günther weist darauf hin, daß diese Pflichten zumindest teilweise aus dem bestehenden Postregal übernommen wurden, das seinerseits die Betriebspflicht und den Tarifzwang enthielt.[219]

Die im Preußischen Eisenbahngesetz (PrEG) enthaltenen Regulierungseingriffe können somit keinen Reflex auf eventuelle Fälle von Marktversagen darstellen, da die Ratifizierung unmittelbar nach dem Aufkommen dampfgetriebener Eisenbahnen vorgenommen wurde. Statt dessen wurden in Ermangelung eigener Erfahrungen mit der Eisenbahn Regulierungen des "Verkehrsträgers" Post übernommen. Zunächst war auch völlig unklar, wie ein funktionierender Schienensektor aussehen sollte. Wie in England ging man zunächst davon aus, daß auf einem Netz konkurrierende Linien anbieten sollten.[220]

Die Frage, ob sich der Staat im Schienensektor (finanziell) engagieren sollte, stellte sich im damals wichtigsten deutschen Staat, dem Königreich

---

217) Vgl. Günther, A.: Die Gemeinwirtschaftlichkeit der deutschen Eisenbahnen in ihrer geschichtlichen und inhaltlichen Entwicklung, in: AfE, 70. Jg. 1960, S.1.

218) Vgl. hierzu auch Kloten, N.: Die Gemeinwirtschaftlichkeit im Verkehr. Zum Stilwandel in der Verkehrspolitik, a.a.O., 1962, S.202f.

219) Vgl. Günther, A.: Die Gemeinwirtschaftlichkeit der deutschen Eisenbahnen in ihrer geschichtlichen und inhaltlichen Entwicklung, a.a.O., S.10f.

220) Vgl. Sax, E.: Die Verkehrsmittel in Volks- und Staatswirtschaft, a.a.O., S.8 und 466. Sax weist darauf hin, daß sich das Preußische Eisenbahngesetz auch an entsprechenden englischen Konzessionsurkunden orientierte.

Preußen, insoweit nicht, als das der Errichtung einer Verfassung gebenden Versammlung bedurft und damit die Machtstellung des Königs von Preußen untergraben hätte.[221]

Wichtiger vielleicht als dieser Umstand ist die Beantwortung der Frage, warum durchweg vertikal integrierte Unternehmen auftraten. Waren hierfür institutionelle Regelungen verantwortlich oder bildete sich diese Organisationsform quasi auf natürliche Weise heraus?[222]

Der rechtliche und institutionelle Rahmen des Schienenverkehrs wurde in Preußen durch das Königlich Preußische Eisenbahn-Gesetz vom 3. November 1838 vorgegeben. Wesentliche Regelungen dieses Gesetzes waren die Genehmigungspflicht für Bahnlinien (§4) und das Recht zur Expropriation (§8), also der Enteignung von Grundstücken gegen Entschädigung. §26 sicherte zunächst der die Infrastruktur bauenden Gesellschaft für drei Jahre das Recht zu, konkurrierenden Transportunternehmen den Marktzutritt zu verwehren. Derselbe Paragraph enthielt weiterhin das Recht zur freien Preissetzung und schrieb gleichzeitig vor, daß die Tarife zu veröffentlichen seien (Tarifveröffentlichungspflicht) und daß "...für die angesetzten Preise alle zur Fortschaffung aufgegebene Waaren, ohne Unterschied der Interessenten"[223] zu befördern seien (Beförderungspflicht bzw. Kontrahierungszwang). §27 sah vor, daß nach den drei Jahren auch andere Unternehmen "gegen Entrichtung des Bahngeldes" zuzulassen seien, "wenn das Handelsministerium, nach Prüfung aller Verhältnisse, angemessen findet, denselben eine Konzession zu ertheilen."[224] Eine Regelung über die Höhe des Bahngeldes bei Streitigkeiten zwischen den Unternehmen findet sich in den §§29f. Nach §33 unterlagen die Eisenbahnen einer Rentabilitätsregulierung, die vorsah, daß ab einer Verzinsung von mehr als 10% auf

---

221) Vgl. hierzu auch Klee, W.: Preußische Eisenbahngeschichte, Stuttgart 1982, S.97 und Blankart, Ch. B.: Stabilität und Wechselhaftigkeit politischer Entscheidungen - Eine Fallstudie zur preußisch-deutschen Eisenbahnpolitik von ihren Anfängen bis zum zweiten Weltkrieg - , in: Boettcher, E./ Herder-Dorneich, Ph./ Schenk, K.-H. (Hrsg.): JNPÖ, 6. Bd., Tübingen 1987, S.79f.

222) Vgl. hierzu auch Laaser, C.-F.: Möglichkeiten der Deregulierung des Schienenverkehrs der Deutschen Bundesbahn: Die Option des Wettbewerbs im Schienennetz, Kieler Arbeitspapiere Nr.314, Kiel 1988, S.28f.

223) Preußisches Eisenbahn-Gesetz von 1838, Elberfeld o.J., S.9.

224) Ebenda, (§27), S.9.

das eingesetzte Kapital, "...die Fuhrpreise in dem Maaße herabgesetzt werden, daß der Reinertrag diese zehn Prozent nicht überschreitet".[225] §36 sah einige Sonderrechte für die Post vor. So mußten die Eisenbahnen beispielsweise den "Transport der Briefe, Gelder und aller anderen dem Postzwange unterworfenen Güter" unentgeltlich übernehmen.[226] §38 schrieb u.a. (für die erste Zeit) eine Entschädigung der Post durch die Eisenbahnen vor, deren Höhe sich am durch den Eisenbahnbetrieb verursachten Einnahmeverlust der Post orientieren sollte. §42 beinhaltete das Recht des Staates, die Eisenbahnen gegen "vollständige Entschädigung" zu übernehmen. §44 schließlich verbot den Bau bzw. die Zulassung von Parallelbahnen innerhalb eines Zeitraumes von 30 Jahren.[227]

Laaser vertritt die Ansicht, daß trotz der Regelung des §27 PrEG, der institutionelle Rahmen insgesamt eine Asymmetrie zugunsten der die Infrastruktur errichtenden Gesellschaften schaffte. "Der Umstand, daß eine Eisenbahngesellschaft für den Bau und Betrieb eine staatliche Konzession benötigte und daß [sie] mit der Konzession zugleich die Hoheitsrechte der Enteignung und der bahnpolizeilichen Aufsicht verliehen erhielt, privilegierten die bauende Gesellschaft bereits derart, daß eine Integration von Netz und Betrieb präjudiziert wurde."[228] Die Argumentation Laasers ist allerdings nicht stichhaltig und hinsichtlich der bahnpolizeilichen Aufsicht, deren Bedeutung in bezug auf die Wirksamkeit potentieller Konkurrenz zudem als sehr gering einzustufen ist, auch nicht korrekt.[229] Fest steht, daß Wettbewerb im Netz grundsätzlich möglich war, diese Möglichkeit jedoch nicht wahrgenommen wurde.[230] Gleiches gilt insgesamt gesehen auch für das

---

225) Ebenda S.11. Zur Problematik dieser Vorschrift, die allerdings nicht zur Anwendung kam; vgl. auch Alberty, M.: Der Übergang zum Staatsbahnsystem in Preußen, Jena 1911, S.168.

226) Vgl. Preußisches Eisenbahn-Gesetz von 1838, (§36), a.a.O., S.12.

227) Vgl. ebenda, S.14.

228) Laaser, C.-F.: Möglichkeiten der Deregulierung des Schienenverkehrs der Deutschen Bundesbahn: Die Option des Wettbewerbs im Schienennetz, a.a.O., S.30.

229) Vgl. hierzu den Wortlaut des §28 PrEG: "Auf solche Konkurrenten sind, in Ansehung der Bahn-Polizei, der guten Erhaltung ihrer Anstalten, sowie der Verpflichtung zum Schaden-Ersatz, dieselben Bestimmungen anzuwenden, welche in den §§. 23. 24. 25. für die ursprüngliche Gesellschaft gegeben sind", Preußisches Eisenbahn-Gesetz von 1838, a.a.O., S.9.

230) Vgl. Michaelis, O.: Die Haftungspflicht und das "natürliche Monopol" der Eisenbahnen, in: ders., Volkswirthschaftliche Schriften, Erster

Ausland. Diese Tatsache ist deshalb von Belang, da das 19. Jahrhundert bzw. die liberale Ausgestaltung und Organisation des Eisenbahnsektors Ausgangspunkt für Deregulierungsüberlegungen sein kann. Wenn nun jedoch ökonomische Überlegungen der Unternehmen zur Integration von Netz und Betrieb führten, so scheinen heutige Deregulierungsvorschläge, die auf eine Trennung abzielen, unter Berücksichtigung eingetretener technischer, politischer und ökonomischer Veränderungen zumindest zweifelhaft.[231]

Versucht man die Vorschriften des PrEG mit Hilfe der oben dargestellten Regulierungstheorien zu beurteilen, so ergibt sich kein einheitliches Bild. So spricht etwa die grundsätzliche Zulassung potentieller Konkurrenz gegen die Rent-seeking-Hypothese. Die privaten Gesellschaften konnten zumindest im vorhinein keine gesicherten und dauerhaften Monopolstellungen durchsetzen. Fragt man nach Interessengruppen, die durch das Aufkommen des neuen Verkehrsträgers mit Einbußen zu rechnen hatten, so stößt man insbesondere auf private Fuhrunternehmen und die Post. So führen Voigt und auch Klee den damaligen preußischen Generalpostmeister Nagler als einen der Hauptopponenten der Bahnen an, der vor allem mögliche negative pekuniäre externe Effekte zu Lasten der Post in den Vordergrund stellte und auf die Gefahr des "Rosinenpickens" durch die Bahnen hinwies.[232] Zur Aufrechterhaltung der Monopolrenten der Post dürften dann auch die §§ 36 und 38 Eingang in das Preußische Eisenbahngesetz gefunden haben. Neben diesen Vorschriften ist natürlich auch die Möglichkeit der Enteignung hervorzuheben, durch die sich der Staat die Option offenhielt, durch Verstaatlichung rentabler Bahnen neue Finanzquellen zu erschließen. Auch

---

Band, Berlin 1873, S.7. Vgl. hierzu auch Stackelberg, F.v.: Zur Privatisierung staatlicher Unternehmen im Verkehr, in: Seidenfus, H.St. (Hrsg.): Probleme des Wettbewerbs zwischen staatlichen und privaten Unternehmen im Verkehr (Beiträge aus dem Institut für Verkehrswissenschaft an der Universität Münster, Heft 123), S.190.

231) Vgl. Laaser, C.-F.: Möglichkeiten der Deregulierung des Schienenverkehrs der Deutschen Bundesbahn: Die Option des Wettbewerbs im Schienennetz, a.a.O., S.32. Laaser argumentiert entsprechend seiner Interpretation der preußischen Eisenbahngeschichte in die entgegengesetzte Richtung. Danach können die Entwicklungen im letzten Jahrhundert nicht als Hinweis auf eine quasi natürliche Integration der beiden Bereiche betrachtet werden bzw. sprechen nicht gegen eine vertikale Desintegration. Entsprechende Vorschläge werden weiter unten diskutiert.

232) Vgl. Voigt, F.: Verkehr, a.a.O., S.514 und Klee, W.: Preußische Eisenbahngeschichte, a.a.O., S.99.

wenn bei Inkrafttreten des Gesetzes keine Fälle des Marktversagens vorgelegen haben können, so kann doch das Verbot des Baus von Parallelstrecken als Maßnahme zur Vermeidung von Kostenineffizienzen gesehen werden.[233] Diese Vorschrift läßt sich folglich mit der traditionellen Theorie des Marktversagens (natürliches Monopol) rechtfertigen, gleichzeitig aber auch mit dem Ansatz Goldbergs ("right to serve") bzw. der entsprechenden Sunk-cost-Argumentation begründen.[234]

Während in Preußen zunächst Privatbahnen dominierten, gab es in anderen deutschen Staaten von Beginn an vorwiegend Staatsbahnen, so etwa in Braunschweig (1838), Baden (1840), Bayern (1844) und Württemberg (1845).[235] Wie bereits erwähnt, sah das Preußische Eisenbahngesetz allerdings von Beginn an die Möglichkeit zur Übernahme von Privatbahnen vor. Diskussionen der Frage "Staatsbahn- und/oder Privatbahnsystem" fanden in Preußen bis 1880 fast durchweg statt. 1853 wurde ein Gesetz verabschiedet, aufgrund dessen mit den Bahnabgaben Eisenbahnaktien aufgekauft wurden und sich somit der Anteil der Staatsbahnen vergrößerte. Aufgrund eines erheblichen Finanzmittelbedarfs für die Kriegsrüstung wurden diese Aktivitäten 1859 allerdings wieder eingestellt.[236] Diese Wende in der Eisenbahnpolitik wurde unterstützt durch den Erfolg der "Lehre von der freien Konkurrenz".[237] Die Eisenbahnpolitik des 19. Jahrhunderts war allerdings in noch starkem Maße von den sonstigen politischen Ereignissen und Strömungen abhängig. Die Bedeutung der Bahnen in raumordnungspolitischer, militärischer und gesamtwirtschaftlicher Hinsicht war um ein Vielfaches größer als heute. Wichtige politische Ereignisse, die die Verkehrspolitik Preußens nachhaltig beeinflußt haben, sind der Übergang zur konstitutionellen Monarchie, die ein staatliches Engagement größeren Umfangs im Bahnsektor erst ermöglichte und der preußisch-österreichische Krieg 1866. Durch den Sieg über Österreich fielen Preußen eine Reihe nord-

---

233) Eine Vorschrift, die durch die Reichsverfassung von 1871 (Art.41) zumindest teilweise aufgehoben wurde. Vgl. hierzu den Auszug aus der Reichsverfassung in Alberty, M.: Der Übergang zum Staatsbahnsystem in Preußen, a.a.O., S.344 (Anlage 1).

234) Vgl. hierzu auch Goldberg, V.: Regulation and administered contracts, in: BJ, vol.7, 1976, S.435.

235) Vgl. Schymanietz, P.A.: Die Organisation der deutschen Eisenbahnen 1835-1975, Freiburg 1977, S.21.

236) Vgl. Sax, E.: Die Verkehrsmittel in Volks- und Staatswirtschaft, a.a.O., S.469.

237) Ebenda, S.469.

deutscher Staaten zu, die an der Seite Österreichs gekämpft hatten. Da diese Länder zum Teil bereits über Staatsbahnen verfügten, vergrößerte sich der Anteil staatlicher Bahnen in Preußen als Folge des Krieges erheblich.[238] Nach der Reichsgründung 1871 strebte Preußen (Bismarck) die Schaffung einer Reichseisenbahn an, da die Struktur und Organisation des Eisenbahnwesens aufgrund der deutschen Kleinstaaterei (der Deutsche Bund umfaßte 39 Staaten) erhebliche Probleme mit sich brachte. Nachdem sich diese Idee aufgrund des Partikularismus verschiedener Staaten nicht durchsetzen konnte, konzentrierte sich Preußen auf sein eigenes Netz bzw. dessen Verstaatlichung.[239]

Gründe, die für die Verstaatlichung ins Feld geführt wurden, waren insbesondere das Monopolargument (Kapitalverschwendungen durch Konkurrenzlinien), die Probleme bei der Durchsetzung von Regulierungen der Privatbahnen, das Unterlaufen der protektionistischen Zollpolitik durch die Privatbahnen, die Existenz externer Effekte bzw. deren Nichtberücksichtigung durch Privatunternehmen sowie militärische und betriebsorganisatorische Gründe. Teilweise werden auch fiskalische Motive des Staates in den Vordergrund geschoben.[240] Es ist allerdings darauf hinzuweisen, daß durchaus nicht alle Privatbahnen rentabel arbeiteten. Klee hebt des weiteren den Einfluß der ostpreußischen Großagrarier hervor, die einerseits an einer besseren Infrastrukturausstattung interessiert waren und andererseits auf günstige Tarife spekulierten.[241]

Gegen die Verstaatlichung wurde eingewendet, daß dies eine Hinwendung zur sozialistischen Umgestaltung der Gesellschaft darstelle. Weiterhin wurde eine an rein ökonomischen Überlegungen orientierte Tarifpolitik der Privatbahnen verteidigt und auf Probleme der Organisation einer zentrali-

---

238) Blankart, Ch. B.: Stabilität und Wechselhaftigkeit politischer Entscheidungen - Eine Fallstudie zur preußisch-deutschen Eisenbahnpolitik von ihren Anfängen bis zum zweiten Weltkrieg -, a.a.O., S.81.

239) Vgl. Alberty, M.: Der Übergang zum Staatsbahnsystem in Preußen, a.a.O., S.32.

240) Zur Diskussion um die Verstaatlichung der preußischen Bahnen vgl. Alberty, M.: Der Übergang zum Staatsbahnsystem in Preußen, a.a.O., Zweiter Teil und auch Wagner, A.: Finanzwissenschaft, Erster Theil, 3.A., Leipzig 1883, S.661-720. Wagner leitet dabei Vorteile des Staatsbahnsystems ab.

241) Vgl. Klee, W.: Preußische Eisenbahngeschichte, a.a.O., S.160ff.

sierten Staatsbahn hingewiesen. Auch sah man die Berücksichtigung lokaler Interessen gefährdet und wies auf mögliche Ineffizienzen einer bürokratischen Organisation der Bahn hin. Negative Wirkungen einer Verstaatlichung der Bahnen sah man auch in bezug auf den technischen Fortschritt in diesem Bereich. Folge der Zentralisierung sei die Vereinheitlichung und Normung im technischen Bereich, was Neuerungen verhindere.[242]

Die Wirkungen der Verstaatlichung werden insgesamt als positiv beurteilt. Klee hebt insbesondere die Verbesserung in der Organisation hervor. Weiterhin gab es weitreichende Veränderungen bzw. Vereinfachungen im Tarifwesen. Insgesamt sanken die Tarife sowohl im Personen- als auch im Güterverkehr spürbar. Hervorzuheben ist allerdings, "... daß genau die Gruppen, die Bismarcks Schutzzollpolitik und die Eisenbahnverstaatlichung angekurbelt hatten, am meisten davon profitierten. Die Union der staatstragenden Kräfte aus großagrarischem Adel und Großunternehmertum konnte sich über eine mangelnde Anerkennung durch die preußische Eisenbahntarifpolitik kaum beklagen. Eindeutige Prioritäten zugunsten der Junker wurden auch beim Streckenneubau gesetzt".[243]

Die Einnahmen des preußischen Staates aus seinen Eisenbahnen machten teilweise mehr als 50% der gesamten Staatseinnahmen aus.[244] Im Zeitraum von 1880 bis 1910 konnten mit Hilfe der Eisenbahnüberschüsse Ausgaben in anderen Bereichen in Höhe von fast drei Milliarden Mark finanziert werden.[245]

---

242) Vgl. Alberty, M.: Der Übergang zum Staatsbahnsystem in Preußen, a.a.O., Zweiter Teil, Zweiter Abschnitt.

243) Klee, W.: Preußische Eisenbahngeschichte, a.a.O., S.185. Vgl. hierzu auch Blankart, Ch.B.: Waves of Regulation and Deregulation in the German Railroad and Trucking Industry 1830 - 1980, (Diskussionsbeiträge des Instituts für Volkswirtschaftslehre der Hochschule der Bundeswehr München, Nr.16), München 1983, S.7. Insbesondere durch eine Reihe von Ausnahmetarifen wurden die Verlader von Massengütern bevorzugt.

244) Vgl. Klee, W.: Preußische Eisenbahngeschichte, a.a.O., S.189.

245) Vgl. Alberty, M.: Der Übergang zum Staatsbahnsystem in Preußen, a.a.O., S.259. Für das Jahr 1899 beliefen sich die Steuereinnahmen beispielsweise auf 236 Millionen Mark, die Eisenbahnüberschüsse auf 138 Millionen Mark; vgl. Klee, W.: Preußische Eisenbahngeschichte, a.a.O., S.189.

Nach dem ersten Weltkrieg kam es dann im April 1920 aufgrund der Weimarer Verfassung zur Fusion aller deutschen Staatsbahnen (Deutsche Reichsbahn).[246] Die Gründung der Deutschen Reichsbahn (DRB) fiel somit in die Nachkriegszeit. Zu den Problemen, die hieraus und speziell aus der Inflation resultierten, kam noch das Aufkommen eines neuen Konkurrenten, des Straßengüterverkehrs hinzu, dessen Entwicklung durch den Krieg eher beschleunigt wurde. Die DRB wurde im Jahre 1924 auf Veranlassung der damaligen Siegermächte in die Deutsche Reichsbahn-Gesellschaft (DRG) umgewandelt.[247] Die DRG hatte recht weitgehende unternehmerische Freiheiten, die sie auch ausnutzte. Entsprechend positiv gestalteten sich die Betriebsergebnisse.[248] Der DRG wurden des weiteren erhebliche Verpflichtungen in Form von Reparationsleistungen auferlegt (Dawes-Plan bzw. Londoner Abkommen). Die jährlichen Belastungen beliefen sich nach einer Anlaufphase auf mehr als 900 Millionen Reichsmark. Von 1924-1929 leistete die DRG Reparationszahlungen von fast vier Milliarden Reichsmark bzw. knapp 50% der gesamten Zahlungen Deutschlands.[249] Die Erfüllung dieser Aufgabe gelang der DRG trotz einer eher bescheidenen Regulierung ihrer Substitutionskonkurrenz.

Der Straßengüterverkehr unterlag seit 1919 der Verordnung betreffend Kraftfahrzeuglinien bzw. seit 1925 dem Kraftfahrliniengesetz, die sich allerdings auf die Regulierung des linienmäßigen Verkehrs beschränkten.[250] Blankart kommt zu dem Ergebnis, daß diese Regulierungen des Straßengüterverkehrs weniger auf die Bahn als vielmehr auf den Einfluß der Postverwaltung zurückgehen.[251] Erhebliche Klagen der Bahn über ihre Einnahmeverluste aufgrund der Lkw-Konkurrenz traten Ende der Zwanziger Jahre auf. Die Bahn wies in ihren Geschäftsberichten dabei insbesondere auf den Einbruch des Lkw-Verkehrs in die hochtarifierten Güterklassen

---

246) Vgl. Günther, A.: Die Gemeinwirtschaftlichkeit der deutschen Eisenbahnen in ihrer geschichtlichen und inhaltlichen Entwicklung; a.a.O., S.24.

247) Vgl. hierzu auch Sarter, A./ Kittel, Th.: Die Deutsche Reichsbahn-Gesellschaft, Berlin 1931, S.217f.

248) Vgl. Blankart, Ch.B.: Waves of Regulation and Deregulation in the German Railroad and Trucking Industry 1830 - 1980, a.a.O., Abb. 2.

249) Vgl. Schymanietz, P.A.: Die Organisation der deutschen Eisenbahnen 1835-1975, a.a.O., S.34.

250) Vgl. Suntum, U.v.: Verkehrspolitik, München 1986, S.99.

251) Vgl. Blankart, Ch.B.: Waves of Regulation and Deregulation in the German Railroad and Trucking Industry 1830 - 1980, a.a.O., S.14f.

(Rosinenpicken) und die damit verbundene Problematik der Aufrechterhaltung ihres gemeinwirtschaftlichen Tarifsystems hin.[252]

Problematischer als diese Ergebnisse des Wettbewerbs auf dem Verkehrsmarkt war allerdings der Rückgang der gesamtwirtschaftlichen und damit auch der Verkehrsnachfrage im Zuge der Weltwirtschaftskrise. Der Erlaß der Verordnung über den Überlandverkehr mit Kraftfahrzeugen durch den Reichspräsidenten kann nun als Folge von Rent-seeking-Aktivitäten der Reichsbahngesellschaft gedeutet werden.[253] Allerdings ist nochmals darauf hinzuweisen, daß die von der Bahn in den Zwanziger Jahren erwirtschafteten Überschüsse zur Abgeltung von Reparationsverpflichtungen verwendet wurden. Hinzu kommt, daß die Notverordnung keineswegs nur den Verkehrssektor betraf, sondern die Reaktion auf eine allgemeine Wirtschaftskrise darstellte bzw. daß Rent-seeking bzw. Rent-maintenance-Anstrengungen erst Erfolg hatten, als gesamtwirtschaftliche Krisenerscheinungen hinzutraten. Die Situation der Bahn Ende der Zwanziger bzw. Anfang der Dreißiger Jahre läßt sich recht klar durch die folgende Abbildung verdeutlichen.

252) Vgl. ebenda, S.15.

253) Dritte Verordnung des Reichspräsidenten zur Sicherung von Wirtschaft und Finanzen und zur Bekämpfung politischer Ausschreitungen. Vom 6. Oktober 1931, Fünfter Teil, Kapitel V. Überlandverkehr mit Kraftfahrzeugen, Reichsgesetzblatt 1931 I, S.558-561.

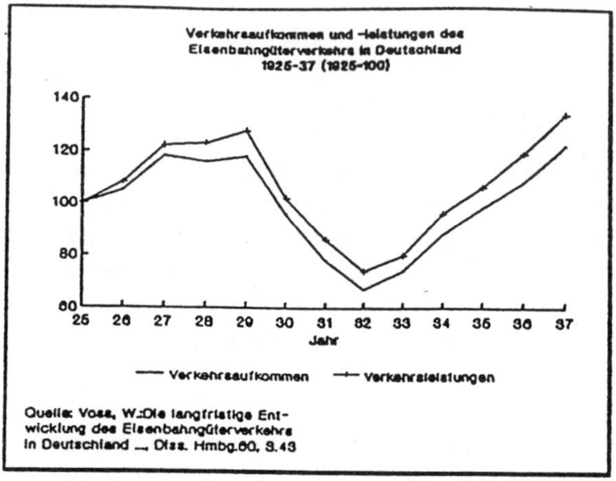

Abb. 19: Entwicklung des Eisenbahnverkehrs während der Weltwirtschaftskrise

Die Überlandverkehrsverordnung unterwarf den Güterfernverkehr (über 50km) einer Genehmigungspflicht (§1(2)). Der Reichsverkehrsminister war für die reichseinheitliche Festsetzung der Preise zuständig, die so zu bemessen waren, "...daß der Preiswettbewerb zwischen Eisenbahnen und Kraftfahrzeugen auf gleiche Grundlage gestellt und der gemeinwirtschaftliche Aufbau des deutschen Eisenbahngütertarifs nicht gefährdet" wurde.[254] Bei Nichteinhaltung der Preisvorschriften, d.h. bei Unterbietung, wurden im Falle der Aufdeckung Strafgelder in Höhe des Hundertfachen des Differenzbetrages fällig (§24).[255]

Der aufgrund fehlender Kontrollorgane nur wenig wirksamen Notverordnung von 1931 folgte im nationalsozialistischen Deutschland die Verabschiedung des Güterfernverkehrsgesetzes von 1935.[256] Nach diesem Gesetz

[254]) Ebenda, S.560.
[255]) Vgl. ebenda, S.560.
[256]) Vgl. Laaser, C.-F.: Die ordnungspolitische Sonderstellung des Verkehrswesens bei der Liberalisierung der westdeutschen Wirtschaft nach 1945, Kieler Arbeitspapiere Nr.292., Kiel 1987, S.9 und das Gesetz

war der Fernverkehr zunächst einmal genehmigungspflichtig (§1). Weiterhin sah es sowohl subjektive als auch objektive Marktzutrittsschranken ("volkswirtschaftliches Bedürfnis", §7) vor. Die Genehmigungen waren an die jeweilige Person gebunden (§8). Wesentliches Element des Gesetzes war die Einführung des "Reichs-Kraftwagen-Betriebsverbandes" (RKB, §9), der neben Überwachungsaufgaben zur Einhaltung der gesetzlichen Vorschriften u.a. für die "Errichtung von Laderaumverteilungsstellen" sowie für die "Berechnung, Einziehung und Auszahlung der Beförderungsentgelte" zuständig war.[257] Die Tarife waren des weiteren vom RKB "...im Einvernehmen mit der Deutschen Reichsbahn ...aufzustellen."[258] Die Bildung staatlicher Kollektivmonopole in Branchen, die ansonsten Probleme bei der Bildung bzw. Aufrechterhaltung privater Kartelle hätten, läßt sich als Beleg der Regulierungstheorie Stiglers und Peltzmans interpretieren. Allerdings kann oder muß hier die Gesamtpolitik des NS-Staates berücksichtigt werden, in deren Zentrum die staatliche Kontrolle sämtlicher Bereiche von nationaler Bedeutung und weniger ökonomisch erklärbare Ziele standen. In dieser Zeit wurde der Straßengüterverkehr zwar massiv reguliert, andererseits aber auch dessen Entwicklung stark forciert, insbesondere durch den starken Ausbau der Straßeninfrastruktur. Für diesen Zweck wurde sogar die Reichsbahn zwangsverpflichtet.[259] Die Verbesserung der wegbezogenen Eigenschaften des Straßen(güter)verkehrs dürfte wiederum weniger auf ökonomisch erklärbare als vielmehr auf militärische und beschäftigungspolitische Ursachen zurückzuführen sein.

Insgesamt lassen sich die Eisenbahn- und die sonstige Verkehrsmarktpolitik in der betrachteten Zeitspanne mit keiner der oben genannten Regulierungstheorien allein erklären. Vielmehr scheint die Bedeutung einzelner Ansätze im Zeitverlauf erheblich zu schwanken und häufig sind mehrere Erklärungsansätze gleichzeitig relevant.[260] Gleiches

---

über den Güterfernverkehr mit Kraftfahrzeugen v. 26.6.1935, in: Reichsgesetzblatt, 1935, Teil I, S.788-793.

257) Ebenda, S.789.

258) Ebenda, S.780.

259) Die Deutsche Reichsbahn hatte ihren Wettbewerber bzw. den Ausbau der Reichsautobahnen, "...durch Finanzierung der ersten Abschnitte, Aufbau der nötigen Organisation und Abstellung von Personal zu unterstützen.."; Günther, A.: Die Gemeinwirtschaftlichkeit der deutschen Eisenbahnen in ihrer geschichtlichen und inhaltlichen Entwicklung, a.a.O., S.29.

260) Vgl. hierzu auch Wilhelmi, H.-H.: Staat und Staatseisenbahn - Die

gilt im übrigen auch etwa für die US-amerikanische Regulierung des Schienenverkehrs, der 1887 dem Interstate Commerce Act (ICA) unterworfen wurde. Auch hier scheint mittlerweile Übereinstimmung dahingehend zu bestehen, daß verschiedene bzw. allgemeinere Erklärungsansätze von Bedeutung sind. So entsprach die Installation der Interstate Commerce Commission bzw. der sonstigen Regelungen des ICA sowohl Konsumenteninteressen bzw. Interessen der Verlader als auch dem Interesse der dann regulierten Industrie.[261]

Entwicklung der Eisenbahnverfassung in Deutschland, in: AfE, 73.Jg., 1963, S.409.

261) "The ICC provided an array of benefits, some to railroads and some to nonrailroad interests, notably shorthaul shippers"; Gilligan, T.W./ Marshall, W.J./ Weingast, B.R.: Regulation and the Theory of Legislative Choice: The Interstate Commerce Act of 1887, in: JL&E, vol.32, 1989, S.35f. Anders als bei Peltzman dürften der Regulierung reale Fälle von Marktversagen zugrundegelegen haben und zwar aufgrund der Existenz natürlicher Monopole und entsprechend hohen Preisen auf Kurz- bzw. Nebenstrecken. Die entsprechenden Erlöse wurden dann u.a. zur Finanzierung ruinöser Konkurrenzprozesse auf Hauptrelationen verwendet.

3. Regulierung des Güterverkehrs in der Bundesrepublik Deutschland

a) Das Regulierungssystem im Güterverkehr

Nach dem Ende des Zweiten Weltkriegs traten im Verkehrssektor, wie in vielen anderen Bereichen, wiederum krisenhafte Zustände auf. Die materielle Infrastruktur, insbesondere des Schienenverkehrs, war weitgehend zerstört, die des Straßenverkehrs nicht entsprechend weit entwickelt. Aus den Militärbeständen strömten wieder, wie bereits nach dem ersten Weltkrieg, LKW-Einheiten in großer Zahl in den privaten Straßengüterverkehrsmarkt, so daß sich die Zahl der Lastkraftwagen gegenüber der Vorkriegszeit rasch vergrößerte. Die Gesamtsituation im Güterverkehr wurde zumeist als krisenhaft bezeichnet. Diese Ansicht wurde nicht nur von Politikern und den Verkehrsträgern vertreten, sondern auch von den Verladern und von wissenschaftlicher Seite.[262] Hieraus resultierte eine entsprechend breite Mehrheit, die sich für massive staatliche Regulierungen aussprach. Im Zentrum der Verkehrsmarktregulierung stand dabei wiederum die gemeinwirtschaftlichen Auflagen verpflichtete Staatsbahn. Neben deren Schutz und einer insbesondere aus den Engpässen des Infrastrukturbereichs resultierenden hohen Zahl an Verkehrsunfällen im Straßenverkehr wurden vor allem ruinöse Konkurrenzprozesse im Güterverkehr auf der Straße als

262) " Der Wissenschaftliche Rat sieht eine wesentliche Ursache der gegenwärtigen Verkehrskrise in der unbeschränkten Zulassung schwerer und schwerster Lastzüge im Werkverkehr und der übersetzten Konzessionierung im gewerblichen Güterfernverkehr. Die Entwicklung des schweren Lastzugverkehrs ist dem Ausbau des Straßennetzes vorausgeeilt."; Wissenschaftlicher Beirat bei dem Bundesverkehrsministerium: Vorschläge für eine Reform des Deutschen Eisenbahngütertarifs, (Schriftenreihe des Wissenschaftlichen Beirats beim Bundesminister für Verkehr, Heft 1), Bielefeld 1951, S.19. " Es sei hier nur festgestellt, daß heute wohl in allen Lagern Einmütigkeit darüber besteht, daß es so nicht weitergeht, daß durchgreifende Abhilfe geschaffen werden muß und daß größte Eile geboten ist, wenn anders nicht binnen kurzer Zeit in der gesamten Verkehrsbedienung schwere Schäden auftreten sollen,..."; Bundesverband der Deutschen Industrie: Zur Verkehrskrise, (Stellungnahme des Bundesverbandes der Deutschen Industrie) Köln 1951, S.5. Vgl. hierzu auch Schmidt, H.: Ziele und Stufen, in: Volkswirtschaftliche Gesellschaft e.V. (Hrsg.): Die Verkehrspolitik in der öffentlichen Meinung, Darmstadt, o.J., S.166ff.

Begründung für die Regulierungen herangezogen.[263] Auf den wohl einzig wirklichen Fall von Marktversagen im Straßenverkehr, nämlich den externer Umweltkosten, wurde dagegen kaum Bezug genommen, wohl deshalb, weil erstens damals das Umweltbewußtsein nicht entsprechend ausgeprägt war und zweitens die Möglichkeiten der Messung von Umweltschäden bei weitem noch nicht so entwickelt waren wie heute.

Die wesentlichen Regulierungen des Güterverkehrs der Bundesrepublik existieren bereits seit Anfang der 50er Jahre. Die wichtigsten gesetzlichen Regelungen wurden im Allgemeinen Eisenbahngesetz (AEG) von 1951, im Bundesbahngesetz (BbG) aus dem Jahre 1951, dem Güterkraftverkehrsgesetz von 1952 und dem Gesetz über den gewerblichen Binnenschiffsverkehr aus dem Jahre 1953 niedergelegt.[264] Allerdings unterlag die Regulierungsintensität seither nicht unbeachtlichen Schwankungen.

So wurde im Zuge der "Kleinen Verkehrsreform" von 1961 der Reichskraftwagentarif vom Deutschen Eisenbahngütertarif (DEGT) abgekoppelt, dem Straßengüterverkehr ein Tarifantragsrecht eingeräumt (Tarifkommissionen) und die Möglichkeit eröffnet, von Fest- zu Margentarifen überzugehen.[265]

Den Verkehrsänderungsgesetzen von 1961 folgte der sog. "Leber-Plan" (1968), der massive Beschränkungen des Straßengüterverkehrs zugunsten der Bahn vorsah. So wurde die Einführung von Transportverboten (für bestimmte Güterarten) und eine entsprechende Reduktion des Kontingents für den Fernverkehr diskutiert. Letztlich kam es allerdings "nur" zu einer

---

263) Vgl. hierzu auch Hamm, W.: Schiene und Straße, Heidelberg 1954. Hamm stellt fest, daß sich "[W]egen der Notwendigkeit einer Ordnung des Wettbewerbs ... Eingriffe in die Preisbildung auf dem Verkehrsmarkt nicht vermeiden" lassen; ebenda, S.41. Zur Begründung werden u.a. sozial- und raumpolitische Aufgaben genannt. Daneben spricht Hamm allerdings auch Probleme des intermodalen Wettbewerbs an, die auch im Modell von Braeutigam angesprochen wurden; vgl. ebenda S.68. Entsprechend leitet Hamm als notwendige Folge hieraus dann auch u.a. Zugangsbeschränkungen im gewerblichen Verkehr ab; vgl. ebenda, S.118ff.

264) Vgl. hierzu auch Ewers, H.-J.: Wettbewerbspolitische Ansätze in der deutschen Verkehrspolitik seit den Verkehrsänderungsgesetzen, Göttingen 1971, S.121f.

265) Vgl. hierzu auch Schlotterer, P.: Verkehrspolitik und Güterverkehr seit 1961, Berlin 1974, S.72f. und Suntum, U.v.: Verkehrspolitik, a.a.O., S.105f.

zeitweisen Sonderbesteuerung des gewerblichen (1 Pf./tkm) und des Werkfernverkehrs (3 - 5 Pf./tkm), die zumindest im Werkverkehr Wirkung zeigte.[266]

Das Regulierungssystem im Güterverkehr von Schiene und Straße stellt sich heute wie folgt dar:[267]

Der Schienenverkehr und speziell die Deutsche Bundesbahn ist einer ganzen Reihe von Regelungen unterworfen, die sich insbesondere im Allgemeinen Eisenbahngesetz und im Bundesbahngesetz und der Eisenbahn-Verkehrsordnung finden. Neben den gemeinwirtschaftlichen Aufgaben der Bahn, die in erster Linie auf die marktmäßigen Beziehungen der DB abzielen, existiert im Bundesbahngesetz eine Vielzahl von Bestimmungen, die insbesondere dem Bund bzw. der Bundesregierung sowie den Ländern zum Teil massive Beeinflussungsmöglichkeiten geben.[268] Verschiedene gesellschaftliche Gruppen können über den Verwaltungsrat der DB deren Unternehmenspolitik beeinflussen.[269] Die Regulierung des Schienenverkehrs in Form der Betriebs-, Beförderungs- und Tarifpflicht ist durch Vorschriften im Bundesbahngesetz, im Allgemeinen Eisenbahngesetz, in der Eisenbahn-Verkehrsordnung und im Handelsgesetzbuch geregelt.[270] Beschränkungen des Marktzutritts und des Marktaustritts regeln §4 AEG und § 14(3)c),d) BbG. Danach können private Unternehmen erst dann eine (öffentliche) Eisenbahn bauen und betreiben, wenn die Bundesbahn und auch das entsprechende Land auf ihr Recht verzichtet haben, in den Markt einzutreten. Sowohl der

---

266) Vgl. Schlotterer, P.: Verkehrspolitik und Güterverkehr seit 1961, a.a.O, S. 115f. und oben Abb. 2 und 3.

267) Vgl. für einen Überblick über das gesamte Regulierungssystem: Deregulierungskommission: Marktöffnung und Wettbewerb, Erster Bericht, Bonn 1990, S.107f.

268) Vgl. Eichhorn, P.: Zur Situation der Deutschen Bundesbahn, Baden-Baden 1980, S.69ff. Auf Art. 87 GG wurde bereits hingewiesen.

269) Die Zusammensetzung des Verwaltungsrates wird durch § 10 BbG geregelt. Die zwanzig Mitglieder des Verwaltungsrates werden je zu einem Viertel vom Bundesrat, von den Gewerkschaften, vom Bundesverkehrsminister und den Spitzenverbänden "der gewerblichen Wirtschaft, des Handels, der Landwirtschaft, des Handwerks und des Verkehrs" vorgeschlagen. Vgl. Dernbach, L.: Taschenbuch der Eisenbahngesetze, 8.A., Darmstadt 1989, S.32.

270) Vgl. hierzu auch Basedow, J.: Wettbewerb auf den Verkehrsmärkten, Heidelberg 1989, S.55ff. und Vogt, G.: Die Entwicklung der Finanzen der Deutschen Bundesbahn, Berlin 1979, S.109ff.

Markteintritt als auch der Marktaustritt in Form von Streckenstillegungen durch die Bundesbahn sind genehmigungspflichtig. Die Regulierungen hinsichtlich der Tarife werden insbesondere durch § 6 EVO, § 16 BbG und § 6 AEG geregelt. Danach haben die Eisenbahnen genehmigungspflichtige Tarife aufzustellen und bekanntzumachen und im Regelfall auch gleichmäßig anzuwenden. Eine Berücksichtigung räumlicher Belange bei der Tarifgestaltung schreibt § 6 AEG vor. Die Beförderungspflicht wird durch § 453 HGB und § 2 EVO vorgeschrieben und zwingt zur Beförderung, wenn die entsprechenden Bedingungen eingehalten werden.

Im gewerblichen Straßengüterfernverkehr wird zunächst einmal zwischen dem Nah- und dem Fernverkehr unterschieden.[271] Letzterer wird unterteilt in den allgemeinen Fernverkehr (Radius > 50km) und den Bezirksgüterfernverkehr (Radius bis maximal 150km um den jeweiligen Standort, § 13a GüKG).[272] Der Fernverkehr ist genehmigungspflichtig (§ 8 GüKG) und unterliegt sowohl objektiven (§ 9 GüKG) als auch subjektiven (§ 10 GüKG) Zulassungsbeschränkungen.[273] Die Genehmigung ist acht Jahre gültig und ist an den Inhaber gebunden (§ 11 GüKG).[274] Die Tarife im Güterfernverkehr sind (mittlerweile) Margentarife und werden von Tarifkommissionen festgesetzt und vom Verkehrsminister genehmigt (§§ 20a, 22). Die Mitglieder der Tarifkommissionen des Fernverkehrs gehören ausschließlich der Anbieterseite an (§ 21 GüKG). Sogenannte beratende Ausschüsse sind mit Vertretern der Verladerschaft besetzt, die allerdings nur Stellungnahmen abgeben können.[275]

Der Werk(fern)verkehr ist nicht genehmigungspflichtig (§ 50 GüKG). Allerdings dürfen nach der Abgrenzung des Werkverkehrs (§ 48 GüKG) keine Güter für Dritte transportiert werden (Drittladeverbot).[276]

"Zur Herstellung und Gewährleistung der Ordnung im Güterfernverkehr..." wurde in Anlehnung an den RKB die Bundesanstalt für den Güterfernverkehr

---

271) Vgl. hierzu das Güterkraftverkehrsgesetz (GüKG), a.a.O., §§ 2 und 3, S.3f.
272) Vgl. ebenda, S.14.
273) Vgl. ebenda, S.9f.
274) Vgl. ebenda, S.12.
275) Vgl. ebenda, S.19-22.
276) Vgl. ebenda, S.32ff.

gegründet (§ 53 GüKG).[277]

Einer Beschränkung unterliegt auch ein Teil des kombinierten Verkehrs, nämlich der sog. Huckepackverkehr.[278] Werden Lastkraftwagen im inländischen Fernverkehr mit der Bahn (huckepack) befördert, so bedarf es hierzu einer Fernverkehrsgenehmigung. Die dabei ausgehandelten Tarife dürfen den für die Gesamtstrecke gültigen Güterfernverkehrstarif nicht unterschreiten (§ 3 GüKG).[279]

Grenzüberschreitende Verkehre sind innerhalb der EG mittlerweile weitgehend dereguliert. Die existierenden (Gemeinschafts-) Kontingente wurden massiv aufgestockt, die Tarifbildung ist frei. Lediglich im Bereich des sog. Kabotageverkehrs, also beim Transport von Gütern zwischen zwei Punkten eines Landes durch ausländische Fuhrunternehmer, existieren noch Beschränkungen. Allerdings wurde 1989 erstmals ein gemeinschaftliches Kontingent geschaffen, im Rahmen dessen in beschränktem Umfang Kabotageverkehre durchgeführt werden dürfen.[280]

Neben der fest verankerten Auffassung verschiedener Gruppen, die Gemeinwirtschaftlichkeit der Bahn sei unabdingbarer Bestandteil des Verkehrs, haben zum Zeitpunkt der Installation des Nachkriegsregulierungssystems wiederum krisenhafte Zustände vorgelegen, die als Erklärung angeführt werden können. Akzeptiert man aber die Gemeinwirtschaftlichkeit der Bahn,

---

277) Ebenda, S.53. Vgl. hierzu auch Eichhoff, E.: Die Aufgaben der Bundesanstalt für den Güterfernverkehr und ihre Durchsetzung, in: ZfV, 27. Jg., 1956, S.81-96.

278) Hier werden unter kombiniertem Verkehr gebrochene Transportvorgänge verstanden, bei denen (normierte) Ladegefäße transportiert werden, die beim Übergang von einem Verkehrsmittel zum nächsten nicht gewechselt werden. Beispiele sind u.a. also der Containerverkehr, der Wechselbehälterverkehr oder der hier betrachtete Huckepackverkehr (zwischen Schiene und Straße). Vgl. für einen Überblick über verschiedene begriffliche Abgrenzungen auch Rehmann, D.: Rationalität, Effizienz und Effektivität der staatlichen Förderungspolitik zugunsten des kombinierten Ladungsverkehrs, Göttingen 1988, S.65ff.

279) Vgl. hierzu das Güterkraftverkehrsgesetz (GüKG), a.a.O., S.4.

280) Vgl. Verordnung (EWG) Nr. 4059/89 des Rates vom 21. Dezember 1989 zur Festlegung der Bedingungen für die Zulassung von Verkehrsunternehmen zum Güterkraftverkehr innerhalb eines Mitgliedstaats, in dem sie nicht ansässig sind, in: Amtsblatt der Europäischen Gemeinschaften Nr. L 390/4 vom 30.12.1989.

ergeben sich die Regulierungen des Güterkraftverkehrs in der dargestellten Weise als logische Konsequenz.

Rent-seeking-Aktivitäten lassen sich natürlich auch in der Zeit nach dem Zweiten Weltkrieg feststellen. Ihr Einfluß läßt sich allerdings kaum von dem der anderen Faktoren isolieren. Ihre bloße Existenz ist darüber hinaus noch kein Beweis für ihre Wirksamkeit. Zudem war das Interesse an einer relativ weitgehenden Regulierung derart breit gestreut, daß hier keine einzelnen Gruppen herausgehoben werden können. Es ist zwar richtig, daß die Bahn und ihre Bediensteten sowie die Unternehmen des gewerblichen Straßengüterverkehrs ein starkes Interesse an der Aufrechterhaltung der Regulierung bzw. Kartellierung der Verkehrsmärkte haben mußten. Es sollte aber nicht unerwähnt bleiben, daß auch die Gruppen, die heute eine weitgehende Liberalisierung fordern, damals eine zumindest teilweise konträre Ansicht vertraten. Dies gilt etwa für den Bundesverband der Industrie und den Deutschen Industrie- und Handelstag.

So forderte etwa der Verkehrsausschuß des BDI in einer 1951 abgegebenen Stellungnahme die Kontingentierung und die Einhaltung der Tarife im Güterfernverkehr.[281] Das Gutachten des BDI enthält des weiteren eine eindeutige Aussage zugunsten der Aufrechterhaltung der gemeinwirtschaftlichen Aufgaben der Bahn.[282] Schließlich wurde auch auf die Möglichkeit der Übertragung gemeinwirtschaftlicher Verpflichtungen auf den Güterkraftverkehr nachgedacht und die Einrichtung einer Behörde ähnlich dem Reichs-Kraftwagen-Betriebsverband gefordert.[283] Dabei wurden die für

281) "Es muß also nach genauer Prüfung eine Kontingentzahl gefunden werden, die etwa zwischen 10-12000 liegen mag. Von dieser Zahl darf man nicht abweichen." Bundesverband der Deutschen Industrie: Zur Verkehrskrise, (Stellungnahme des Bundesverbandes der Deutschen Industrie), a.a.O., S.12.

282) "Gleichwohl wird die Bahn in ihrer Rolle als hauptsächlichster Verkehrsträger grundsätzlich von diesen Bindungen nicht befreit werden können, wenn anders nicht die Lebensgrundlagen der gesamten Wirtschaft, ihr struktureller und standortlicher Aufbau auf das schwerste erschüttert werden sollen.", ebenda, S.6.

283) "Die Kernfrage ist und bleibt im Güterfernverkehr die Kontingentierung und die Einhaltung des Tarifs. Beides kann nur durch eine straffe, auf Bundesebene aufgebaute Zwangsorganisation des Güterfernverkehrs in Selbstverwaltung erreicht werden. Die im Gesetzentwurf vorgesehene "Bundesanstalt" auf mehr freiwilliger Grundlage und mit nur beschränkten Befugnissen genügt nicht.",

notwendig erachteten Aufgabengebiete noch weiter gefaßt als die des Zwangskartells im Dritten Reich.

Auch der Deutsche Industrie- und Handelstag hielt einen regulierungsfreien Verkehrsmarkt für nicht akzeptabel. Auch wenn die Gesamtaussage einer ebenfalls 1951 veröffentlichten Stellungnahme des DIHT insgesamt gesehen erheblich weniger restriktiv erscheint als die vom BDI vorgetragenen Forderungen, enthält sie doch ebenfalls sehr weitgehende Vorschläge für Staatseingriffe in den Verkehrssektor. So spricht sich der DIHT eindeutig für die Gemeinwirtschaftlichkeit der Bahn aus, hält die Einrichtung einer am RKB orientierten Behörde für erforderlich und schlägt für den Güterlinienverkehr die Beförderungspflicht vor.[284]

Wichtig scheint auch der Einfluß der Verkehrswissenschaft zu sein.[285] Auch in diesem Bereich herrschte, jedenfalls zu Beginn der 50er Jahre, die Vorstellung von der Notwendigkeit einer massiven staatlichen Beeinflussung des Verkehrssektors vor. Dies verwundert nicht, da ein Großteil derjenigen, die bereits vor Gründung der Bundesrepublik für eine straffe Organisation des Verkehrswesens und insbesondere des Güterverkehrs eingetreten waren, auch nach dem Krieg erheblichen Einfluß auf die Verkehrspolitik - so etwa

---

ebenda, S.20.

284) "Aus dieser Problematik wird die Alternative abgeleitet, entweder die Vorzüge des Kraftwagens dem gemeinwirtschaftlichen Verkehrsdienst der Eisenbahn ein- oder zuzuordnen, oder die Eisenbahn von ihren Bindungen und Auflagen ganz oder teilweise zu befreien und für beide Teile gleiche Wettbewerbsvoraussetzungen zu schaffen. Der DIHT bekennt sich eindeutig zur Aufrechterhaltung der gemeinwirtschaftlichen Verkehrsbedienung durch die Eisenbahnen.", Deutscher Industrie-und Handelstag (Hrsg.): Richtlinien für eine neue Verkehrsordnung im Verhältnis von Schiene und Straße, o.O., 1951, S.3f. "So sollte z.B. schon jetzt in geeigneten Verkehrsbeziehungen eine Beförderungspflicht im Liniendienst des Güterkraftverkehrs eingeführt werden."; ebenda S.8. "Daher wäre der gesamte gewerbliche Güterfernverkehr sowie der übrige gewerbliche Kraftwagenverkehr, soweit dieser im Sinne der vorstehenden Ausführungen gemeinwirtschaftlich verpflichtet ist, selbstverantwortlich zu organisieren... Der neuen Selbstverwaltung müßten nicht nur ungefähr die gleichen Rechte und Pflichten des früheren RKB, sondern auch die wichtigen Obliegenheiten des inneren Ausgleichs übertragen werden."; ebenda S.11.

285) Vgl. Laaser, C.-F.: Die ordnungspolitische Sonderstellung des Verkehrswesens bei der Liberalisierung der westdeutschen Wirtschaft nach 1945, a.a.O., S.48f.

im Wissenschaftlichen Beirat des Bundesverkehrsministeriums - genommen haben.[286]

Insgesamt läßt sich festhalten, daß die Verkehrsmarktregulierung der Bundesrepublik auf eine Vielzahl von Faktoren zurückzuführen ist, deren relative Bedeutung heute kaum noch abzuschätzen sein dürfte. Auch hier finden sich somit wieder Belege für alle oben angesprochenen Regulierungstheorien.

b) Die Wirkungen der Verkehrsmarktregulierung der Bundesrepublik

(1) Unzureichende Operationalisierung und Konkretisierung der Regulierungsziele als Problem einer adäquaten Wirkungsanalyse

Die der Regulierung zugrundeliegenden Ziele sind nur zum Teil explizit formuliert und zumeist nicht oder unzureichend operationalisiert bzw. konkretisiert. Ein Beispiel stellt der §7 GüKG dar, der erheblichen Interpretationsspielraum bietet.[287] Dies läßt sich dadurch begründen, daß die wirklichen Ziele bei Bekanntwerden gesellschaftlich nicht konsensfähig wären. Weiterhin böte eine Konkretisierung die Möglichkeit der Kontrolle des Politikbereichs, der hieran kein großes Interesse hat. Zudem gibt es eine

---

286) Vgl. hierzu etwa Napp-Zinn, A.F.: Die Neugestaltung der Verkehrspolitik im nationalsozialistischen Deutschland, in: ZfNSt, Bd. 141, 1935, S.22 oder Linden, W.: Der Sinn des Güterfernverkehrsgesetzes, in: ZfV, 19.Jg., 1943, S.23ff.

287) § 7 GüKG, der identisch ist mit dem § 8 AEG und dem § 33 BSchVG, lautet wie folgt: "(1) Mit dem Ziel bester Verkehrsbedienung hat die Bundesregierung darauf hinzuwirken, daß die Wettbewerbsbedingungen der Verkehrsträger angeglichen werden und daß durch marktgerechte Entgelte und einen lauteren Wettbewerb der Verkehrsträger eine volkswirtschaftlich sinnvolle Aufgabenteilung ermöglicht wird." Dabei hat der Verkehrsminister darauf zu achten, daß "unbilliger Wettbewerb" verhindert wird; Güterkraftverkehrsgesetz (GüKG), a.a.O., S.9. Vgl. hierzu auch Ewers, H.-J.: Wettbewerbspolitische Ansätze in der deutschen Verkehrspolitik seit den Verkehrsänderungsgesetzen, a.a.O., S.136ff.

Reihe von Zielen, die kaum operationalisierbar sind. Schließlich steht auch die Tatsache, daß die Verkehrspolitik ein ganzes Zielbündel verfolgt bzw. eine Reihe von Nebenbedingungen zu beachten hat, einer umfassenden Wirkungsanalyse der Regulierung im Güterverkehr im Wege.[288]

Durch die Interdependenz der verschiedenen Maßnahmen wird auch die Beurteilung einzelner, für bestimmte Verkehrsträger gültige Regulierungen schwierig.[289] Trotz der aufgezeigten Probleme soll im folgenden ein kurzer Überblick über wesentliche Wirkungen der Regulierung des Güterverkehrs in der Bundesrepublik gegeben werden.[290]

(2) Direkte Wirkungen der Regulierung des Schienenverkehrs

Welche Wirkungen haben oder hatten nun diese massiven Eingriffe in den Eisenbahnbereich? Wem haben sie genutzt? Welche Wirkungen entfalten die gemeinwirtschaftlichen Pflichten im Güterverkehr, wenn man einmal davon absieht, daß letztlich nur sie die Sonderstellung der Bahn rechtfertigen und als Begründung der Regulierung der intra- wie intermodalen Konkurrenz dienen können? Zu fragen ist also, wie die gemeinwirtschaftlichen Auflagen auf das Unternehmen Deutsche Bundesbahn selbst wirken und inwieweit die mit den Auflagen verfolgten (raumordnungspolitischen) Ziele erreicht wurden.

---

288) Vgl. hierzu auch Tuchtfeldt, E.: Art. Wirtschaftspolitik, in: Albers, W. u.a.(Hrsg.): HdWW, Bd. 9, Stuttgart u.a. 1982, S.191.

289) Vgl. hierzu die Ausführungen zum Modell von Brauetigam.

290) Für eine umfassende Wirkungsanalyse vgl. auch Hamm, W.: Deregulierung im Verkehr als politische Aufgabe, München 1989, S.23 - 34.

(a) Gemeinwirtschaftliche Aufgaben und Defizit der Deutschen Bundesbahn

Die gemeinwirtschaftlichen Aufgaben werden häufig als ein Grund für die schlechten finanziellen Ergebnisse der Deutschen Bundesbahn angeführt. Die Auflagen verursachten in verschiedenen Bereichen Kostenunterdeckungen, die nur teilweise durch staatliche Ausgleichszahlungen abgedeckt würden. Hierzu ist zunächst festzustellen, daß die Betriebspflicht und die Beförderungspflicht ihre negativen Wirkungen auf das Betriebsergebnis erst durch ihr Zusammenspiel mit Beschränkungen hinsichtlich der Tarifsetzungsmöglichkeiten entfalten können.[291]

Die Betriebspflicht, also die Verpflichtung, bestimmte Strecken aufrechtzuerhalten, ist nur dann eine für das Unternehmen nachteilige Pflicht, wenn die Erlöse die Kosten nicht decken. Dies ist allerdings nur vorstellbar, wenn die Durchschnittskostenkurve oberhalb der Nachfrage verläuft, denn nur dann ist eine Kostendeckung nicht möglich. Preisdifferenzierung ermöglicht u.U. selbst in solchen Fällen Kostendeckung. Reichen auch preisdifferenzierende Maßnahmen nicht aus, muß nach dem Sinn der Verpflichtung gefragt werden, liegt doch in diesem Fall die Zahlungsbereitschaft der Nutzer unter den entsprechenden Kosten.

Die Beförderungspflicht stellt ebenfalls nur dann eine Pflicht dar, wenn die Preissetzungsspielräume des Unternehmens eingeschränkt sind. Der Kontrahierungszwang kann nur dann zu einer Überdimensionierung von Kapazitäten führen, wenn wiederum die Tarife nicht frei gestaltbar sind. Eine Spitzenlast-Preisbildung gewährleistet bei Nachfrageschwankungen eine optimale Auslastung der Kapazitäten.

Auch der Tarifzwang stellt für sich allein noch keine gemeinwirtschaftliche Auflage dar, da ohne Zwang, in Form der Betriebs- und Beförderungspflicht, die Produktion defizitärer Verkehrsleistungen erst gar

291) Vgl. hierzu auch Weber, R.H.: Wirtschaftsregulierung in wettbewerbspolitischen Ausnahmebereichen, Baden-Baden 1986, S.479f. und Stamm, R.: Oekonomische Betrachtungen zu den gemeinwirtschaftlichen Verpflichtungen der Schweizerischen Bundesbahnen, Bern 1979, S.90ff.

nicht aufgenommen würde.[292]

Schließlich besteht für das regulierte Unternehmen u.U. auch die Möglichkeit, die finanziellen Belastungen der Auflagen dadurch in Grenzen zu halten, daß die Bedienungsqualität verschlechtert wird. Ansatzpunkte hierzu bieten die Fahrpläne und das rollende Material. So kann durch eine ungünstige Fahrplangestaltung und schlechte Anschlußverbindungen die Nachfrage negativ beeinflußt werden.[293]

In ihrer Trennungsrechnung weist die Deutsche Bundesbahn dem sog. gemeinwirtschaftlichen Bereich - trotz Ausgleichzahlungen des Bundes in Höhe von ca. 3,8 Mrd. DM für gemeinwirtschaftliche Auflagen - für 1989 eine Unterdeckung von 300 Mio. DM zu. Darunter werden von der DB in erster Linie Leistungen im ÖPNV subsumiert.[294] In den Zahlungen des Bundes für gemeinwirtschaftliche Verpflichtungen enthalten sind auch 40 Mio. DM für die Aufrechterhaltung von Strecken, die unter betriebswirtschaftlichem Aspekt nicht rentabel zu betreiben bzw. nicht Bestandteil des "betriebswirtschaftlichen optimalen Streckennetzes" der Bundesbahn sind.[295] Für Unterstützungstarife für die Saarregion wurden zu Beginn der 80er Jahre ebenfalls Ausgleichszahlungen vom Bund geleistet.[296]

---

292) Vgl. ebenda, S.76.

293) Vgl. hierzu auch Drude, M.: "Mehr Markt im Verkehr" - Raumwirtschaftliche Konsequenzen eines gesamtwirtschaftlichen Postulats, in: DVWG (Hrsg.): Schwachstellen in der Verkehrsbedienung, Schriftenreihe der DVWG, Reihe B 84, Bergisch-Gladbach 1985, S.69.

294) Vgl. hierzu auch Vorstand der Deutschen Bundesbahn (Hrsg.): Geschäftsbericht der Deutschen Bundesbahn 1989, Frankfurt/M., o.J., S.8/11.

295) In einer 1976 dem Bundesverkehrsminister vorgelegten Untersuchung ermittelte der Vorstand der Deutschen Bundesbahn ein betriebswirtschaftlich optimales Netz für 1985 von ca. 15000km. Auf diesem Netz - also etwa der Hälfte des Gesamtnetzes - wurden 1976 90% des Güterverkehrs und 93% des Personenfernverkehrs abgewickelt. Vgl. für einen Überblick: Vorstand der Deutschen Bundesbahn: Betriebswirtschaftlich optimales Netz der DB (Erläuterungen des Vorstandes der DB und Erklärung des Bundesverkehrsministers in der Bundespressekonferenz am 22. Januar 1976 in Bonn), in: DB, 52.Jg., 1976, S.95ff.

296) Vgl. für eine Übersicht über die Entwicklung der Zuschüsse des Bundes an die DB in den 60er und 70er Jahren auch Vogt, G.: Die Entwicklung der Finanzen der Deutschen Bundesbahn, a.a.O., S.28 Vgl. auch Müller, J.: Möglichkeiten der Privatisierung im Bereich

Anders als im Schienenpersonennahverkehr wird die gemeinwirtschaftliche Verkehrsbedienung im Güterverkehr (und ihre finanzwirtschaftlichen Konsequenzen) von der DB selbst nicht hervorgehoben bzw. nicht problematisiert. Das bedeutet, daß entweder die aufgrund EG-Rechts zu leistenden Ausgleichszahlungen ausreichend sind, um die auftretenden Belastungen abzufangen, oder, daß überhaupt keine Belastung des Unternehmens vorliegt bzw. daß die Regulierung der intra- bzw. intermodalen Konkurrenz hinreichend ist, um die Belastungen zu neutralisieren.

(b) Die gemeinwirtschaftlichen Auflagen und die Flächenbedienung im Schienenverkehr

Die gemeinwirtschaftlichen Auflagen im Schienenverkehr sollen insbesondere der Fläche dienen. Durch die Betriebspflicht soll die Anbindung der Fläche und von Randgebieten an das Schienennetz der DB gesichert werden. Die Auflage der Tarifeinheit im Raum sollte darüber hinaus durch eine von den jeweils anfallenden Kosten unabhängige Tarifsetzung die Standortnachteile von Randregionen abschwächen helfen. Die gemeinwirtschaftlichen Auflagen unterworfene Bahn wurde und wird insoweit auch als Instrument der Regionalpolitik betrachtet.[297] Verwiesen wird in diesem Zusammenhang auf den verfassungsrechtlichen Grundsatz der "Einheitlichkeit der Lebensverhältnisse".[298] Inwiefern die Tarifpolitik der Eisenbahnen etwa als Instrument zur Beeinflussung der Standortwahl bzw. -qualität zu dienen in der Lage ist, war und ist umstritten. Festzustellen ist zunächst, daß trotz der Gültigkeit des sogenannten Prinzips der Tarifeinheit im Raum letztlich keine Tarifeinheit mehr vorliegt. Grund hierfür ist die

---

der Deutschen Bundesbahn, in: Windisch, R. (Hrsg.): Privatisierung natürlicher Monopole im Bereich von Bahn, Post und Telekommunikation, Tübingen 1987, S.320f.

297) Die Entfernungsstaffel, die einen mit der Entfernung abnehmenden Durchschnittstarif beinhaltet, dient zwar den gleichen Zielen, würde allerdings auch von einem unregulierten Unternehmen angewendet und kann somit nicht als gemeinwirtschaftlich bezeichnet werden.

298) Vgl. hierzu auch Gadegast, J.: Zielvorstellungen der Raumordnung für Verkehr und Nachrichtenübermittlung, in: Akademie für Raumforschung und Landesplanung (Hrsg.): Daten zur Raumplanung, Teil C, Fachplanungen und Raumordnung, Hannover 1989, S.845ff.

Durchbrechung des Prinzips durch die Anwendung von Ausnahmetarifen der Bundesbahn. Drude stellt fest, daß diese Ausnahmetarife in erster Linie dem Verkehr auf stark befahrenen Strecken mit paarigen Verkehrsströmen zugute gekommen sind. Weiter bestehen scheinbar größere Spielräume für die Bahn, durch Qualitätsverschlechterungen die Pflichten zu umgehen.[299]

Die bisherigen Streckenstillegungen haben allerdings zu keinen nennenswerten Verschlechterungen der Verkehrsbedienung von Randregionen bzw. der Fläche geführt. Aberle stellt fest, daß die Qualität der Verkehrserschließung entsprechender Regionen (mittlerweile) so gut wie nicht davon abhängig ist, ob ein Schienenanschluß existiert oder nicht.[300] Folglich ist die Bedeutung einer regionalpolitisch motivierten Tarifpolitik noch geringer einzustufen. Auch ist festzuhalten, daß ein durch die Gemeinwirtschaftlichkeit garantierter Mindestverkehr keineswegs sicherstellt, daß es nicht zu massiven Ungleichheiten in der Bedienungsqualität zwischen verschiedenen Regionen bzw. Strecken kommt. Die Einführung neuer Systeme, wie dem Intercity- oder dem Intercargo-Verkehr, die sich weitgehend auf das Kernnetz beschränken, birgt die "Gefahr" in sich, Randgebiete zu benachteiligen.[301] Zwar kann die Gemeinwirtschaftlichkeit ein weiteres Abfallen der Bedienungsqualität der Fläche bei gegebener Qualität des Verkehrs auf Hauptstrecken verhindern. Verschlechterungen der relativen Position der Fläche gegenüber dem Verkehr auf Hauptstrecken, falls dort einseitig Qualitätsverbesserungen eingeführt werden, sind jedoch kaum vermeidbar.

Selbst wenn von der Existenz der Bahn in der Fläche geringe positive Wirkungen ausgehen sollten, dürften diese auf anderem Wege mit geringerem

---

299) Vgl. Drude, M.: "Mehr Markt im Verkehr" - Raumwirtschaftliche Konsequenzen eines gesamtwirtschaftlichen Postulats, a.a.O., S. 69. Vgl. hierzu auch Hamm, W.: Deregulierung im Verkehr als politische Aufgabe, a.a.O., S.57.

300) Vgl. Aberle, G.: Raumstrukturelle Aspekte des Regionalverkehrs, in: DVWG (Hrsg.): Die Rolle der Eisenbahnen in der Verkehrsbedienung der Region, Schriftenreihe der DVWG, B 91, Köln 1986, S.93.

301) "InterCargo-Anschlüsse stellen in den ländlich geprägten Gebieten bereits Singularitäten dar, so daß diese insgesamt in der Erreichbarkeit des Schienengüterverkehrs benachteiligt sind"; Schliebe, K.: Qualitätsstrukturen der regionalen Schienenerreichbarkeit, in: Bundesforschungsanstalt für Landeskunde und Raumordnung (Hrsg.): Informationen zur Raumentwicklung, Bonn 1986, S.260.

Einsatz an Ressourcen zu erreichen sein. Insgesamt ist festzustellen, daß das Gemeinwirtschaftlichkeitsprinzip im Schienengüterverkehr (mittlerweile) eine eher untergeordnete Rolle spielt. Bedeutung kommt ihr dagegen als (vorgeschobenes) Argument zur Begründung der Regulierung der Bahnkonkurrenz zu.

(3) Konsequenzen der Preis- und Marktzutrittsregulierung im Straßengüterverkehr

Größere Bedeutung als der direkten Regulierung der Bahn wird im allgemeinen den Wirkungen der staatlichen Interventionen in den Straßengüterverkehrsmarkt und hier insbesondere denen des Fernverkehrs zugeschrieben. Seit einiger Zeit werden die Konsequenzen der Regulierung des Straßengüterfernverkehrs von wissenschaftlicher Seite fast durchweg negativ beurteilt. Eine gegenteilige Sicht vertritt naturgemäß insbesondere der Straßengüterfernverkehr bzw. dessen Vertreter.[302] Eine sehr liberale Position nehmen mittlerweile auch der Deutsche Industrie- und Handelstag und der Bundesverband der Deutschen Industrie ein, die mit Hilfe eigener Gutachten für eine Liberalisierung eintreten.[303] Eher negativ bzw. zurückhaltend werden dagegen solche Schritte von den Gewerkschaften beurteilt.[304]

Die Wirkungen der Regulierung des Straßengüterfernverkehrs lassen sich in ihren Grundzügen relativ leicht mit Hilfe einer einfachen Graphik herleiten. Unterstellt man wieder eine Unpaarigkeit der Nachfrage, wird sich - wie abgeleitet - auf dem unregulierten Markt die Menge $X^*=n^*$ (Fahrten) mit nach der Relation differenzierten Preisen P_{AB} und P_{BA} ergeben, wobei die Summe der Einzelpreise gleich den Grenzkosten sein wird.

---

302) Vgl. hierzu bspw. Bundesverband des Deutschen Güterfernverkehrs: Jahresbericht 1988/89, o.O., o.J., S.12f. und ders.: Jahresbericht 1989/90, o.O., o.J., S.15f.

303) Vgl. Deutscher Industrie- und Handelstag (Hrsg.): EG-Binnenmarkt Güterverkehr, Bonn 1989 und Bundesverband der Deutschen Industrie (Hrsg.): Liberalisierung der Verkehrsmärkte, Köln 1988.

304) Vgl. auch Schneider, W.: Auswirkungen der Deregulierung auf den Arbeitsmarkt im Güterfernverkehr, in: DVWG (Hrsg.): Deregulierung der Verkehrsmärkte, (Schriftenreihe der DVWG, Reihe B 105), Bergisch Gladbach 1988, S.74.

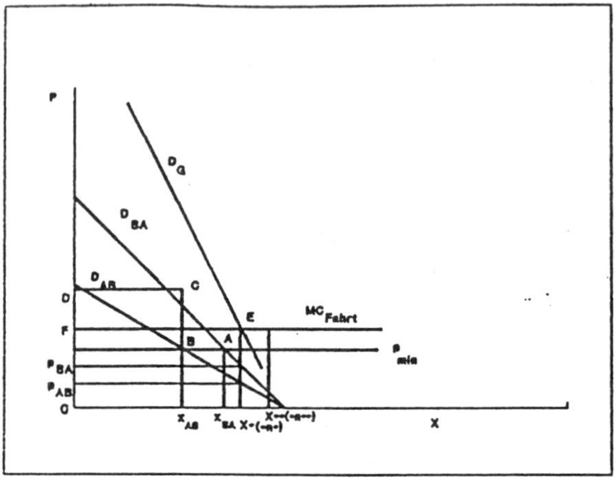

Abb. 20: Preis- und Mengenregulierung im Güterkraftverkehr

Führt man nun eine Mindestpreisregulierung (P_{min}) ein, die über den Marktpreisen liegt, werden in Richtung A nur noch X_{AB} und in Richtung B X_{BA} Fahrten nachgefragt und somit ein Leerfahrtenproblem geschaffen. Letzteres gilt nur in vermindertem Maße, wenn Paarigkeit der Nachfrage vorliegt. Unterstellt man weiter, daß die Ausgangsmenge an Fahrten zugleich die ursprünglich, d.h. vor der Regulierung vorhandene Anzahl an Unternehmen repräsentiert, ist es wahrscheinlich, daß es aufgrund der durch die Preisregulierung geschaffenen Gewinnaussichten nicht zu der neuen Nachfragesituation entsprechenden Marktaustritten kommt, sondern bei einer unterstellten Gleichverteilung des Frachtaufkommens auf die Anbieter u.U. sogar neue Marktzutritte induziert werden. Der Zustrom neuer Anbieter wird erst dann zum Stillstand kommen, wenn die Fläche unter den Grenzkosten, also die Gesamtkosten, gleich den Gesamterlösen (ODCBAX_{BA}) geworden sind. Dies ist in der Abbildung bei X^{**} bzw. n^{**} der Fall. Als Lösung des Problems würde sich folglich die Reduktion der Zahl der Unternehmen und damit der Fahrten bzw. eine Verhinderung von

Marktzutritten anbieten. Dann würden die durch die Regulierung entstehenden Renten im Straßengüterverkehrsmarkt zumindest nicht durch einen übermäßigen Ressourcenverzehr in Form von Leerfahrten ausgeschöpft. Bei einer aus welchen Gründen auch immer eingeführten Mindestpreisregulierung bzw. einer entsprechend wirkenden Margentarifierung werden institutionelle Marktzutrittsbarrieren bzw. die Kapazität beeinflussende Maßnahmen notwendig. Werden die durch die Preisregulierung hervorgerufenen Leerfahrten durch eine Kontingentierung mit einer Konzessionszahl von X_{BA} minimiert, treten allerdings Renten auf, die bei gewinnmaximierendem Verhalten den im Markt befindlichen Unternehmen zufließen oder aber in Form pekuniärer X-Ineffizienzen an die Faktoren fallen. Weiterhin besteht die Möglichkeit realer X-Ineffizienzen, da der intramodale Wettbewerb durch die notwendig scheinende Kontingentierung weitgehend zum Erliegen kommt.

Wird neben der Preisregulierung nur der Zutritt neuer Unternehmen verhindert, ist eine Konzentration auf dem Markt sinnvoll. Eine freiwillige bzw. durch Tausch erzielte horizontale Konzentration kann das Leerfahrtenproblem entschärfen. In der Graphik wird deutlich, daß bei einer Unternehmenszahl von X^* und Gleichverteilung der Frachten für jedes Unternehmen Gewinne in Höhe von $(0X_{BA}ABCD-0X^*EF)/X^*$ anfallen. Durch die Konzentration können aber die Gesamtgewinne der Branche erhöht werden, da sich durch eine Reduktion der Fahrtenzahl von X^* auf X_{BA} zwar die Kosten, nicht aber die Erlöse reduzieren. Auch Konzentration erscheint nach einer Preisregulierung eine sinnvolle bzw. effizienzsteigernde Reaktion des Marktes zu sein. Aus dem vorliegenden Modell läßt sich somit ableiten, daß für Konzessionen, die durch die Kombination aus Angebots- und Preisregulierung quasi Anspruchstitel auf Renten verkörpern, entsprechend hohe Preise zu zahlen sind, die u.a. von den Erwartungen der etablierten Unternehmen bzgl. der Dauerhaftigkeit der Regulierung, von möglichen Änderungen der Konzessionszahl und von der Nachfrageentwicklung abhängig sind.

Für die Abschätzung der Regulierungswirkungen auf die Bedienung von Randgebieten muß die Abbildung wieder leicht modifiziert werden. Wie oben wird zusätzlich zur Relation AB die Relation AC eingeführt, die die Nebenstrecke repräsentieren soll. Die Nebenstrecke sei durch eine extreme Unpaarigkeit der Nachfrage gekennzeichnet, was hier bedeutet, daß lediglich

Fahrten in einer Richtung, nämlich von A nach C, nachgefragt werden. Der Sachverhalt läßt sich mit der folgenden Graphik veranschaulichen:

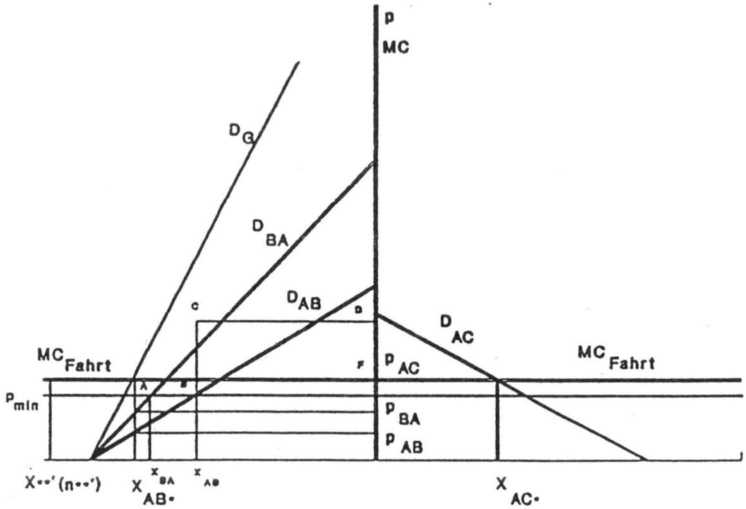

Abb. 21: Regulierung des Straßengüterverkehrs bei räumlich auseinanderfallenden Märkten

Wie bereits abgeleitet wurde[305], werden sich im unregulierten Zustand je nach Richtung bzw. nach dem Grad der Unpaarigkeit der Nachfrage unterschiedliche Preise einstellen. In der vorliegenden Graphik erhält man im Gleichgewicht für die Strecken AB bzw. BA die Preise P_{AB} und P_{BA}, mit P_{AB} + P_{BA} = MC und für die Nebenstrecke AC den Preis P_{AC} (= MC). Dabei beziehen sich die Grenzkosten MC wieder auf die Fahrtenzahl bzw. die Anzahl der eingesetzten Lastkraftwagen. Die entsprechenden Gleichgewichtsmengen sind dann X_{AB*} und X_{AC*}. Im Gleichgewicht stellt sich überdies wieder die optimale Anzahl an Unternehmen (n^*) ein (n^* = X_{AB*} + X_{AC*}).

Führt man nun wieder eine Mindestpreisregulierung (P_{min}) ein, die über den Einzelpreisen P_{AB} und P_{BA}, aber unter den Grenzkosten einer Fahrt liegen, kommt man bei einer unterstellten Gleichverteilung der Nachfrage

[305]) Vgl. III.B.4.

auf die etablierten Unternehmen zu folgenden Ergebnissen: Für die Nebenstrecke bleibt die Preisregulierung zunächst ohne Bedeutung, da der Mindestpreis unter den Grenzkosten liegt. Auf der Hauptstrecke geht die Nachfrage dagegen in beiden Richtungen zurück und fällt zudem der Höhe nach auseinander. Unterstellt man, daß die durch die Preiserhöhung induzierte Erlösveränderung positiv ist, erhält man auf der Hauptstrecke bei zunächst gleichbleibender Anzahl an Unternehmen positive Gewinne, die newcomer anlocken. Zudem werden Unternehmer, die bisher die Nebenstrecke bedient haben, veranlaßt, nun auf der Hauptstrecke zu transportieren. Bei unbegrenztem Zutritt von neuen Unternehmen wird sich ein neues Gleichgewicht mit folgenden Gleichgewichtsmengen und -preisen einstellen: Auf der Nebenstrecke wird sich gegenüber der Ausgangssituation nichts ändern, dies gilt sowohl für die transportierte Menge, für den Preis und auch für die Anzahl an Unternehmen. Auf der Hauptstrecke wird im neuen Gleichgewicht wieder eine gewinnlose Situation eintreten, mit nun allerdings erhöhter Anzahl an Unternehmen ($X^{**`}=n^{**`}$) bei gegenüber der Ausgangslage verringerter Nachfrage und damit einer u.U. erheblich verschlechterten Kapazitätsauslastung bzw. Produktivität. Werden Neueintritte durch eine entsprechende Kontingentierung verhindert, die Anzahl der Unternehmen somit auf n^* festgesetzt, kommt es aufgrund der Gewinnsteigerung auf der Hauptstrecke zu einem Zustrom von Unternehmen aus der Nebenstrecke. Dieser Zustrom wird allerdings dadurch abgeschwächt, daß durch die Marktaustritte aus der Nebenstrecke das dortige Pro-Kopf-Ergebnis ebenfalls ansteigt (Rationierung). Der Gleichgewichtszustand, der dann erreicht ist, wenn die Gewinne pro Unternehmen in beiden Relationen gleich sind, ist dann insbesondere von der Preiselastizität der Nachfrage auf der Nebenstrecke abhängig. Auch bei einer global wirkenden Kontingentierung wird sich somit auf der Hauptstrecke ein Leerfahrtenproblem einstellen.

Hebt man die Annahme einer reinen Mindestpreisregulierung auf und unterstellt statt dessen eine Margentarifierung, werden die Ergebnisse nicht besser. Liegt die Margenobergrenze weit über den Grenzkosten der Fahrten, bleibt sie ohne Relevanz. Liegt sie dagegen nur knapp über den Grenzkosten, dann ist es im vorliegenden Modell nicht unwahrscheinlich, daß hierdurch der Abfluß an Unternehmen aus der Nebenstrecke eher noch verstärkt wird, da Marktaustritten keine oder nur noch begrenzte Preiserhöhungen (bis zur Margenobergrenze) folgen können. Hierdurch kommt es zu einer noch stärkeren Rationierung der Nachfrage in der Nebenstrecke.

Läßt man Werkverkehr zu und unterstellt man für diesen gleich hohe Grenzkosten für Fahrten, so würde sich wiederum auf der Nebenstrecke nichts ändern, bis auf den Umstand, daß die Nachfrage statt wie bisher von gewerblichen Unternehmen nun vom Werkverkehr befriedigt würde. Auf der Hauptstrecke käme es dann allerdings wieder zu einer weitgehenden Erosion der durch die Preisregulierung hervorgebrachten Renten und zu entsprechenden Ineffizienzen.

Durch eine entsprechende Ausgestaltung des Tarifsystems mit Ausnahmetarifen lassen sich grundsätzlich die aufgezeigten Probleme der Regulierung abschwächen. Die Wahrscheinlichkeit einer effizienten Tarifstruktur dürfte allerdings allein schon aufgrund von Informationsproblemen eher gering sein.

Auch wenn die modellmäßige Behandlung der Regulierung die tatsächlichen Eingriffe nur sehr grob widerspiegelt, soll sie doch mit der Realität auf den Straßengüterverkehrsmärkten verglichen werden. Dabei kann man feststellen, daß sich für alle im Modell abgeleiteten Ergebnisse empirische Belege finden lassen.

Durch die in der Bundesrepublik eingeführte Kontingentierung und die Preisregulierung kam es zu erheblichen Gewinnmöglichkeiten im Straßengüterfernverkehr, die sich durch hohe Preise für Konzessionen äußerten. Dabei stellen diese Preise maximal den erwarteten Barwert der durch eine zusätzliche Konzession zu erzielenden Rente dar. Aufgrund des sogenannten "Grandfathering", also der Praxis, daß Konzessionen in der Regel problemlos verlängert werden, konnte bis vor kurzem bei der Berechnung des Barwertes eine unendliche Laufzeit unterstellt werden.[306] Wagner kommt so bei einem unterstellten Zinssatz von 8% und einem Konzessionspreis von 250000,- DM auf eine jährliche Rente von 20000,- DM pro Konzession.[307] Die in der Literatur angegebenen Preise für Konzessionen schwankten zwischen 100000,- DM und 250000,- DM für rote Genehmigungen und werden in nicht

306) Vgl. hierzu auch Wagner, J.: Zur mikroökonomischen Analyse des Straßengüterverkehrs, a.a.O., S.74.

307) Vgl. ebenda, S.74.

unerheblichem Maße von den Erwartungen der Unternehmen in bezug auf Regulierungs- bzw. Deregulierungsmaßnahmen beeinflußt.[308] Da bis vor kurzem immer noch beträchtliche Summen für Genehmigungen für den Binnenverkehr gezahlt werden, scheinen die Unternehmen trotz der intensiven Deregulierungsdiskussion keine allzu großen Risiken zu sehen.[309] Weitere Determinanten der Preise für Konzessionen sind bilanzrechtliche Vorschriften bzw. die Regelungen hinsichtlich der Möglichkeit zur Abschreibung erworbener Konzessionen.[310]

Aufgrund der Kontingentierung und der Konzessionsvergabepraxis haben effiziente newcomer kaum Chancen, in den Markt einzudringen, denn auch ineffizient produzierenden Unternehmen bietet das gegenwärtige Regulierungswerk noch Gewinne. Das Verbot des Konzessionshandels bzw. die Vorschrift, daß Konzessionen nur zusammen mit Unternehmen bzw. Unternehmensteilen erworben werden dürfen, führt zudem zu Konzentrationstendenzen im betrachteten Markt. Gleiches gilt für die Preisregulierungen. Wie oben abgeleitet wurde, führt die Nichtbeachtung der Unpaarigkeit der Verkehrsströme dazu, daß durch eine Konzentration der Konzessionen Fahrten und damit Kosten eingespart werden können. Diese Kosteneinsparung ist zwar wünschenswert, es muß jedoch noch einmal darauf hingewiesen werden, daß Kostenineffizienzen erst durch die Regulierung hervorgerufen wurden. Dies macht auch deutlich, daß Befürchtungen hinsichtlich der Konzentrationswirkungen von Deregulierungen unbegründet sind, wenn man vom reinen Speditionsbereich absieht.[311] Als Fortschritt muß schon gewertet werden, daß die ursprünglich auf einzelne Fahrzeuge ausgestellten Konzessionen heute auf den Inhaber lauten.

Die von der Bundesanstalt für den Güterfernverkehr (BAG) Jahr für Jahr aufgedeckten Fälle von Umgehungsversuchen der gültigen Regulierung sind

308) Für einen Überblick vgl. Laaser, C.-F.: Regulierung der Verkehrsmärkte, a.a.O., S.220.

309) So wird beispielweise in der Verkehrsrundschau, Nr. 32, vom 11.8.90, S.29f., für eine blaue Genehmigung (Bezirksgüterfernverkehr) ein Betrag von 80000,-DM geboten; rote Genehmigungen wurden "ohne Ballast" zum Verkauf angeboten und mit "Höchstgebot" nachgefragt.

310) Vgl. hierzu Basedow, J.: Wettbewerb auf den Verkehrsmärkten, a.a.O., S.130.

311) Deregulierungskommission: Marktöffnung und Wettbewerb, Erster Bericht, a.a.O., S.135f.

ein Beleg dafür, daß Margentarife die durch die Kontingentierung erzeugte Rationierung der Nachfrage noch zusätzlich verstärken. Illegale Tarifunterschreitungen sind bei restringierter Kapazität nur dann vorstellbar, wenn letztere auch bei Mindesttarifen nicht voll ausgeschöpft wird. Neben den Versuchen, die Margenuntergrenzen einfach zu unterbieten, werden auch diffizilere Umgehungsversuche durch gewerbliche Unternehmen praktiziert. Als kaum kontrollierbar erweisen sich Tarifunterbietungen dann, wenn neben den eigentlichen Transportleistungen zusätzliche Dienste im Paket mit angeboten werden, deren Preise nicht der Regulierung unterworfen sind.[312]

Nach der bereits angesprochenen Labor-rent-sharing-Hypothese partizipieren die Produktionsfaktoren, hier der Faktor Arbeit bzw. die Arbeitnehmer, an den Renten der regulierten Unternehmen.[313] Für die USA konnten signifikante Unterschiede zwischen den Löhnen in regulierten und unregulierten Sektoren nachgewiesen werden. Des weiteren ergaben statistische Untersuchungen erhebliche Unterschiede in den Einkommen von Gewerkschaftsmitgliedern und nicht gewerkschaftlich organisierten Arbeitnehmern.

Nach der Labor-rent-sharing-Hypothese steigt der relative Einfluß von Gewerkschaften in stark regulierten und damit häufig hochrentablen Branchen an. Der Widerstand der Unternehmen in Tarifverhandlungen nimmt ab, was als Zugeständnis an Gewerkschaften angesehen werden kann, die die betreffenden Unternehmen im Rent-seeking- bzw. Rent-maintenance-Prozeß unterstützen.[314] Derartige Wirkungen lassen sich für die Bundesrepublik jedoch nicht nachweisen,[315] was allerdings nicht zu einer Ablehnung der obengenannten Hypothese, sondern eher zu einer Einschränkung ihres Gültigkeitsbereichs auf die Vereinigten Staaten bzw. die dort

---

312) Vgl. Basedow, J.: Wettbewerb auf den Verkehrsmärkten, a.a.O., S.115ff. "Die Frachtverkürzungen lassen sich im wesentlichen auf drei Tatbestände zurückführen, nämlich Rückvergütungen, verbilligte Zusatzleistungen und verschleiernde Mischkalkulationen in Rahmenverträgen..."; ebenda, S.115.

313) Vgl. Rose, N.: Labor Rent Sharing and Regulation: Evidence from the Trucking Industry, a.a.O., S.1150ff. Vgl. hierzu auch Kapitel IV.A.2.c)

314) Vgl. hierzu auch die Ausführungen zu den Wirkungen der Deregulierung des US-amerikanischen Straßengüterverkehrs in Kapitel V.B.1.a)

315) Vgl. Schneider, W.: Auswirkungen der Deregulierung auf den Arbeitsmarkt im Güterfernverkehr, a.a.O., S.61.

gültigen Arbeitsmarktregelungen führt.

Die Wirkungen der Regulierung des Straßengüterverkehrs auf Marktverhalten und Marktergebnisse im Schienenverkehr sind weitgehend unklar. Festzustellen ist, daß trotz Regulierung des gewerblichen Verkehrs im Bahnbereich erhebliche Defizite vorliegen. Für 1990 weist die DB als Ergebnis einen Fehlbetrag von 4,965 Mrd. DM aus.[316] Die als Begründungen hierfür genannten Faktoren sind vielfältig. Neben den oben angesprochenen gemeinwirtschaftlichen Verpflichtungen und der Individualisierung des Personenverkehrs sowie dem starken Ausbau der Straßenverkehrsinfrastruktur werden vor allem Änderungen der Nachfragestruktur im Güterverkehr vorgebracht. Letztere hat sich in letzter Zeit stark zuungunsten der Bahn von den Massengütern hin zu hochwertigeren Gütern verschoben, für deren Transport der Straßengüterfernverkehr mit seinem spezifischen Qualitätsprofil hervorragend geeignet ist (Güterstruktureffekt).

Von der Bundesbahn wird insbesondere auf Asymmetrien in der Behandlung der Verkehrsträger bei den Wegekosten verwiesen. Weiter werden Wettbewerbsverzerrungen angeführt, die durch eine mangelnde Internalisierung negativer externer Effekte insbesondere des Straßengüterverkehrs auftreten. Die Frage, inwieweit das Regulierungssystem X-Ineffizienzen im Schienenverkehr gefördert hat, bleibt ebenfalls offen. Problematisch ist hier die vom Markt abgekoppelte Bildung der Löhne und Gehälter im Bahnbereich, wodurch pekuniäre X-Ineffizienzen hervorgerufen werden. Dagegen wurde die Anzahl an Beschäftigten bei der DB drastisch verringert. Waren 1965 noch 465000 Erwerbstätige bei der DB beschäftigt, sind es 1990 nur noch ca. 245000.[317] Die Arbeitsproduktivität der Deutschen Bundesbahn ist auch entsprechend gestiegen und liegt im europäischen Vergleich im oberen Drittel.

---

316) Vgl. Deutsche Bundesbahn: Die Bahn in Zahlen 91, Frankfurt/M. 1991, S.21.

317) Vgl. Bundesminister für Verkehr (Hrsg.): Verkehr in Zahlen 1990, a.a.O., S.96 und Deutsche Bundesbahn: Die Bahn in Zahlen 91, a.a.O., S.10.

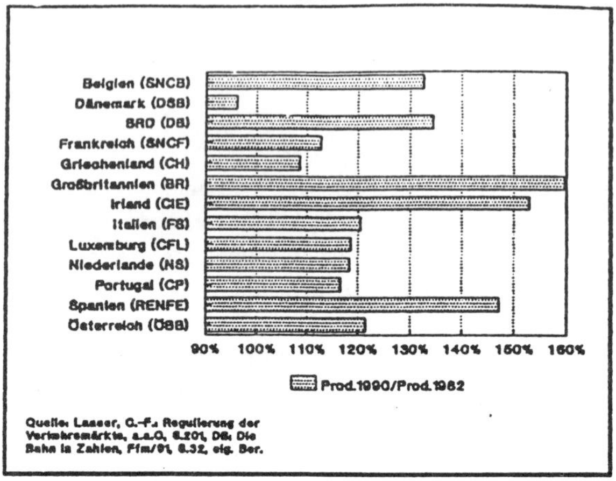

Abb. 22: Entwicklung der Produktivität europäischer Eisenbahnen[318]

Als relativ unwirksam erwiesen sich die Regulierungen bzw. sonstigen Maßnahmen zur Eindämmung des Werkverkehrs (Drittladeverbot und Sonderbesteuerung), was an den massiven Zuwächsen beim Verkehrsaufkommen und den Verkehrsleistungen dieser Verkehrsart ablesbar ist.[319] Eine weitgehende Rationierung der Kapazität im Güterkraftverkehr läßt sich aber nur erreichen, wenn der Werkverkehr weitgehend kontrollierbar ist. Aufgrund der Tatsache, daß kaum zwischen regulierungsinduziertem Werkverkehr und betriebsnotwendigem Werkverkehr unterschieden werden kann, ist diese Verkehrsart allerdings kaum in den Griff zu bekommen.

Oben wurde abgeleitet, daß sich Werkverkehr bei Berücksichtigung räumlicher Unterschiede insbesondere in Randgebieten als Ersatz für den gewerblichen Verkehr anbietet. Dieses Ergebnis läßt sich empirisch untermauern, denn der Werkfernverkehr weist insbesondere in den Verkehrsbezirken besonders hohe Anteile am Güterfernverkehr auf, deren Oberzentren relativ klein sind. Zobel hat den Anteilen des Werkfernverkehrs für 1984 die Größen der jeweiligen Oberzentren gegenübergestellt. Hieraus läßt sich ablesen, daß der Werkfernverkehr in Verdichtungsräumen erheblich geringere Anteile am gesamten Güterverkehr erreicht als etwa in Randgebieten (vgl. Übersicht 2).

---

318) Als Produktivitätsmaß wurden die jeweiligen Quotienten (Personenkilometer+Tonnenkilometer)/Beschäftigte verwendet.

319) Vgl. hierzu die Abbildungen 2 und 3.

Übersicht 2: Werkfernverkehrsanteile in unterschiedlichen Regionen 1969 und 1984

	Regionen mit großen Verdichtungsräumen	Regionen mit Verdichtungsansätzen	Ländlich geprägte Regionen
1969			
Empfang	21,1%	30,8%	35,0%
Versand	24,0%	28,5%	34,1%
1984			
Empfang	38,4%	51,4%	59,7%
Versand	41,3%	51,6%	54,9%

Quelle: Zobel, A.: Der Werkfernverkehr auf der Straße im Binnengüterverkehr der Bundesrepublik Deutschland, (Diss. Freiburg/Brsg. 1987) Berlin 1988, S.113.

Aus der Tabelle läßt sich deutlich ablesen, daß der Werkfernverkehr überproportional an der Erschließung relativ verkehrsschwacher Regionen beteiligt ist.[320] "...trotz des Versuches, eine regionale Ausgewogenheit im Angebot zu erzielen, nutzen die Güterkraftverkehrsunternehmen ihre Genehmigungen tendenziell stärker in Märkten zwischen Verdichtungsräumen, die eine hohe Auslastung durch paarige Verkehre versprechen."[321] Auch wenn noch andere Gründe für das starke Engagement des Werkverkehrs in

320) Vgl. Zobel, A.: Der Werkfernverkehr auf der Straße im Binnengüterverkehr der Bundesrepublik Deutschland, Berlin 1988 (zugleich Diss. Freiburg/Brsg. 1987), S.104f. und Rogge, H.: Angst der Fläche vor der Liberalisierung? Wie "flächenfreundlich " ist der jetzige Ordnungsrahmen wirklich?, in: DVWG (Hrsg.): Der Güterverkehr auf der Straße: Wachstum ohne Grenzen? (Schriftenreihe der DVWG, Reihe B 120), Bergisch Gladbach 1988, S.58.

321) Ebenda, S.57f. Zobel kommt zum gleichen Ergebnis, wenn er schreibt: "Das Bedürfnis nach einem Marktregulativ [in Form des Werkfernverkehrs, d. Verfasser] ist somit in der Fläche größer als in Ballungsgebieten.", Zobel, A.: Der Werkfernverkehr auf der Straße im Binnengüterverkehr der Bundesrepublik Deutschland, a.a.O., S.100.

Randgebieten angeführt werden könnten, scheint die Regulierung des gewerblichen Verkehrs einen gewichtigen Faktor darzustellen.

Als positiv an der Preisregulierung kann der Umstand der Überhöhung der Tarife gesehen werden, wenn die externen Effekte des Straßenverkehrs Berücksichtigung finden und nur der gewerbliche Fernverkehr betrachtet wird. Zwar standen umweltpolitische Zielsetzungen lange Zeit nicht im Mittelpunkt der Verkehrspolitik und liegen auch nicht der gegenwärtigen Regulierung zugrunde. Andererseits bewirkt die Verteuerung der Transporte zunächst einmal nichts anderes als eine Umweltsteuer; die Preise steigen und die Menge geht zurück. Ob also in erheblichem Maße Fehlallokationen im Vergleich zum unregulierten Fall vorliegen, ist zumindest nicht eindeutig.[322] Die überhöhten Preise locken im Regelfall weitere Unternehmen und auch Faktoren in den betreffenden Markt. Die Kontingentierung hat allerdings dazu geführt, daß auf Dauer positive Renten erzielt werden konnten, was bedeutet, daß sich die Kostenineffienz zumindest in Grenzen gehalten hat. Geht man von kostenminimaler Produktion aus, dann hat die "Mindestpreisregulierung" in erster Linie einen Umverteilungseffekt, wobei statt Steuereinnahmen Gewinne anfallen. Die Wohlfahrtswirkung der Preisregulierung kann dann bei Vernachlässigung des Werkfernverkehrs nicht mehr abgeschätzt werden, wenn die Verteilungswirkungen unberücksichtigt bleiben.

Schließlich dürfte zumindest für den gewerblichen Straßengüterfernverkehr nicht eindeutig zu belegen sein, ob die Regulierungseingriffe Innovationen in diesem Markt behindert haben. In diesem Zusammenhang kann auf den Patentschutz verwiesen werden, der ja ebenfalls nichts anderes darstellt als eine Markteintrittsbarriere mit allerdings gewollten Wirkungen. Die Preisregulierung und Abschottung des gewerblichen Güterfernverkehrs bietet natürlich auf der einen Seite auch ineffizienten Anbietern Nischen und fördert u.U. einen unproduktiven Qualitätswettbewerb. Andererseits kann bei gewinnmaximierendem Verhalten davon ausgegangen werden, daß versucht wird, mit Hilfe des technischen Fortschritts bzw. neuer Technologien Kosteneinsparungen zu realisieren. Da aufgrund mangelnden Wettbewerbs-

322) Vgl. hierzu auch Rothengatter, W.: Deregulierung und Privatisierung auf den Verkehrsmärkten, in: Aufderheide, D. (Hrsg.): Deregulierung und Privatisierung, Stuttgart 1990, S.138.

drucks das Risiko solcher Investitionen reduziert ist, ist eher mit einer zu hohen Innovationsrate im Markt zu rechnen. Eine scheinbar gegenteilige Ansicht vertritt Hamm, der die Bereitschaft, riskikoreiche Innovationen durchzuführen im gewerblichen Güterfernverkehr für eher gering hält, "...weil befriedigende Gewinne dank staatlicher Wettbewerbsbeschränkungen auch ohne harte Anstrengungen zu erreichen sind."[323] Dabei ist allerdings wieder darauf hinzuweisen, daß das Innovationsrisiko insbesondere vom Grad der Marktirreversibilität abhängt und diese vor allem dann zum Problem werden kann, wenn der betreffende Markt offen ist. Das bedeutet also, daß durch die Regulierung der Risikograd von Innovationen bzw. Investitionen verändert wird. Wenn also geschützte Unternehmen nicht zu risikoreichen Investitionen neigen, dann bedeutet dies nicht gleichzeitig, daß die Innovationsbereitschaft geringer ist als im unregulierten Fall.[324]

---

[323]) Hamm, W.: Deregulierung im Verkehr als politische Aufgabe, a.a.O., S.24.

[324]) Vgl. hierzu auch C.Ch. v. Weizsäckers Konzept des dreistufigen Wettbewerbs, in: ders.: Rechte und Verhältnisse in der modernen Wirtschaftslehre, in: Kyklos, vol.34, 1981, S.348ff.

V. Ansatzpunkte für institutionelle Änderungen im Güterverkehr

Etwa seit Mitte der siebziger Jahre verstärkten sich ausgehend von den Vereinigten Staaten die Bestrebungen, die bis dahin gültigen Regulierungen in den verschiedensten Bereichen weitgehend zu lockern. Forderungen nach Deregulierungen und Privatisierungen wurden laut.[325] Einen wichtigen Impuls erhielten diese Bemühungen durch das Scheitern der keynesianischen Stabilisierungspolitik während der Stagflationsphase, wodurch "...das Vertrauen in die Möglichkeiten staatlicher Interventionen abgenommen" hatte.[326] Die Forderungen nach Deregulierungen nahmen in der Folgezeit erheblich zu und wurden insbesondere in den USA großenteils auch schon in die Tat umgesetzt. Im Mittelpunkt steht wieder eine auf v. Hayek zurückgehende Betrachtung des Wettbewerbs als Entdeckungsverfahren, dessen Wirksamkeit durch Regulierungen erheblich eingeschränkt würde.[327] Der Regulierungstheorie wird der Vorwurf gemacht, die Komplexität der wirtschaftlichen Zusammenhänge nicht adäquat zu erfassen, was durch die schlechten Ergebnisse der praktischen Regulierungspolitik eine Bestätigung zu finden scheint. Dabei wird insbesondere die Ausrichtung der Regulierungstheorie am Konzept der statischen Effizienz kritisiert. Als Antwort kommt folglich nur eine weitgehende Deregulierung in Frage, die den Wettbewerb wieder in die Lage versetzen würde, neue Möglichkeiten zu entdecken. Diese Sichtweise ist allerdings einseitig, da sie nicht berücksichtigt, daß auch die (abrupte) Aufhebung von Regulierungseingriffen zu unvorhergesehenen und vielleicht nicht wünschenswerten Wirkungen führen kann. Ein Grund hierfür ist die Anpassung des Systems an die eingeführten Restriktionen. Es muß in jedem Fall die Möglichkeit berücksichtigt werden, daß die Aufhebung regulierender Maßnahmen nicht wieder in den ursprünglichen, unregulierten Zustand zurückführt. Auch wenn zu weitgehende Regulierungen grundsätzlich abgelehnt werden, folgt hieraus nicht zwingend eine Deregulierung. Während lange Zeit der Glaube an eine beliebige Manipulierbarkeit des Wirtschaftsablaufs bzw. der Marktstruktur

325) Vgl. Trebing, H.M.: Regulation of Industry: An Institutionalist Approach; in: JEI, vol.21, 1987, S.1707.

326) Kurz, R. Entwicklung und gegenwärtiger Stand der Deregulierungsdiskussion, in: BK, Heft 32: Deregulierung als ordnungs- und prozeßpolitische Aufgabe, Berlin 1986, S.41.

327) Vgl. Hirsch, W./ Zeppernick, R.: Deregulierung, in: WiSt, 17.Jg. 1988, S.158.

und der Verhaltensweisen vorherrschte und hieraus Regulierungen folgten, so werden heute häufig die mit Deregulierungen verbundenen Probleme unterschätzt.

In Analogie zur Regulierungstheorie läßt sich durch ihre Umkehrung eine Theorie der Deregulierung entwickeln. Dabei ist unter Deregulierung zunächst einfach die Rücknahme institutioneller Beschränkungen der Handlungsfreiheiten von Wirtschaftssubjekten bzw. die "Aufhebung von staatlich eingeführten Wettbewerbsschranken" zu verstehen.[328]

Mit Hilfe einer normativen Theorie der Deregulierung kann zunächst gefragt werden, wann dereguliert werden soll. Berücksichtigt man den von Demsetz gegenüber der Theorie des Marktversagens bzw. der normativen Regulierungstheorie vorgetragenen Einwand (Nirwana-Ansatz), dann kommt man zu dem Ergebnis, daß sinnvollerweise immer dann dereguliert werden sollte, wenn die erwarteten Ergebnisse des deregulierten Marktes unter Effizienzaspekten besser sind als die im regulierten Zustand, wobei anfallende Regulierungskosten aber auch durch eine eventuelle Deregulierung entstehende Anpassungskosten zu berücksichtigen sind. Stellt man Allokationsgesichtspunkte ins Zentrum der Analyse, so erscheint die Verneinung der Frage nach Marktversagen in den betrachteten Bereichen eine notwendige, allerdings nicht hinreichende Vorbedingung für Deregulierungsmaßnahmen zu sein.

In einem positiven Ansatz kann nach den wirklichen Ursachen für Deregulierungsmaßnahmen gefragt werden. Es spricht dabei nichts gegen den Versuch, den Stiglerschen Ansatz bzw. die auf die Public-choice-Theorie zurückgehende positive Theorie der Regulierung quasi umzukehren und hieraus eine positive Theorie der Deregulierung zu entwickeln.[329] Schließlich kann auch versucht werden, die Krisenthese auf den Fall der Deregulierung anzuwenden, da in Krisensituationen die Bereitschaft zur Veränderung groß bzw. die Widerstände gegenüber gravierenden Maßnahmen

---

328) Weizsäcker, C.Ch. v.: Öffentliche Bindung - Deregulierung - Privatisierung, a.a.O., S.93.

329) Vgl. hierzu auch Pascher, H. : Die US-amerikanische deregulation policy im Luftverkehrs- und Bankenbereich, Frankfurt/M. u.a. 1987, S.165. Vgl. hierzu auch die oben angeführte Definition des Rentseeking von Monissen (IV.2.c)).

eher gering sein dürften.[330]

330) "...it can be said that crises create a climate favorable to a constitutional reform because the citizens want an end of the status quo."; Blankart, Ch. B.: Waves of Regulation and Deregulation in the German Railroad and Trucking Industry 1830 - 1980, a.a.O., S.18.

A. Versunkene Kosten als Deregulierungsproblem

1. Versunkene Kosten als Hinderungsgrund für Deregulierungen?

Regulierungseingriffe müssen insbesondere deshalb als problematisch eingestuft werden, weil mit ihnen Irreversibilitäten verbunden sind, was bedeutet, daß Deregulierungen nur unter rechtlichem Aspekt das Spiegelbild von Regulierungen darstellen. Ein grundsätzlich mangelndes Interesse an Deregulierungen könnte auf den Umstand zurückgeführt werden, daß die im Rent-seeking-Prozeß getätigten Aufwendungen größtenteils versunkene Kosten darstellen.[331] Dabei ist allerdings danach zu unterscheiden, ob es sich um eine erwartete temporäre oder um eine dauerhafte Monopolstellung handelt.[332] Im letzteren Fall kann davon ausgegangen werden, daß nach der Regulierung keine weiteren Rent-seeking- bzw. Rent-maintenance-Aktivitäten sinnvoll oder notwendig sind. Vielmehr wird die Tullock-Rente, d.h. der abdiskontierte Wert der erwarteten Monopolgewinne, vor Inkrafttreten der Regulierung im Rent-seeking-Prozeß aufgezehrt. Dabei handelt es sich um einen realen Werteverzehr, der in eine unproduktive Verwendung fließt. Die so eingesetzten Ressourcen bzw. deren potentielle zukünftige Erträge gehen der Gesellschaft (ganz oder teilweise) aufgrund der unterstellten Irreversibilitäten bzw. Faktorimmobilitäten verloren. McCormick et al. führen hier etwa im Regulierungsprozeß tätige Rechtsanwälte an, die aufgrund ihrer Spezialisierung bei einem Wegfall der Regulierung mit einer erheblichen, wenn nicht vollständigen Entwertung ihrer Fähigkeiten zu rechnen haben.[333] Die Gesellschaft gelangt also - anders als in der traditionellen Regulierungstheorie - nicht wieder auf ihre ursprüngliche Produktionsmöglichkeitenkurve, sondern kann selbst im Falle einer Deregulierung lediglich einen optimalen Punkt auf einer darunterliegenden

---

331) Vgl. McCormick, R.E./ Shugart II, W.F./ Tollison, R.D: The Disinterest in Deregulation, in: AER, vol.74, 1984, S.1075-1079.

332) Deregulierungsfragen sind hier natürlich nur dann relevant, wenn die Rent-seeker (irrtümlicherweise) ex ante erwarten, es handele sich um eine dauerhafte Monopolstellung; vgl. hierzu Crew, M.A./ Rowley, C.K.: Dispelling the disinterest in deregulation, in: Rowley, C.K./ Tollison, R.D./ Tullock, G. (Hrsg.): The political economy of rent-seeking, Boston u.a. 1988, S.168.

333) Vgl. McCormick, R.E./ Shugart II, W.F./ Tollison, R.D: The Disinterest in Deregulation: Reply, in: AER, vol.78, 1988, S.284.

Transformationskurve erreichen. Folglich bestünde ein nur geringes Interesse an Deregulierungen, selbst wenn diese kostenlos zu haben wären. Vermeidbar sind demnach lediglich zukünftige Harberger-Verluste, deren quantitative Bedeutung allerdings als recht gering eingestuft wird.[334]

Zu fragen ist jedoch, wie realistisch die Annahme ist, alle Rent-seeking-Aufwendungen würden vor Inkrafttreten der Regulierung getätigt.[335] Ein realer Ressourcenverzehr benötigt Zeit, insbesondere dann, wenn es sich um Humankapital handelt. Schließlich kann kaum von einer völligen Marktirreversibilität der eingesetzten Ressourcen ausgegangen werden. Juristen und Bürokraten können sich im Falle einer Deregulierung in anderen regulierten Bereichen betätigen, was bedeutet, daß im Falle einer partiellen, d.h. marktbezogenen Deregulierung, durchaus Beschäftigungsmöglichkeiten existieren. Insbesondere beim Faktor Arbeit besteht die Möglichkeit der Weiterqualifizierung, so daß nach einer bestimmten Übergangsfrist die vormals am Regulierungsprozeß Beteiligten wieder produktiven Beschäftigungen zugeführt werden können. Während also die Rent-seeking-Aktivitäten für die rent-seeker den Charakter irreversibler Investitionen (Ausgaben für Werbekampagnen, Rechtsanwälte, sonstige Lobbytätigkeiten) aufweisen, gilt dies nicht für die gesamte Gesellschaft.

Handelt es sich bei der angestrebten Monopolstellung nicht um einen staatlich garantierten Dauerzustand, dann sind auch nach der Regulierung Rent-maintenance-Aufwendungen notwendig bzw. entsprechende Gegenmaßnahmen benachteiligter Gruppen nicht unwahrscheinlich. In diesem Fall bringt eine Deregulierung größere Vorteile, da nicht nur künftige Harberger-, sondern auch Tullock-Kosten vermieden werden können. Diese auf McCormick, Shugart II und Tollison zurückgehende Theorie weist neben den angeführten Kritikpunkten eine fundamentale Schwachstelle insofern auf, als sie zur Erklärung der Regulierung auf die positive Theorie der Regulierung in Form des Rent-seeking-Ansatzes rekurriert, die mangelnde Bereitschaft zur Deregulierung dagegen zumindest implizit mit Argumenten des Public-

---

334) Vgl. McCormick, R.E./ Shugart II, W.F./ Tollison, R.D: The Disinterest in Deregulation, a.a.O., S.1076f.

335) Vgl. auch Cherkes, M./ Friedman, J./ Spivak, A.: The Disinterest in Deregulation: Comment, in: AER, vol.76, 1986, S.559 und Bell, J.A.: The Disinterest in Deregulation: Comment, in: AER, vol.78, 1988, S.282f.

interest-Ansatzes zu erklären sucht.[336] Warum aber sollten Fragen einer optimalen Ressourcenallokation bzw. Effizienzüberlegungen in der Deregulierungsdiskussion eine Rolle spielen, im Zusammenhang mit der Regulierung aber nicht? Vielmehr ist davon auszugehen, daß auch die Befürworter einer Deregulierung zum großen Teil nach Renten streben und zwar unabhängig davon, ob die Wirkung einer Liberalisierung insgesamt positiv oder negativ zu bewerten ist.[337] Selbst wenn aufgrund von Irreversibilitäten die kurzfristigen gesellschaftlichen Gewinne einer Deregulierung sehr gering ausfallen würden, ändert dies nichts an der vorhandenen Umverteilungsmasse auf dem betreffenden Markt.[338] Zwar haben im Falle einer "dauerhaften" Regulierung die etablierten Unternehmen den Gegenwert der gesamten Produzentenrente in Rent-seeking-Aktivitäten versenkt; dies ändert aber nichts daran, daß in jeder Periode zu Lasten der Nachfrager eine Monopolrente anfällt. Für die benachteiligte Gruppe stellt dieser Verlust an Konsumentenrente einen Anreiz dar, auf die politischen Entscheidungsträger einzuwirken, was im Erfolgsfall, d.h. bei wettbewerblicher Preissetzung zu einem Verlust des Produzenten in Höhe des Tullock-Vierecks führt.

---

336) Vgl. hierzu auch Crew, M.A./ Rowley, Ch.K.: Dispelling the disinterest in deregulation, a.a.O., S.167.

337) Vgl. hierzu die oben angeführte Rent-Seeking-Definition von Monissen und Crew, M.A./ Rowley, Ch.K.: Dispelling the disinterest in deregulation, a.a.O., S.167.

338) Vgl. Cherkes, M./ Friedman, J./ Spivak, A.: The Disinterest in Deregulation: Comment, a.a.O., S.562.

2. Sunk costs als Problem schneller Regimewechsel

Regulierungen können sich dann als sinnvoll erweisen, wenn andernfalls Irreversibilitäten ein Entstehen oder Funktionieren des betreffenden Marktes verhindern würden.[339] Im Verkehrsbereich stellen langfristige Verträge zwischen Anbietern und Nachfragern nur bedingt eine Alternative dar, da die Nachfrager - anders als etwa im Energiebereich - häufig wechseln. Werden nun Investitionen im Vertrauen auf die Regulierung getätigt, so scheinen abrupte Deregulierungen problematisch zu sein. Eine Aufhebung der Restriktionen schafft dann u.U. Abhängigkeiten bzw. die Möglichkeit für eine Marktseite, Quasirenten der Gegenseite abzuschöpfen.[340] Hieraus resultiert dann wiederum die Notwendigkeit von Übergangsfristen oder aber die Schaffung von neuen Regulierungen, die Härtefälle vermeiden sollen. Insbesondere Übergangsfristen bieten allerdings wieder Anreize bzw. Gelegenheiten für Rent-seeking-Aktivitäten. Einen Ausweg böte lediglich die unwiderrufliche Festlegung auf einen bestimmten Deregulierungstermin, der eine hinreichend lange Anpassungsfrist zuläßt. Allerdings ist in demokratischen Gesellschaften eine derartige Festlegung kaum möglich und selten glaubhaft; zudem besteht durchaus die Möglichkeit der Abwahl der die Zusage gebenden Regierungspartei bzw. entsprechender Regulierungsapparate.[341]

---

339) Dies ist jedenfalls die Sichtweise, die von Williamson oder Goldberg vertreten wird.

340) Vgl. auch Meyer, J.R./ Tye, W.B.: The regulatory transition, in: AER, vol.75, 1985, S.46.

341) Vgl. hierzu auch Houston, D.A.: The Mixed Interest in Regulation and Deregulation, in: LE, vol.63, S.404.

B. Deregulierung und Rationalisierung des deutschen Verkehrssektors

Sowohl aus den theoretischen Ausführungen zur Regulierung als auch aus entsprechenden Erfahrungen in der Bundesrepublik läßt sich der Schluß ziehen, daß erhebliche Deregulierungen bzw. Modifikationen der Marktordnung des Güterverkehrs unter allokativen Aspekten wünschbar und notwendig sind. Die momentane politische und wirtschaftliche Situation bietet hierfür genug Raum. Neben den Mängeln der gegenwärtigen Regulierung, die für sich allein genommen schon genug Anlaß für Änderungen des institutionellen Arrangements auf den Güterverkehrsmärkten bietet, führen insbesondere die von EG-Seite eingeleiteten und teilweise durchgeführten Maßnahmen dazu, daß das deutsche Regulierungssystem in seiner bisherigen Form nicht länger aufrechterhalten werden kann.

Für den Schienenbereich werden insbesondere die Probleme der gemeinwirtschaftlichen Verkehrsbedienung und das sogenannte Wegekostenproblem hervorgehoben. Entsprechende Ansätze zielen auf die Aufhebung der gemeinwirtschaftlichen Verpflichtungen der Bundesbahn bzw. die Einführung der sogenannten speziellen Entgeltlichkeit ab, was letztlich zumindest für die DB einer Aufhebung der Auflagen gleichkäme. Für die Wegekostenproblematik ist an die institutionelle Trennung von Netz und Betrieb zu denken, eine Idee, die sehr alt ist und neuerdings durch die Aussagen der Contestable-markets-Theorie wiederbelebt wurde.

Für den Straßengüterfernverkehr gilt es die Frage einer Aufhebung der Preis- und Marktzutrittsregulierungen zu klären, die in letzter Zeit durch die EG-Liberalisierung des grenzüberschreitenden Verkehrs ohnehin in Frage gestellt wurden. Recht kontrovers werden in diesem Zusammenhang auch die Modifikationen des sogenannten Kabotagevorbehalts diskutiert.

Bei der Diskussion der Wirkungen von Deregulierungsmaßnahmen ist zu beachten, daß dadurch im Regelfall nicht einfach in den unregulierten Zustand zurückgegangen werden kann. Regulierungseingriffe lösen Anpassungen des Systems aus und sind insoweit nicht vollständig reversibel. Weiter ist nach der Zeitdauer und den Kosten der Anpassung des Systems zu fragen. Viele der genannten Maßnahmen wurden bereits diskutiert und auf ihre Wirkungen untersucht. Von Bedeutung ist hierbei in Ermangelung eigener Erkenntnisse der Rückgriff auf Erfahrungen des Auslands.

1. Ausländische Deregulierungen des Güterverkehrs als Anhaltspunkte einer effizienten Umgestaltung?

Bei der Übertragung von Ergebnissen des Auslands auf inländische Verhältnisse sind geographische, politische und andere Unterschiede zu berücksichtigen. Beispiele gravierender Deregulierungen bzw. institutioneller Änderungen des Straßengüter- und/oder des Schienensektors finden sich z.B. in den Vereinigten Staaten von Amerika und in Großbritannien, in Schweden und in Japan.

a) Liberalisierung des US-amerikanischen Straßengüterverkehrs

In einer ganzen Reihe von Industrieländern wurden in letzter Zeit erhebliche Deregulierungen des Straßengüterverkehrs vorgenommen. Die Folgen dieser Politik werden insgesamt positiv beurteilt.[342] Gravierende Nachteile auch weitgehender Deregulierungen traten zumindest unter gesamtwirtschaftlichen Aspekten nicht auf. Vergleichsweise umfassend wurden die Deregulierungsfolgen für die Vereinigten Staaten untersucht und diskutiert.

Die Regulierung des amerikanischen Straßengüterverkehrs auf Bundesebene geht größtenteils auf den Motor Carrier Act von 1935 zurück. "The major provisions of the act may be summarized under the six headings of carrier classification, entry controls, rate controls, consolidation and merger regulation, securities and accounts supervision, and regulatory innovations".[343] Die Regulierung wies somit weitgehende Parallelen zur Regulierung in (der Bundesrepublik) Deutschland auf. Mit dem Motor Carrier Act (MCA) von 1980, wurde der (Interstate-) Straßengüterverkehr liberalisiert, nicht jedoch vollständig dereguliert.[344] Insbesondere wurde der

---

342) Für einen Überblick vgl. z.B. Laaser, C.-F.: Ausländische Erfahrungen mit Deregulierungsexperimenten im Verkehrswesen, Kiel 1986; Bundesverband der deutschen Industrie (Hrsg.): Liberalisierung der Verkehrsmärkte, Köln 1988, S.21-46; Basedow, J.: Wettbewerb auf den Verkehrsmärkten, a.a.O., S.232-250; Organisation for Economic Co-Operation and Development: Competition Policy and the Deregulation of Road Transport, a.a.O., Kapitel 3.

343) Sampson, R.J./ Farris, M.T./ Shrock, D.L.: Domestic Transportation: Practice, Theory, and Policy, Boston 1985, S.409.

344) Für einen umfassenden Überblick über den Inhalt des Motor Carrier Act von 1980 und die hieraus resultierenden Maßnahmen vgl.

Marktzutritt erleichtert, indem nun nicht mehr der Neuling nachweisen muß, daß sein zusätzliches Angebot notwendig und sinnvoll ist. Vielmehr muß nun ein gegen die Zulassung Einspruch erhebender Konzessionsinhaber nachweisen, "...daß die Erweiterung des Angebots auf dem betreffenden Verkehrsmarkt unvereinbar mit "public convenience and necessity" ist".[345] Weiterhin wurden Deregulierungen in bezug auf die Preisbildung durchgeführt sowie Regulierungen aufgehoben, die Leer- bzw. Umwegfahrten zur Folge hatten.

Zwar kam es im Zuge der Liberalisierung zu einer relativ starken Abnahme mittelgroßer Unternehmen sowie zur Freisetzung von über 100000 Mitarbeitern von im Anschluß an die Deregulierung in Konkurs gegangenen Transportunternehmen.[346] Andererseits stieg die Gesamtzahl der Unternehmen sowie die Gesamtbeschäftigung in der Branche insgesamt spürbar an, was auf Marktzutritte insbesondere von Kleinunternehmen zurückzuführen ist.[347] Während die Zunahme der Unternehmen auf eine Verschärfung des Wettbewerbs hindeutet, ist hier allerdings zu unterscheiden und zwar insbesondere in den Wagenladungsverkehr (Truck-load, TL) und den Sammelgutverkehr (Less-than-truck-load, LTL). Im LTL-Segment kam es zu einer erheblichen Zunahme der Konzentration, was auf dort vorhandene economies of scale zurückzuführen ist und somit als effiziente Entwicklung betrachtet werden kann, die allerdings zu Wettbewerbsproblemen durch einen Anstieg der Marktmacht der größten Unternehmen führen

---

Aden, K.: Die Deregulierung des Straßengüterverkehrs der Vereinigten Staaten von Amerika, a.a.O., S.62-78 sowie Basedow, J.: Wettbewerb auf den Verkehrsmärkten, a.a.O., S.232-235.

345) Ebenda, S.234.

346) Bundesverband des Deutschen Güterfernverkehrs: Die Folgen der Deregulierung des Straßengüterverkehrs in den USA, Frankfurt/M. 1986, S.4f. Zwischen 1980 und 1986 gingen 6000 Unternehmen in Konkurs, was eine Verfünffachung gegenüber der durchschnittlichen Insolvenzrate während der Regulierung entspricht; vgl. Enis, C.R./ Morash, E.A.: Some Aspects of Motor Carrier Size, Concentration Tendencies, and Performance after Deregulation, in: ABER, vol.18, 1987, S.84.

347) 1987 belief sich die Gesamtzahl der im Markt befindlichen Unternehmen auf über 38000 und hatte sich damit gegenüber 1980 mehr als verzweifacht; vgl. Willis, D.K.: Erfahrungen mit der Verkehrsmarktregulierung in den USA, in: VDA (Hrsg.): Initiative '92, Vollendung des europäischen Binnenmarktes im Verkehrssektor, Frankfurt/M., S.45.

kann.[348] Dagegen kann der Wagenladungsverkehr als Wettbewerbsmarkt bezeichnet werden. Eine wichtige Rolle für die Funktionsfähigkeit dieses Marktes scheint auch die Liberalisierung des Marktzugangs für Broker (Frachtmakler) zu sein, deren Zahl sich nach 1980 massiv erhöht hat.[349] Vor Inkrafttreten des MCA von 1980 wurden derartige Tätigkeiten intern insbesondere von großen Transportunternehmen übernommen, die neben eigenen auch fremde Fahrzeuge von sogenannten owner-operators einsetzten, die teilweise über keine Lizenzen verfügten.[350] Im Zuge der Liberalisierung kam es zu Eintritten von Brokern, die durch ihre Informations- und Koordinationsaktivitäten die Wettbewerbsfähigkeit insbesondere von kleinen Unternehmen erhöhen.[351]

Hinsichtlich der Preisniveauentwicklung gibt es keine einheitlichen Aussagen. Basedow und Laaser zitieren Studien, die von Preissenkungen zwischen 10% (LTL) und 25% (TL) sprechen;[352] dagegen konstatiert der BDF für den Sammelgutverkehr einen leichten Anstieg und für den Wagenladungsverkehr einen starken Rückgang der Frachten.[353]

---

348) Vgl. auch Enis, C.R./ Morash, E.A.: Some Aspects of Motor Carrier Size, Concentration Tendencies, and Performance after Deregulation, a.a.O., S.91f.; vgl. hierzu auch Kling, R.W.: Trucking Deregulation: Evolution of a New Power Structure, in: JEI, vol.22, 1988, S.1202f. und Zobel, A.: Dynamischer Wettbewerb durch Deregulierung?, in: DG, 38.Jg., 1989, S.14f.

349) Brokers "...sell and arrange transportation but do not actually perform transportation services", Sampson, R.J./ Farris, M.T./ Shrock, D.L.: Domestic Transportation: Practice, Theory, and Policy, a.a.O., S.410.

350) Vgl. McMullen, B.S.: The Impact of Regulatory Reform on U.S. Motor Carrier Costs, in: JTEP, vol.21, 1987, S.309.

351) Vgl. ebenda, S.309. Die Anzahl von Brokern stieg von ca. 1000 im Jahr 1982 auf knapp 6000 im Jahr 1988; vgl. Organisation for Economic Co-Operation and Development: Competition Policy and the Deregulation of Road Transport, a.a.O., S.54.

352) Vgl. Basedow, J.: Wettbewerb auf den Verkehrsmärkten, a.a.O., S.235 und Laaser, C.-F.: Ausländische Erfahrungen mit Deregulierungsexperimenten im Verkehrswesen, a.a.O., S.13.

353) Vgl. Bundesverband des Deutschen Güterfernverkehrs: Die Folgen der Deregulierung des Straßengüterverkehrs in den USA, a.a.O., S.8; ebenso Aden, K.: Die Deregulierung des Straßengüterverkehrs der Vereinigten Staaten von Amerika, a.a.O., S.148. Die OECD spricht von einem "considerable relative fall in prices since deregulation", Organisation for Economic Co-Operation and Development: Competition Policy and the Deregulation of Road Transport, a.a.O., S.55.

Die Deregulierung ermöglichte zum einen, einen effizienteren Faktoreinsatz durch die Abschaffung teilweise unsinniger Vorschriften, wie der "one-way-authorities", die einen Transport nur in einer Richtung zuließen. Hierdurch wurden die Produktionskosten ebenso gesenkt wie durch den Machtverlust der Gewerkschaften. Der gewerkschaftliche Organisationsgrad reduzierte sich teilweise erheblich, was zu einem merklichen relativen Absinken der Löhne organisierter Arbeitnehmer des regulierten Transportsektors führte.[354] Allerdings kam es nach der Marktöffnung - bedingt durch die starke Zunahme an Unternehmen und den gleichzeitigen rezessionsbedingten Nachfrageeinbruch - zunächst zu einem Absinken der durchschnittlichen Auslastung der Fahrzeuge.[355]

Positiv wird die Verbreiterung der Angebotspalette der Transportunternehmen betrachtet. Neben Qualitätsverbesserungen bestehender Dienstleistungen wurde eine Reihe von Serviceinnovationen realisiert.[356]

Strittig ist die Wirkung der Liberalisierung auf die Verkehrssicherheit. Zunächst ist allerdings festzustellen, daß sich die Deregulierung ausschließlich auf ökonomische Größen bezogen hat und daß seit 1980 mehrere Gesetze verabschiedet wurden, die unmittelbar auf eine Erhöhung der Verkehrssicherheit abzielten, was u.U. eine Abschwächung negativer

---

354) Hirsch nennt eine Reduktion des gewerkschaftlichen Organisationsgrades im gewerblichen Verkehr (For-Hire Sector) der USA von ca. 60 % auf knapp 30% und zwar zwischen 1978 und 1985. Im Werkverkehr (Private Carrier Sector) kam es im gleichen Zeitraum zu einem schwächeren Rückgang und zwar von 35% auf ungefähr 29%; vgl. Hirsch, B.: Trucking Regulation, Unionization, and Labor Earnings: 1973-1985, in: JHR, vol.23, 1988, S.306-310. "One-half of all Teamster over-the-road drivers in the motor carrier industry lost their jobs between 1980 and 1985." Teilweise machten sich diese Fahrer selbständig oder fanden Beschäftigungen im Werkverkehr. "But in that case their annual incomes are likely to have been reduced by 20 or 25 per cent and their fringe benefit levels by as much as 80 per cent."; Rehmus, C.M.: The impact of transportation deregulation on labour market flexibility in the United States, in: LS, vol.12, 1987, S.77.

355) Vgl. Aden, K.: Die Deregulierung des Straßengüterverkehrs der Vereinigten Staaten von Amerika, a.a.O., S.142.

356) Vgl. Boyer, K.D.: What do we understand about the economics of regulation: The effects of U.S. transport deregulation, in: de Jong, H.W./ Shepherd, W.G. (Hrsg.): Mainstreams in Industrial Organization - Book II, Dordrecht u.a. 1986, S.322.

Deregulierungswirkungen in diesem Bereich zur Folge hatte.[357] Dardis et al. kommen zu dem Ergebnis, daß ein positiver Zusammenhang zwischen der Deregulierung und einer Verschlechterung der Verkehrssicherheit allenfalls indirekt besteht und zwar dadurch, daß durch die Liberalisierung die Fahrleistungen im Güterverkehr angestiegen sind, die ihrerseits positiv mit der Unfallhäufigkeit korreliert sind. Dagegen konnte die Hypothese, wonach durch einen verschärften Wettbewerb mit einer negativen Beeinflussung verkehrssicherheitsrelevanter Faktoren (wie Wartung der Fahrzeuge, Einsatz qualifizierten Personals, Einhaltung gesetzlicher Vorschriften) zu rechnen sei, nicht bestätigt werden.[358]

Interessant ist, daß sich der Modal Split in den USA nach Inkrafttreten des Motor Carrier Act nicht zuungunsten der Eisenbahnen verschoben hat.[359] Eine logische Konsequenz der Liberalisierung des Marktzutritts in den Straßengüterverkehrsmarkt war die vollständige Entwertung der Konzessionen etablierter Unternehmen. Insgesamt dürften durch die Liberalisierung des amerikanischen Straßengüterverkehrs volkswirtschaftliche Nettovorteile in Milliardenhöhe entstanden sein.

b) Institutionelle Änderungen im Schienensektor Japans und Schwedens

Die Japanese National Railways (JNR) bzw. die japanische Eisenbahnpolitik wurde 1975 von Konow noch als Vorbild für die Bundesrepublik betrachtet, da in Japan, anders als etwa in der Bundesrepublik, bei der Beurteilung des Schienenverkehrs nicht in erster Linie betriebswirtschaftliche, sondern volkswirtschaftliche Überlegungen im Vordergrund gestanden hätten.[360] Die JNR wiesen Mitte der siebziger Jahre eine der DB entsprechende Unternehmensgröße auf, wobei der Personenverkehr bei den JNR allerdings eine im Vergleich zur DB sehr große (Verhältnis 4:1), der

357) Vgl. Organisation for Economic Co-Operation and Development: Competition Policy and the Deregulation of Road Transport, a.a.O., S.56.

358) Vgl. Dardis, R./ Garkey, J./ Zhang, Z.: Deregulation of Trucking in the United States - Implications for Consumers, in: JCP; vol.12, 1989, S.32ff.

359) Vgl. Aden, K.: Die Deregulierung des Straßengüterverkehrs der Vereinigten Staaten von Amerika, a.a.O., S.82.

360) Vgl. Konow, K.-O.: Das staatliche Eisenbahnwesen in Japan, in: ZfV, 48.Jg., 1977, S.179f.

Güterverkehr dagegen eine geringere Bedeutung (Verhältnis 1:1,25) aufwies.[361] Ein Jahrzehnt nach dem Vorschlag Konows, den "japanischen Weg als Alternative" für die bundesdeutsche Verkehrspolitik zu betrachten, wurden die JNR am 1.4.1987 zerschlagen.[362] Aus dem ursprünglichen Unternehmen wurden sechs regionale Personenbeförderungsgesellschaften und eine landesweit operierende Güterverkehrsgesellschaft gebildet.[363] Als Grund für die Aufspaltung des Unternehmens wurden insbesondere das erhebliche Defizit und eine immense Verschuldung angeführt.[364] Die Versuche der Verkehrspolitik, die im übrigen weitgehende Parallelen mit der der Bundesrepublik aufwies, den Modal Split zugunsten der Bahn zu beeinflussen, waren weitgehend gescheitert.[365] Dabei wurde die schlechte finanzielle Situation zum einen auf strukturelle Modal-Split-Veränderungen zurückgeführt; zum anderen aber auch auf die Rechtsform bzw. die Trägerschaft des Unternehmens. Durch staatliche Eingriffe wurde der unternehmerische Handlungsspielraum (z.B. in bezug auf die Preisbildung, aber auch auf Kapazitätsanpassungen) stark eingeschränkt und X-Ineffizienzen provoziert.[366] Im Zuge der Privatisierung wurde neben der Gü-

361) Vgl. ebenda, S.180; bis 1985 verschlechterte sich das Verhältnis im Güterverkehr auf ca. 1:3 zuungunsten der japanischen Eisenbahnen, wobei deren Anteil am Modal Split bezogen auf die Tonnenkilometer von 17% (1973) auf 5% (1985) zurückging; vgl. Saito, T.: Transport coordination debate and the Japanese National Railways problem in postwar Japan, in: TR-A, vol.23A, 1989, S.14 und Konow, K.-O.: Das staatliche Eisenbahnwesen in Japan, a.a.O., S.181.

362) Für einen knappen Überblick vgl. Aoki, M.: Die Japanischen Staatsbahnen - privatisiert und in Teilgesellschaften gegliedert, in: IV, 39.Jg., 1987, S.327-330.

363) Vgl. Sakurai, T.: Privatisierung der Japan National Railways (JNR): Ziele, Besonderheiten und Probleme, in: ZögU, Bd. 12, 1989, S.309.

364) Vgl. Kobayashi, H.: Deregulierung und Privatisierung in Japan, in: Vogel, O. (Hrsg.): Deregulierung und Privatisierung, Köln 1988, S.79. Kurz vor der Privatisierung belief sich die Verschuldung der japanischen Staatsbahn auf ca. 313 Mrd. DM; vgl. hierzu Sakurai, T.: Privatisierung der Japan National Railways (JNR): Ziele, Besonderheiten und Probleme, a.a.O, S.321.

365) Saito weist etwa auf den Einfluß des Leber-Plans auf die japanische Politik hin: "In the 1960s, the dabate on the transportation policy in Japan was influenced by debate on transport coordination overseas, chiefly by the J.F. Kennedy Transportation Message in 1962 and the West German Leber Plan in 1967"; Saito, T.: Transport coordination debate and the Japanese National Railways problem in postwar Japan, in: a.a.O., S.15.

366) Vgl. Marutschke, H.P.: Verwaltungsreform in Japan, in: VA, Bd. 78, 1987, S.310f.

terverkehrs- und den sechs Personenverkehrsgesellschaften die Shinkansenbetriebsgesellschaft sowie eine Liquidisierungsgesellschaft gegründet. Die Shinkansengesellschaft ist dabei für die Organisation und Instandhaltung des Shinkansennetzes (für den Hochgeschwindigkeitsverkehr) zuständig.[367] Die sieben Betriebsgesellschaften übernahmen nur einen Teil der Schulden des ursprünglichen Unternehmens, der Rest wird von der Liquidationsgesellschaft übernommen.[368] Die Liquidationsgesellschaft hat diese Schulden zurückzuzahlen, das restliche Vermögen zu veräußern und für die Weiterbeschäftigung bzw. Wiederbeschäftigung der Mitarbeiter der JNR zu sorgen.

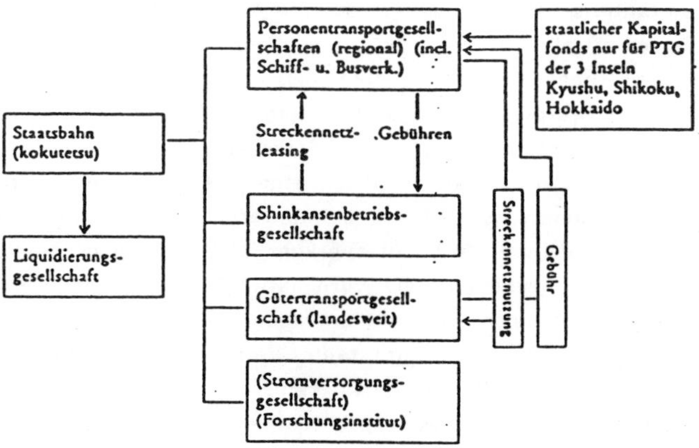

Übersicht 3: Die Reform des Schienenverkehrs in Japan[369]

Die Privatisierung der japanischen Staatsbahn hatte auch eine weitgehende gesetzliche Neuregelung des Eisenbahnverkehrs zur Folge. So stellt etwa die Shinkansengesellschaft ihr Schienennetz verschiedenen regionalen Personentransportgesellschaften entgeltlich zur Verfügung. Die sechs Personenverkehrsgesellschaften überlassen wiederum der landesweit operierenden Güterverkehrsgesellschaft gegen Gebühren ihr Netz. Im Gesetz

367) Vgl. Aoki, M.: Die Japanischen Staatsbahnen - privatisiert und in Teilgesellschaften gegliedert, a.a.O., S.329.
368) Vgl. Sakurai, T.: Privatisierung der Japan National Railways (JNR): Ziele, Besonderheiten und Probleme, a.a.O., S.321.
369) Marutschke, H.P.: Verwaltungsreform in Japan, a.a.O., S.318.

über die Eisenbahnunternehmen finden sich folglich Regelungen über die verschiedenen Betriebsformen im Eisenbahnbereich. So unterliegt etwa der Bau von Eisenbahnanlagen ebenso der Genehmigungspflicht durch den Verkehrsminister wie die Nutzungsgebühren für Verkehrsinfrastrukturleistungen, die Preise für materielle Verkehrsinfrastrukturen oder die Tarife im Personen- und Gütertransport.[370]

Ebenfalls relativ weitreichende institutionelle Änderungen hat der Schienenverkehr Schwedens erfahren und zwar obwohl die schwedischen Eisenbahnen im europäischen Vergleich - etwa bezüglich der Behauptung ihres Marktanteils oder ihrer Arbeitsproduktivität - sehr gut abschneiden.[371] So existiert seit Juli 1988 eine Trennung zwischen der staatlichen Fahrwegsverwaltung (Banverket) und dem Betriebsbereich (Affärs-SJ).[372] Das Gesamtnetz wurde dabei geteilt in ein Stammnetz, das von Banverket verwaltet wird und in regionale Strecken, für die die jeweiligen Gebietskörperschaften verantwortlich sind. Auf diesen Strecken ist Wettbewerb zwischen verschiedenen Bahnunternehmen - im Personenverkehr - grundsätzlich möglich. Der Güterverkehr bleibt dagegen der staatlichen Affärs-SJ auf dem gesamten Netz vorbehalten.[373] Auf dem Stammnetz besitzt die Affärs-SJ die ausschließliche Bedienungshoheit. Die SJ unterliegt nicht mehr der Pflicht auch unrentable Verkehre durchzuführen; vielmehr müssen Leistungen, für die am Markt keine Kostendeckung zu erzielen ist, die aber aus sonstigen Gründen angeboten werden sollen, vom Staat gekauft werden. Die Benutzung des von Banverket vorgehaltenen Netzes ist gebührenpflichtig, wobei die festgelegten Gebühren für 1989 allerdings insgesamt mit 250 Mio. DM nur 50% der variablen Kosten ausmachen.[374] Zur

---

370) Vgl. ebenda, S.317.

371) Vgl. hierzu Nash, C.: European railway comparison - what can we learn?, in: Button, K.J./ Pitfield, D.E.: International railway economics, Aldershot 1985, S.258/266 und Jansson, J.O./ Cardebring, P.: Swedish railway policy 1979-88, in: JTEP, vol.23, 1989, S.329/335. Vgl. auch Ellwanger, G.: Trennung von Netz und Betrieb bei den Eisenbahnen, in: IV, 42.Jg., 1990, S.15.

372) Vgl. Jansson, J.O./ Cardebring, P.: Swedish railway policy 1979-88, a.a.O., S.334ff. und Kühner, R.: Schwedische Staatsbahnen (SJ), in: DB, 66.Jg., 1990, S.137f.

373) Vgl. Larsson, S.: Restructuring the Swedish State Railways, in: DVWG (Hrsg.): Konsolidierung der Eisenbahnen, Schriftenreihe der DVWG, Reihe B 126, Bergisch-Gladbach 1990, S.173.

374) Vgl. hierzu und zur Begründung dieses Defizits Hellsvik, L.: The New Railway Policy, (Manuskript) o.O., o.J., S.10f. Hellsvik führt zur

Anwendung kommt ein zweiteiliger Tarif, der sich aus einer variablen und einer fixen Komponente zusammensetzt, wobei die Benutzungsgebühr an den sozialen Grenzkosten orientiert wird bzw. werden soll und an den Staat abzuführen ist, der letztlich auch die Finanzierung der Investitionen zu übernehmen hat.[375] Berücksichtigt werden nicht nur die reinen Wegekosten, sondern, wie im Straßenverkehr, auch Umwelt- und Unfallkosten der Benutzung. (Vgl. die folgende Übersicht[376]).

Variable Gebühren		49%
- Verkehrssicherheit	(20%)	
- Luftverschmutzung	(2%)	
- Instandhaltung	(27%)	
Fixe Gebühren		51%
		100%

Übersicht 4: Struktur der Nutzungsgebühren für die Schieneninfrastruktur in Schweden

Aufgrund der recht geringen Wegebenutzungsabgaben erreichten die Schwedischen Staatsbahnen 1989 im Transportbereich ein ausgeglichenes Betriebsergebnis.[377] Mit der Regionalisierung der Verantwortung für Netzteile und der teilweisen Zulassung von Wettbewerb im Netz sowie einer freien Preisbildung im Güterverkehr nimmt Schweden unter den europäischen Bahnen eine besondere Stellung ein. Weitergehende Maßnahmen, wie die Privatisierung der Staatsbahn und die Zulassung von Konkurrenten in das Stammnetz stehen allerdings aus.[378]

Rechtfertigung u.a. an, daß das schwedische Schienennetz nur nach größeren Anpassungen an die demographische und industrielle Struktur kostendeckend zu betreiben wäre und daß eine unvollständige Kostendeckung im Bahnbereich eine "..second-best alternative for achieving competitive neutrality" sei.

375) Brandborn, J./ Hellsvik, L.: Die neue Eisenbahnpolitik in Schweden, in: IV, 42.Jg., 1990, S.346f.

376) Hansson, L.: The Swedish Approach to Multi-Modal Transportation Planning, (Vortragsmanuskript), o.O., 1990, S.18.

377) Vgl. Kühner, R.: Schwedische Staatsbahnen (SJ), a.a.O., S.140.

378) Vgl. Jansson, J.O./ Cardebring, P.: Swedish railway policy 1979-88, a.a.O., S.337.

2. Reformen im Bereich des Schienenverkehrs der Bundesrepublik

Es wurde bisher deutlich, daß im Bahnbereich nach wie vor erheblicher Reformbedarf besteht. Grundsätzlich bieten sich im Schienensektor Änderungen im Bereich des institutionellen Rahmens und in der Organisationsstruktur der Bundesbahn an. Problemlösungen werden des weiteren in Privatisierungen der Bahn und in der Einführung von Wettbewerb im Netz gesehen. Schließlich bliebe zumindest theoretisch die Möglichkeit einer noch weitergehenden Regulierung der Substitutionskonkurrenz bzw. eine Erhöhung der Abgabenbelastung in diesen Sektoren.

Bei den zu diskutierenden Maßnahmen ist zu berücksichtigen, daß die Erhaltung, der Schutz oder die Förderung der Bahn kein Selbstzweck sein sollte. Der Schienenverkehr hat in einer Marktwirtschaft nur dann eine Existenzberechtigung, wenn er Leistungen, für die zahlungsbereite Nachfrage besteht, kostengünstiger produzieren kann als andere Verkehrsträger, wobei allerdings externe Effekte zu berücksichtigen sind. Nachfragerückgänge, Erlös- und Marktanteilseinbußen sind insofern normale Entwicklungen in funktionierenden Märkten, also auch auf dem Verkehrsmarkt.

a) Sanierungsvorschläge für die Deutsche Bundesbahn

(1) Unternehmensinterne Änderungen

Reduziert man den Schienenverkehr in der Bundesrepublik auf die Deutsche Bundesbahn, so ist zunächst nach Möglichkeiten der betrieblichen Effizienzsteigerung bzw. Produktivitätssteigerungen zu suchen. Entsprechende Maßnahmen wurden von der Deutschen Bundesbahn in ihrer Unternehmensstrategie DB `90 selbst vorgeschlagen, allerdings nur teilweise realisiert.[379] Wichtig scheint in diesem Zusammenhang die Frage, warum Spielräume für eine effizientere Leistungserstellung bisher nicht genutzt wurden und welche Anreizmechanismen innerhalb des Unternehmens Abhilfe schaffen können. Zu nennen sind hier etwa differenzierte Erfolgsrechnungen. Daneben ist eine stärkere Orientierung an geänderten Kundenpräferenzen zu

---

379) Vgl. Deutsche Bundesbahn: Die Bahn gestaltet ihre Zukunft - Antworten auf Fragen der Unternehmenspolitik, o.O., o.J. (1989), S.2.2/1f.

fordern, soweit dem nicht andere Unternehmensziele entgegenstehen.[380] Die Bahn kann dabei selbst oder mit Hilfe anderer Verkehrsträger versuchen, ihr Qualitätsprofil zu verändern. Hier ist insbesondere eine verstärkte internationale Zusammenarbeit und Abstimmung der europäischen Eisenbahnen zu fordern, die Verbesserungen im Qualitätsprofil der Bahnen insbesondere im grenzüberschreitenden Verkehr ermöglichen würde.[381] Weiter müssen die Möglichkeiten der Kooperation mit anderen Verkehrsträgern, insbesondere in Form des kombinierten Verkehrs ausgeschöpft werden. Die Vorteile des Container- und des Huckepackverkehrs liegen dabei insbesondere in der Bedienung langer Strecken.

Flexibilität der Deutschen Bundesbahn setzt voraus, daß entsprechende Handlungsmöglichkeiten innerhalb eines gegebenen Rahmens vorliegen, der ein klar definiertes Unternehmensziel umschreibt. Durch die Installation entsprechender Anreizmechanismen, z.B. für Manager des Unternehmens, ist dafür Sorge zu tragen, daß die Lücke zwischen individuellem und Unternehmensinteresse möglichst eng wird. Hiermit wird das Problem des öffentlichen Dienstrechts angesprochen, das ein wesentliches Hindernis einer effizienten Unternehmenspolitik darstellt, mittlerweile allerdings aufgrund der veränderten Position bzw. Rolle des Schienenverkehrs auf dem Verkehrsmarkt, wie in anderen Bereichen weitgehend überflüssig ist. Wichtig ist weiter die drastische Beschneidung des Einflusses Dritter auf die DB, was allerdings nicht bedeuten soll, daß das "öffentliche Unternehmen" nicht dem öffentlichen Interesse unterworfen sein soll. Allerdings muß sich dieser Einfluß weitgehend auf die Abgrenzung und Ausgestaltung des Zielsystems des Unternehmens beschränken und nicht die Unternehmenspolitik direkt beeinflussen, es sei denn, letztere wäre nicht zielgerichtet.

Im Zusammenhang mit der Sanierung der Deutschen Bundesbahn werden neben Maßnahmen, die auf die Unternehmenspolitik abzielen, vor allem Schwierigkeiten, die sich aus den gemeinwirtschaftlichen Auflagen ergeben und die Wegekostenproblematik hervorgehoben und entsprechende Lö-

---

380) Vgl. hierzu bspw. den durch eine Umfrage des BDI ermittelten Forderungskatalog der Verlader; Bundesverband der Deutschen Industrie (Hrsg.): Die Bahn der Zukunft - Politik in der Pflicht, Köln 1989, S.25.

381) Zum Bedeutungsverlust der Deutschen Bundesbahn im grenzüberschreitenden Verkehr vgl. oben Abb. 5.

sungsansätze gefordert.

(2) Aufhebung der gemeinwirtschaftlichen Pflichten der Deutschen Bundesbahn - die Einführung des Prinzips der speziellen Entgeltlichkeit

Geht man zunächst davon aus, daß nur ein staatliches Monopolunternehmen Schienenverkehr betreibt, dann muß zunächst geklärt werden, wie sich eine Lockerung der bestehenden Regulierung auswirken würde. Die Problematik der gemeinwirtschaftlichen Pflichten des Schienenverkehrs wurde bereits aufgezeigt. Letztlich stellen die Auflagen nichts anderes dar als eine Regulierung der Preise, Qualitäten und Kapazitäten der Deutschen Bundesbahn. Bei Verwendung der Definition des Wissenschaftlichen Beirats beim Verkehrsministerium, wonach gemeinwirtschaftliche Auflagen solche Pflichten sind, die ein unreguliertes Unternehmen freiwillig nicht erfüllen würde, ist die Aufhebung identisch mit der Einführung des Prinzips der speziellen Entgeltlichkeit. Unter letzterer ist die volle finanzielle Abgeltung der durch die Auflagen verursachten Belastungen zu verstehen. Dabei wird nicht ein Defizit pauschal abgegolten, sondern die Deutsche Bundesbahn erhält für jede Leistung volle Kompensation durch den Auftraggeber bzw. durch den Staat. Die Aufgaben können dann nicht mehr als gemeinwirtschaftlich - im Sinne von Pflichtleistungen - bezeichnet werden, da ihre Erfüllung auch im eigenen Interesse des Unternehmens liegen würde. Eine Identität zwischen der Aufgabe gemeinwirtschaftlicher Verpflichtungen und der speziellen Entgeltlichkeit liegt allerdings nur dann vor, wenn man die beiden Alternativen aus der Perspektive der DB betrachtet, wobei selbst dies nur im Idealfall gilt. Zu berücksichtigen ist nämlich der Umstand, daß die Deutsche Bundesbahn einen Informationsvorsprung gegenüber ihren meist staatlichen Auftraggebern aufweist, wodurch sich auch bei der Einführung des Prinzips der speziellen Entgeltlichkeit Probleme ergeben können. Nur dann, wenn das Unternehmen bzw. dessen Manager und Mitarbeiter keine eigenen Ziele verfolgen, ist damit zu rechnen, daß der existierende Informationsvorsprung nicht zum eigenen Vorteil ausgenutzt wird. Wird von eigennutzorientiertem Verhalten auch im Bahnbereich ausgegangen, so ist nach Mechanismen zu fragen, die dafür sorgen, daß die finanziellen Leistungen die Opportunitätskosten der Bahn nicht übersteigen. Quasi als Beleg für die Bedeutsamkeit dieser Problematik muß die Einführung der sogenannten Plafondierung der Zuweisungen an die Bahn aus dem Bundeshaushalt gesehen werden, die 1979 eingeführt und auf ca. 14 Mrd. DM begrenzt wurde. Auch wenn hierbei andere Gründe im Vordergrund gestanden haben mögen, wurde damit doch dem "Kosten machen" im Bahnbereich ein Riegel vorgeschoben. Wenn also lediglich die Bahn in vollem Umfang (und auch dies dürfte nicht sicher sein) über ihre Kosten- und Nachfragesituation informiert ist, so darf bei Aufrechterhaltung ihrer Monopolstellung im Schienenbereich nicht davon ausgegangen werden, daß die durch Leistungsaufträge des Staates entstehenden Kosten bzw. Erlöseinbußen nicht überhöht ausgewiesen werden. In diesem Zusammenhang ist die Forderung nach Einführung eines aussagefähigen Rechnungswesens mit Nachdruck zu unterstützen.[382] Ob die Gemeinkostenproblematik hierdurch gelöst werden kann, ist allerdings fraglich. Und selbst wenn moderne Kostenallokationsverfahren dies gewährleisten sollten, bleibt doch zumindest noch ein weiteres Problem:[383] Es stellt sich wiederum die Frage, wer die Informationen ermittelt und ob diese Informationen unverfälscht an den Politikbereich weitergegeben werden. Zu fordern ist also ein funktionsfähiges, internes Rechnungswesen, das allerdings auch der Information "externer" (Regulierungs-) Stellen zu dienen hätte. Möglich wäre etwa die Einführung einer von der Unternehmensführung abgekoppelten Informationszentrale mit einem umfassenden Recht zur Informationsbeschaffung.

Als weitere - häufig vorgeschlagene - Lösung bieten sich in beschränktem Umfang Ausschreibungsverfahren an, wenn die Leistungen auch von intramodaler Konkurrenz und vom nicht-schienengebundenen Verkehr angeboten werden können. Würde etwa derjenige den Zuschlag erhalten, der für die Erbringung der Leistung die geringste Zahlung (Subvention) verlangt, könnte die Informationsproblematik abgeschwächt werden. Dies gilt allerdings nur dann, wenn ein wirklicher Wettbewerb um die Leistung entstünde und nicht ein Anbieter größere Kostenvorteile besitzen würde.

---

382) Vgl. Müller, J.: Möglichkeiten der Privatisierung im Bereich der Deutschen Bundesbahn, a.a.O., S.329, Fußnote 15. Vgl. hierzu auch Knieps, G.: Kostenrechnung in öffentlichen Unternehmen, in: DU, 42.Jg., 1988, S.155f und Schulte, D.: Sanierung der Deutschen Bundesbahn, in: WD, 69.Jg., 1989, S.120f.

383) Durch Verfahren, wie die Grenzplankostenrechnung bzw. Dekungsbeitragsrechnungen können verschiedene Mängel der Vollkostenrechnung vermieden werden. Vgl. hierzu Knieps, G.: Kostenrechnung in öffentlichen Unternehmen, a.a.O., S.159ff.

Alternativ hierzu müßten Überlegungen angestellt werden, inwiefern die in Kapitel IV.B. vorgeführten Verfahren zur Problemlösung beitragen könnten. In den angeführten Modellen wird allerdings regelmäßig davon ausgegangen, daß die Nachfrage ihre Zahlungsbereitschaft offenbart. Sind nun beispielsweise Regionen Empfänger gemeinwirtschaftlicher Leistungen der Bahn, so haben diese ihrerseits einen Anreiz, ihre Zahlungsbereitschaft geringer anzugeben, als sie tatsächlich ist.

Selbst wenn das Informationsproblem hinreichend gelöst werden könnte und für gemeinwirtschaftliche Leistungen nur den Kosten entsprechende Preise zu zahlen wären, stellt sich doch immer noch die Frage nach der Notwendigkeit bzw. dem Sinn der Auflagen. Die Zusammenarbeit von Schiene und Straßengüter(nah)verkehr ermöglicht gleichzeitig die Konzentration des Schienenverkehrs auf den für ihn günstigen Knotenpunktverkehr und eine hinreichende Bedienung der Fläche. Der Straßengüterverkehr ist hierzu nur dann nicht geeignet, wenn es sich um Massengutverkehr handelt, der allerdings der Bahn wiederum Kostendeckung ermöglichen sollte.

Wenn im Zuge raum- oder sozialpolitischer Zielsetzungen bestimmte Regionen, Branchen oder Personengruppen subventioniert werden sollen, bieten sich nach allgemeiner Auffassung zweckungebundene Zahlungen an. Schließlich konnte oben bereits gezeigt werden, daß sich Schwierigkeiten aufgrund der Unpaarigkeit der Nachfrage in zeitlicher oder räumlicher Hinsicht sinnvollerweise mit Hilfe geeigneter Tarifmaßnahmen lösen lassen.

Wenn nun die gemeinwirtschaftlichen Auflagen der Deutschen Bundesbahn aufgehoben bzw. durch die Einführung des Prinzips der speziellen Entgeltlichkeit eine Gemeinwohlorientierung der Bahn nicht mehr gegeben ist, wird das gesamte bisherige Regulierungssystem im Verkehrswesen weitgehend überflüssig bzw. verdient der Schienenverkehr keinen staatlichen Schutz mehr.[384] Denn ohne gemeinwirtschaftliche Auflagen handelt es sich bei der

---

384) Es sei denn, es lägen spezielle Produktions- bzw. Kostenfunktionen vor. Nach einem Verfassungsgerichtsurteil vom 14.10.1975, das die Kontingentierung im gewerblichen Straßengüterfernverkehr für verfassungsgemäß bezeichnete, handelt es sich bei der Deutschen Bundesbahn um ein schutzwürdiges Gut; vgl. Petry, H.: Verfassungsmäßigkeit der Kontingentierung im Güterfernverkehr, in: DB, 52.Jg., 1976, S.23.

Bundesbahn um ein staatliches Monopolunternehmen mit ungeklärter Zielsetzung. In diesem Fall gibt es keinen Grund mehr, Schienenverkehr durch ein öffentliches Unternehmen durchführen zu lassen.

(3) Einführung von Wegebenutzungsabgaben - rechnerische Trennung von Netz und Betrieb

Neben der Lockerung bzw. Rationalisierung der bestehenden Regulierung des Handlungsspielraumes des Monopolunternehmens Deutsche Bundesbahn werden vor dem Hintergrund der Deregulierung der Straßengüterverkehrsmärkte und der damit verbundenen Probleme für die wirtschaftliche Entwicklung der DB in jüngster Zeit verstärkt Vorschläge zur Trennung von Netz und Betrieb im Schienenbereich diskutiert. Eine derartige Diskussion gab es bereits Ende der fünfziger und dann wieder verstärkt Ende der siebziger bzw. Anfang der 80er Jahre.[385] Aus diesen Diskussionen resultierten jedoch keine weiterreichenden Maßnahmen. Eine theoretische Analyse der Wirkungen einer Trennung der beiden Bereiche wurde sogar schon in den 80er Jahren des vorigen Jahrhunderts, u.a. von Emil Sax durchgeführt.[386] Bei den heute diskutierten Vorschlägen ist zu unterscheiden in solche, die auf eine rein rechnerische Trennung abzielen und solche, die eine faktische Trennung für möglich und sinnvoll erachten.

Eine rechnerische Trennung von Infrastruktur und Betriebsbereich wird seit einiger Zeit von der Deutschen Bundesbahn selbst vorgeschlagen.[387] Unterstützung fand dieser Vorschlag durch ein Gutachten von Aberle/ Weber, das vom Vorstand der Deutschen Bundesbahn in Auftrag gegeben wurde.[388]

---

385) Vgl. hierzu Ellwanger, G./ Hamelbeck, C.: Das Schienennetz der DB - Bestandteil der staatlichen Infrastruktur, in: DB, 65.Jg., 1989, S.475f. und Ottmann, K.: Ein Vorschlag zur Verwirklichung marktwirtschaftlicher Grundsätze im Verkehr, in: IAV, 12.Jg., 1960, S.89-95.

386) Vgl. Sax, E.: Die Verkehrsmittel in Volks- und Staatswirtschaft, a.a.O., S.28ff.

387) Vgl. hierzu beispielsweise Pällmann, W.: Reformkonzepte für die Deutsche Bundesbahn, in: Vogel, O. (Hrsg.): Deregulierung und Privatisierung, Köln 1988, S.111.

388) Vgl. Aberle, G./ Weber, U.: Verkehrswegebenutzungsabgaben für die Eisenbahn. Theoretische Grundlagen und verkehrspolitische Aus-

Die Bundesbahn sieht sich seit langem in bezug auf die Wegekostenanlastung gegenüber ihren wichtigsten Konkurrenten im Nachteil. So wird bemängelt, daß die Binnenschiffahrt lediglich ca. 10% ihrer Wegekosten decken würde und die Kosten für diese und den Straßenverkehr zudem den Charakter von variablen Kosten aufwiesen, während die Wegeaufwendungen der Bahn Fixkosten darstellten. Häusler sieht als eines der Hauptprobleme der Bahn den Umstand an, daß sie anders als ihre Wettbewerber "voll mit dem Investitionsrisiko oder dem Risiko der unzureichenden Kapitalauslastung belastet wird."[389] Letzteres dürfte in einer Marktwirtschaft zwar eher den Regelfall darstellen. Richtig bleibt allerdings die Feststellung, daß es unter einzelwirtschaftlichem Aspekt einen gravierenden Unterschied macht, ob Anlagen oder aber nur deren Leistungen gekauft werden. Auf die seit 1980 von der DB in ihren Geschäftsberichten durchgeführte Trennungsrechnung wurde bereits oben hingewiesen. Seit einiger Zeit wird von der Bahn eine Form der rechnerischen Trennung gefordert, die über den bloßen Ausweis der "relevanten" Zahlen in ihren Geschäftsberichten hinausgeht. Danach soll der Bund die Ausgaben für den Fahrweg und die auf diesen zurückzuführende Verschuldung übernehmen. Die Bahn hätte ihrerseits für die Benutzung des Fahrwegs entsprechende Wegeabgaben zu zahlen. Gleichlautende bzw. ähnliche Vorschläge stammen beispielsweise von der EG-Kommission, dem Bundesverband der Deutschen Industrie, der von der Bundesregierung eingesetzten Deregulierungskommission und dem Bundesverkehrsministerium.[390]

Nach Aberle zielt eine rechnerische Trennung insbesondere auf eine Erhöhung der Transparenz hinsichtlich der Kostenzurechnungen und Verantwortungsbereiche, auf einen Abbau bestehender Wettbe-

---

gestaltung, Gießen 1987, vgl. hierzu auch Aberle, G.: Verkehrswegebenutzungsabgaben für die Eisenbahn, in: WD, 67.Jg. 1987, S.389-393.

389) Häusler, U.: Die Trennung von Fahrweg und Betrieb - ein richtiger Ansatz, in: DB, 54.Jg., 1978, S.936.

390) Vgl. hierzu bspw. Bundesverband der Deutschen Industrie (Hrsg.): Die Bahn der Zukunft - Politik in der Pflicht, a.a.O., S.29 und ders.: Industrie und Deutsche Bundesbahn, Köln 1987, S.30; Deregulierungskommission: Marktöffnung und Wettbewerb, Erster Bericht, a.a.O., S.17; Schulte, D.: Sanierung der Deutschen Bundesbahn, a.a.O., S.121. Daubertshäuser, K.: Für eine Verkehrspolitik aus einem Guß, in: WD, 69.Jg., 1989, S.124.

werbsverzerrungen und eine "Sicherung angemessener Finanzierungsbeiträge für die Verkehrsinfrastruktur auch bei der Bahn..." ab.[391] Der im Aberle/Weber-Gutachten für die DB vorgelegte Ansatz der rechnerischen Trennung von Netz und Betrieb läßt sich vereinfacht wie folgt darstellen:[392] Der Staat übernimmt die finanzielle Verantwortung für das Schienennetz. Die Planungskompetenz für Investitionen verbleibt dabei weitgehend bei der Deutschen Bundesbahn, wobei allerdings entsprechende Pläne vom Eigentümer zu genehmigen sind.[393] Die Bahn zahlt für die Benutzung der Schieneninfrastruktur Benutzungsentgelte an den Eigentümer. Diese Benutzungsentgelte umfassen dabei die marginalen benutzungsabhängigen Kosten. Da diese zur Abdeckung der Gesamtkosten (aufgrund von economies of scale) nicht ausreichen, wird auf diese Grenzkosten ein Aufschlag (globale Péage) erhoben. Wegen der Tatsache, daß sich das betriebswirtschaftlich optimale Netz der Bahn von dem aus übergeordneten Gründen für notwendig erachteten Netz unterscheidet, schlagen Aberle/Weber vor, daß Wegebenutzungsabgaben nur für einen Teil des Gesamtnetzes zu entrichten sind. Es wird dabei also berücksichtigt, daß die Vorhaltung eines bestimmten Netzanteils aus gemeinwirtschaftlichen Gründen betrieben wird. Aus diesem Vorschlag resultiert natürlich unmittelbar die Frage nach Wettbewerb im Netz, der von der Deutschen Bundesbahn allerdings nicht gefordert und von Aberle/Weber auch nur kurz angesprochen wird.[394] Bei der von der Bahn geforderten Neugestaltung wären Konkurrenten allerdings auch ohne größere Chancen, da sich am Einfluß der DB auf den Infrastrukturbereich letztlich nichts ändern würde. Problematisch wäre auch der Umstand, daß die Bahn beim vorliegenden Vorschlag zwar die Investitionsentscheidungen erheblich beeinflussen, das Investitionsrisiko dagegen in Abhängigkeit von der Höhe der benutzungsabhängigen Wegeabgabe mehr oder weniger beim Staat ver-

---

391) Aberle, G.: Verkehrswegebenutzungsabgaben für die Eisenbahn, a.a.O., S.390.

392) Vgl. für einen Überblick die Zusammenfassung der Ergebnisse Aberle, G./ Weber, U.: Verkehrswegebenutzungsabgaben für die Eisenbahn. Theoretische Grundlagen und verkehrspolitische Ausgestaltung, a.a.O., S.(1)-(12).

393) Vgl. ebenda, S.149.

394) Die Vorschläge der Deregulierungskommission und auch der Bundesregierung sehen die Mitbenutzung der Infrastruktur durch Dritte allerdings vor. Vgl. Deregulierungskommission: Marktöffnung und Wettbewerb, a.a.O., S.17 und Schulte, D.: Sanierung der Deutschen Bundesbahn, a.a.O., S.121.

bliebe.[395]

Betrachtet man das Problem der rechnerischen Trennung von Netz und Betrieb allein unter allokativem Aspekt, so ist zunächst einmal festzustellen, daß die Bahn als alleiniger Netznutzer für die Gesamtkosten des Netzes aufzukommen hat. Dies gilt jedenfalls dann, wenn man einmal von einer historisch bedingten bzw. aus gemeinwirtschaftlichen Überlegungen heraus gewollten Überdimenisonierung des Netzes absieht.

Wegebenutzungsabgaben müßten bei Vorhandensein eines funktionsfähigen Rechnungswesens und unter der Annahme, daß sich bei einer rein rechnerischen Trennung an den marginalen Netzkosten nichts ändern dürfte, bereits in Form interner Verrechnungspreise vorliegen. Als Minimum wären in der Regel die jeweiligen Grenzkosten anzusetzen. Fixe Kostenbestandteile könnten dann entsprechend den jeweiligen Nachfrageelastizitäten aufgeteilt werden. Nachfrageschwankungen könnte durch Preisdifferenzierungen begegnet werden, so daß insgesamt zumindest Kostendeckung gewährleistet wäre.

Trennt man rechnerisch und soll der soziale Überschuß maximiert werden, so könnte zunächst an Ramsey-Preise für die Netzleistungen gedacht werden.[396] Hier müßten allerdings gegenüber der einfachen Ramsey-Regel Modifikationen vorgenommen werden, da der nachgelagerte Betriebsbereich auf einer Reihe von Märkten über Marktmacht verfügt.

Ähnliche Probleme treten auf, wenn gespaltene Tarife zur Anwendung kommen sollen. Normalerweise können durch zweiteilige Tarife Probleme, die aufgrund steigender Skalenerträge auftreten, weitgehend gelöst werden. Die einzelne Einheit wird zu Grenzkostenpreisen abgegeben. Eventuelle Defizite werden durch eine fixe Grundgebühr abgedeckt. Besonders geeignet erscheint das Verfahren, wenn geschlossene Benutzergruppen bzw. Klubs als Nachfrager auftreten.[397] Dies wäre bei einer rein rechnerischen Trennung

---

395) Vgl. hierzu auch Wissenschaftlicher Beirat beim Bundesministerium für Verkehr - Gruppe Verkehrswirtschaft: Stellungnahme zur Trennungsrechnung der Deutschen Bundesbahn vom 5. Juli 1986, in: ZfV, Bd. 57, 1986, S.216. Vgl. auch Aberle, G.: Verkehrswegebenutzungsabgaben für die Eisenbahn, a.a.O., S.393.

396) Vgl. ebènda, S.392.

397) Vgl. Michelbach, R.: Probleme der Sanierung der Deutschen Bundesbahn

auch der Fall. Die Bahn würde der Netzgesellschaft eine fixe Gebühr zahlen und variable Wegeabgaben leisten, die den marginalen Kosten der Benutzung entsprächen. Geht man allerdings von einem Monopol im Betriebsbereich aus, läßt sich zeigen, daß Grenzkostenpreise u.U. nicht optimal sind. Vielmehr sind Konstellationen vorstellbar, in denen Preise unter den Grenzkosten unter gesamtwirtschaftlichem Aspekt günstiger abschneiden als solche, die den Marginalkosten entsprechen.[398]

Es ist also festzustellen, daß bei Anwendung traditioneller Konzepte darauf zu achten ist, welche Marktform für den Betriebsbereich relevant ist. Zwar entstehen bei einer rein rechnerischen Trennung kaum zusätzliche Koordinationskosten, es kann allerdings durch die Variabilisierung der Kosten des Wegebereichs bei der Bahn nicht unbedingt mit allokativen Verbesserungen gerechnet werden.[399]

Insgesamt gesehen erscheint der gesamtwirtschaftliche Nutzen einer rein rechnerischen Trennung eher gering zu sein. Im Vordergrund dürften dabei vor allem die Interessen der Deutschen Bundesbahn stehen, weniger dagegen die des (Schienen-) Verkehrs insgesamt. Der Bahn wird deshalb auch der Vorwurf gemacht, sie wolle sich durch eine derartige Trennung lediglich eines Teils ihrer Kosten entledigen, was bei einem Wegfall gemeinwirtschaftlicher Aufgaben bzw. einer konsequenten Einführung des Prinzips der speziellen Entgeltlichkeit nicht gerechtfertigt ist.[400]

---

durch die Änderung institutioneller Rahmenbedingungen, Frankfurt/M. 1984, S.355.

398) Dies läßt sich durch ein numerisches Beispiel recht einfach verdeutlichen (vgl. Anhang).

399) Im angeführten Beispiel (Anhang) würde der Übergang von der reinen Fixgebühr zu einem gespaltenen Tarif zwar eine Gewinnerhöhung für den Betriebsbereich, gleichzeitig aber einen gesamtwirtschaftlichen Wohlfahrtsverlust bedeuten. Würden die benutzungsabhängigen Wegebenutzungsabgaben einen hohen Anteil an den Gesamtkosten abdecken, käme es aufgrund der Kostenstruktur im Netzbereich zu erheblichen gesamtwirtschaftlichen Ineffizienzen.

400) Vgl. hierzu auch Willeke, R.: Trennung von Fahrweg und Betrieb - Ausweg oder Falle, in: Informationen aus dem Institut für Verkehrswissenschaft an der Universität zu Köln, 23.Jg., 1978, S.1.

b) Faktische Trennung von Netz und Betrieb - Wettbewerb im Netz

Neben den Vorschlägen zur rechnerischen Trennung werden auch solche zur faktischen Trennung vorgebracht, was bedeutet, daß eine institutionelle Trennung zwischen dem Netz und dem Betriebsbereich eingeführt wird. Diese Ansätze gehen in der Regel davon aus, daß im Bahnsektor als ganzes ein natürliches Monopol vorliegt, das zudem durch hohe versunkene Kosten gekennzeichnet ist. Implizit oder explizit wird unterstellt, daß die Sunk-cost-Problematik vor allem ein Kennzeichen des Infrastrukturbereichs darstellt, woraus die Forderung einer institutionellen Trennung der beiden Bereiche abgeleitet wird.[401] Eine Trennung würde demnach dazu führen, daß im Netzbereich weiterhin ein Regulierungsbedarf existieren würde. Wichtige Fragen, die in diesem Zusammenhang zu beantworten wären, sind die nach den Produktions- und Kostenverhältnissen und damit nach der (optimalen) Marktstruktur in einem vom Netz separierten Betriebsbereich. Dabei ist bei einer Trennung von Netz und Betrieb und einem Verkauf der Infrastrukturleistungen durch eine staatliche Netzgesellschaft darauf zu achten, daß die unterschiedlichen Preisstellungsmöglichkeiten des Netzmonopolisten letztlich die Faktorpreise bzw. die Kostenfunktionen beeinflussen und hierdurch die optimale Besetzungszahl des Betriebsbereichs mitbestimmt wird.[402] Auch wenn keine versunkenen Kosten vorliegen sollten, so wäre speziell für die Bundesrepublik zu klären, ob der Betriebsbereich ein natürliches Monopol darstellt. Notwendig sind hier empirische Untersuchungen über die entsprechenden Kostenstrukturen im Bahnbereich. Falls Kostenverhältnisse vorliegen sollten, die zu einem globalen natürlichen Monopol führen, tritt die Frage nach der Marktzutrittsresistenz dieses Monopols auf. Lägen die weiteren Voraussetzungen der Contestable-markets-Theorie vor[403] oder ließen sie sich relativ problemlos herbeiführen, dann könnte auf die Disziplinierungswirkung potentieller Konkurrenz vertraut werden. Diese Vorstellung stößt allerdings schon deshalb auf Probleme, da in diesem Fall (d.h. bei nur einem Verkehrsleistungsanbieter) der betrachtete Markt mit der Industrie identisch

---

401) Vgl. hierzu beispielsweise auch Bailey, E.E.: Contestability and the Design of Regulatory and Antitrust Policy, in: AER, vol.71, 1981, S.179f. und Baumol, W.J./ Panzar, J.C./ Willig, R.D.: Contestable Markets and the Theory of Industry Structure, 2.A., a.a.O, S.482f.

402) Vgl. ebenda, S.151ff.

403) Vgl. oben III.2.a).

wäre. Auch wenn für einzelne Verkehrsrelationen für die Anlagen bzw. Fahrzeuge des mobilen Betriebs keine Marktirreversibilität vorläge, wäre dieser Umstand bei nur einem Betreiber kein Vorteil, da hier Industrieirreversibilität vorliegen und so die Sunk-cost-Problematik doch wirksam werden würde und die Bedeutung potentieller Konkurrenz erheblich, wenn nicht vollständig eingeschränkt wäre.

(1) Verkauf von Infrastrukturleistungen an Betriebsgesellschaften

Diese Problematik der Industrieirreversibilität für den Fall eines Anbieters ließe sich vermeiden, wenn es mehrere bzw. eine Vielzahl von kleineren Anbietern im Markt für Schienenverkehrsleistungen gäbe. Dies widerspricht allerdings bei Vorliegen steigender Skalenerträge wiederum Kosteneffizienzüberlegungen. Ständen einer wettbewerblichen Organisation des Betriebsbereichs - einer Vielzahl von Bahnunternehmen - keine negativen Wirkungen hinsichtlich der Kosteneffizienz entgegen, kann man sich zunächst vorstellen, daß eine staatliche Netzgesellschaft Anbieter von Infrastrukturleistungen ist und eine Vielzahl von Verkehrsleistungsproduzenten diese Leistungen nachfragt. Hier ist zunächst an ein staatliches Monopol zu denken, das seine Leistungen über Ramsey-Preise an die Betriebsgesellschaften verkaufen würde. Ein Vorschlag, der auch bei Aberle/Weber für den Fall der rein rechnerischen Trennung in eine Netz- und eine staatliche Betriebsgesellschaft zumindest angesprochen, allerdings - jedenfalls in Reinform - nicht für realisierbar gehalten wird.[404] Auch für den Fall einer atomistisch strukturierten Nachfrage, die auf ihren Absatzmärkten nicht über monopolistische Preissetzungspielräume verfügt, wird die Anwendung von Ramsey-Preisen im Verkehrssektor kritisiert.[405] So kommt es bei einer Orientierung an den Nachfrageelastizitäten zu unterschiedlichen Tarifen im Raum, was regionalpolitischen Zielen in der Bundesrepublik widerspricht.[406] Insbesondere Randgebiete könnten hiervon negativ

404) Vgl. hierzu auch Seidenfus, H.St.: Der Wettbewerb zwischen öffentlichen und privaten Unternehmen - Die Deutsche Bundesbahn in einem gemeinsamen europäischen Verkehrsmarkt, in: ZfV, 60.Jg., 1989, S.79f.

405) Vgl. hierzu beispielweise Rothengatter, W.: Deregulation and the problem of capacity/price planning for the transport and communication infrastructure, in: Peschel, K. (Hrsg.): Infrastructure and the space-economy, Berlin u.a. 1990, S.235.

406) Vgl. hierzu Michelbach, R.: Probleme der Sanierung der Deutschen

betroffen sein. Regionale Verteilungsprobleme ließen sich allerdings durch eine Gewichtung der jeweils erzielten Konsumentenrenten und eine entsprechend modifizierte Berechnung der Infrastrukturpreise lösen. Probleme hinsichtlich der personellen Verteilung dürften sich im Güterverkehr aufgrund von Ramsey-Preisen dagegen nicht einstellen.

Allerdings werden die mit der Ramsey-Preisbildung verfolgten Effizienzziele dadurch konterkariert, daß für die einzelnen Relationen bzw. einzelne Zugverbindungen letztlich Monopolstellungen vorliegen würden und zwar trotz einer insgesamt hohen Zahl von Anbietern im gesamten Markt für Verkehrsleistungen. Eine Monopolpreisbildung in (einzelnen) Verkehrsleistungsmärkten bei gegebenen Wegebenutzungsabgaben läßt sich folglich zunächst nicht verhindern, was allokative Ineffizienzen zur Folge hat.

(2) Versteigerung von Infrastrukturleistungen an Betriebsgesellschaften

Um die Effizienz in diesem Bereich zu steigern, werden in der Literatur Versteigerungen vorgeschlagen. Derartige Verfahren haben eine lange Tradition; zu ersten Anwendungen im Verkehrsbereich kam es bereits zu Beginn des 19. Jahrhunderts. Der Gedanke des "Wettbewerbs um einen Markt" bei Unmöglichkeit von Wettbewerb im Markt, fand insbesondere durch Chadwick Eingang in die wirtschaftswissenschaftliche Literatur und wurde von Demsetz als mögliches Verfahren zur Lösung von Problemen natürlicher Monopole vorgeschlagen.[407]

Auch wenn man unterstellt, daß für den gesamten Schienenverkehr kein natürliches Monopol vorliegt, so tritt dieses Problem doch dann wieder zutage, wenn einzelne Strecken oder Zugverbindungen betrachtet werden.[408] So wird Versteigerungsverfahren in der verkehrswissenschaftlichen Literatur für den Fall einer Vielzahl von Betriebsgesellschaften von einigen Autoren ein hoher Stellenwert zugeschrieben. Derartige Verfahren im Eisenbahnverkehr werden beispielsweise von Bonus und von Laaser

Bundesbahn durch die Änderung institutioneller Rahmenbedingungen, a.a.O., S.354.

407) Vgl. Demsetz, H.: Why regulate utilities, a.a.O., S.57, Fußnote 7.

408) Vgl. hierzu auch die Ausführungen oben III.A.1.

vorgeschlagen[409] Insbesondere Laaser diskutiert die Möglichkeiten und Probleme von Wettbewerb im Netz durch Versteigerungsverfahren relativ ausführlich und kommt letztlich zu positiven Ergebnissen.[410]

Grundsätzlich kann festgestellt werden, daß Versteigerungen dann gravierende Schwierigkeiten aufwerfen, wenn ein Markteintritt mit versunkenen Kosten verbunden ist. Werden die Rechte lediglich für relativ kurze Perioden vergeben, käme es u.U. aufgrund eines zu hohen Risikos erst gar nicht zu Markteintritten. Bei intertemporalen Kosteninterdependenzen treten weiterhin Asymmetrien zwischen etablierten Unternehmen und Neulingen (neuen Bietern) auf, die das Verfahren ineffizient werden lassen und Probleme aufwerfen, wie sie bereits im Zusammenhang mit Markteintrittsbarrieren angesprochen wurden. Märkte mit langlebigen Anlagegütern, die einen hohen Anteil versunkener Kosten aufweisen, erfordern demnach längere Laufzeiten für die Lizenzen, wodurch allerdings ein Großteil der Vorteile des Verfahrens verlorengeht. Zudem treten im Falle langer Laufzeiten Schwierigkeiten insofern auf, als zum Versteigerungstermin nicht allen zukünftigen Ereignissen Rechnung getragen werden kann. Somit muß es zwangsläufig während der Laufzeit der Konzession zu permanenten Verhandlungen und Vertragsanpassungen kommen, was mit bedeutsamen Koordinations- und Transaktionskosten verbunden ist.[411] Unterstellt man allerdings die Nichtexistenz versunkener Kosten, was entscheidend vom Umfang des relevanten Marktes abhängt, entfallen einige der angesprochenen Punkte. Trotzdem gilt nach wie vor, daß die Betreiber über Monopolpositionen innerhalb des relevanten Zeitraums verfügen werden.

Wichtig für die Ergebnisse ist in jedem Fall die Art und Weise, mit der

---

409) Vgl. Laaser, C.-F.: Möglichkeiten der Deregulierung des Schienenverkehrs der Deutschen Bundesbahn: Die Option des Wettbewerbs im Schienennetz, Kieler Arbeitspapiere, Nr. 314, Kiel 1988 und Bonus, H.: Mehr Markt im Verkehrswesen!, in: Giersch, H., (Hrsg.): Wie es zu schaffen ist - Agenda für die Deutsche Wirtschaftspolitik, 2.A., Stuttgart 1983, S.225.

410) Vgl. Laaser, C.-F.: Möglichkeiten der Deregulierung des Schienenverkehrs der Deutschen Bundesbahn: Die Option des Wettbewerbs im Schienennetz, a.a.O.; S.72-91 bzw. ders.: Wettbewerb im Verkehrswesen, Tübingen 1991, S.293-312.

411) Vgl. hierzu Schmalensee, R.: The Control of Natural Monopolies, Lexington/ Mass., S. 79 und Müller, J./ Vogelsang, I.: Staatliche Regulierung, a.a.O., S.188f.

Konzessionen vergeben werden. Eine Möglichkeit ist, daß derjenige den Zuschlag erhält, der das höchste Gebot macht, beispielsweise in Form einer über die variablen Benutzungskosten hinausgehenden Fixgebühr.[412] Unterstellt man, daß die Betriebsgesellschaft in jedem Fall die variablen Kosten zu tragen hat und daß sie nach dem Zuschlag alleiniger Anbieter auf der betreffenden Relation ist, kann davon ausgegangen werden, daß die Gesellschaft für die Verkehrsleistungen den Monopolpreis setzen wird. Der daraus resultierende Gewinn fließt dann bei Wettbewerb um das Nutzungsrecht vollständig an die Netzgesellschaft. Bei diesem Verfahren, bei dem letztlich maximale Preise für die Infrastrukturleistungen gezahlt werden, stellt sich allerdings die Frage, warum nicht gleich einem privaten, unregulierten Monopolisten die Betreibung des vertikal integrierten Schienensektors überlassen werden sollte. Zwar führen die Monopolgewinne der staatlichen Netzgesellschaft - bei Konstanz der Staatsausgaben - zu einer Reduktion der sonstigen Besteuerung bzw. des Subventionsbedarfs; das gleiche Ergebnis ließe sich jedoch auch durch die Auferlegung einer fixen Steuer auf ein privates Monopolunternehmen erreichen. Insgesamt handelt es sich somit um ein allokativ ineffizientes Verfahren, das allerdings "starke Anreize zu technischer Effizienz" besitzt.[413]

Folgt man nun allerdings nicht dem Vorschlag, dem Höchstbietenden den Zuschlag zu geben, sondern beispielsweise demjenigen, der den geringsten Preis für die Verkehrsleistungen fordert, so treten wiederum Probleme auf. Der Höchstgebotsvorschlag hat nämlich den Vorteil, daß bei einem knappen Angebot an Fahrplantrassen, die Vergabe nach der Dringlichkeit, sprich nach der Zahlungsbereitschaft der Nachfrager erfolgen würde.[414] Erhält also derjenige den Zuschlag, der den geringsten Preis fordert, würde sich somit u.U. eine nicht an den Nachfragerpräferenzen orientierte Organisation des Schienenverkehrs einstellen.

---

412) Von einer derartigen Vorstellung gehen bspw. Laaser und Bonus aus; vgl. Laaser, C.-F.: Möglichkeiten der Deregulierung des Schienenverkehrs der Deutschen Bundesbahn: Die Option des Wettbewerbs im Schienennetz, a.a.O., S.74 und Bonus, H.: Mehr Markt im Verkehrwesen!, a.a.O., S.225.

413) Kruse, J.: Ökonomie der Monopolregulierung, a.a.O., S.348.

414) Laaser, C.-F.: Möglichkeiten der Deregulierung des Schienenverkehrs der Deutschen Bundesbahn: Die Option des Wettbewerbs im Schienennetz, a.a.O., S.74.

Neben den mit dem Versteigerungsmodus verbundenen Problemen weist Laaser selbst noch auf einige Hindernisse hin. So wäre eine neutrale staatliche Netzgesellschaft unabdingbar. Fraglich wäre, ob sich diese Gesellschaft gegenüber einer ebenfalls staatlichen Betriebsgesellschaft ebenso verhielte wie gegenüber privaten Wettbewerbern.[415] Hier müßte wiederum mit Asymmetrien gerechnet werden, die sich nur durch einen vollständig privat organisierten Betriebsbereich vermeiden lassen. Dem stehen allerdings momentan noch verfassungsrechtliche Begrenzungen bzw. das öffentliche Dienstrecht entgegen. Gegen eine Vielzahl privater Wettbewerber sprechen, wenn nicht kosten- bzw. transaktionskostentheoretische Überlegungen, so doch existierende, bereits oben angesprochene Nachfragekomplementaritäten.[416] Letztlich wäre auch bei Versteigerungsverfahren eine Regulierung des Betriebsbereichs in Form von Qualitäts- und Preisvorschriften notwendig. Insgesamt gesehen dürfte sich der Vorschlag einer nach Fahrplantrassen differenzierten (regelmäßigen) Versteigerung für den Schienenverkehr als wenig sinnvoll erweisen.[417]

Vielmehr scheint es realistisch zu sein, auch für die absehbare Zukunft von einem einzigen Anbieter von Schienenverkehrsleistungen oder doch zumindest von einem marktmächtigen (öffentlichen) Unternehmen in der Bundesrepublik auszugehen. Dabei ist es unter der Voraussetzung einer effizienten Regulierung zweitrangig, ob dieses "Monopol"unternehmen mit dem Netzbereich vertikal integriert ist oder nicht.[418]

Im folgenden soll deshalb die Brauchbarkeit der bereits oben angesprochenen Anreizmechanismen für ein derartiges (Monopol-) Unternehmen diskutiert werden. Dabei wird unterstellt, daß sich das Unternehmen gewinnmaximierend verhält und wohlfahrtsoptimale Ergebnisse staatlicherseits

---

[415]) Vgl. ebenda, S.72 und Seidenfus, H.St.: Wettbewerb zwischen privaten und öffentlichen Unternehmen - Die Deutsche Bundesbahn in einem gemeinsamen europäischen Verkehrsmarkt, a.a.O., S.82.

[416]) Vgl. hierzu oben (III.A.1.) und Laaser, C.-F.: Wettbewerb im Verkehrswesen, a.a.O., S.301ff.

[417]) Zu einer ähnlichen Beurteilung kommt auch Kruse, J.: Ökonomie der Monopolregulierung, a.a.O., S.388.

[418]) Unabhängig von der Frage einer faktischen Trennung von Netz und Betrieb müssen in jedem Fall effiziente Verfahren eines offenen Netzzugangs eingeführt werden, die eine Gleichbehandlung der DB und von (potentiellen) Konkurrenten bei der Netznutzung in Wettbewerbsbereichen garantieren.

angestrebt werden. Die Problematik gemeinwirtschaftlicher Aufgaben wird hier dadurch gelöst, daß der Staat, der bestimmte Gruppen oder Regionen unterstützen will, diesen entweder direkt finanzielle Mittel zukommen läßt oder für entsprechende Leistungen als Nachfrager auftritt.

c) Veränderter Regulierungsbedarf als Folge einer Liberalisierung des Schienenverkehrsmarktes

Trennt man unwirtschaftliche Teile des Netzes vom potentiell rentablen Stammnetz ab - wie etwa in Schweden - und befreit man das Bahnunternehmen von weiteren gemeinwirtschaftlichen Auflagen, so dürften Diskussionen über Bahndefizite überflüssig werden. Dies bedeutet allerdings nicht, daß staatliche Eingriffe hinfällig würden. Ein solches Unternehmen würde zumindest auf Teilmärkten über monopolistische Preissetzungsspielräume verfügen, deren Ausnutzung durch (neue) Regulierungsmaßnahmen verhindert werden müßte. Bleibt das Unternehmen in öffentlicher Hand, könnten Probleme hinsichtlich der Motivation der betrieblichen Entscheidungsträger auftreten, was u.U. zu einer Substitution von Betriebsgewinnen durch X-Ineffizienzen führen könnte. In jedem Fall müßten Maßnahmen ergriffen werden, um Kosten- oder allokative Ineffizienzen zu vermeiden. Hier bieten sich die oben angesprochenen Anreizmechanismen an, die modifiziert bereits in die Regulierungspraxis - allerdings des Telekommunikationsbereichs - Eingang gefunden haben.

Auch für den bundesdeutschen Telekommunikationsmarkt bzw. die Deutsche Bundespost TELEKOM wird die Übernahme derartiger Verfahren, so etwa das der price cap regulation vorgeschlagen. Wie bereits oben dargestellt, handelt es sich dabei um Arten der Preisniveauregulierung, die gegenüber der Gewinnregulierung und der Beeinflussung der Preisstruktur Vorteile aufweisen.[419]

In jedem Fall sollte nicht nur über mögliche Deregulierungsschritte nachgedacht werden, sondern es müssen simultan optimale Regulierungsverfahren entwickelt werden. Ob die Preisniveauregulierung für den Verkehrs- bzw. den Schienensektor geeignet wäre, ist noch zu klären; in jedem

---

419) Vgl. hierzu auch die Ausführungen zum Vogelsang-Finsinger-Mechanismus (IV.B.2.b)).

Fall weist sie eine Reihe von Eigenschaften auf, die das Auftreten von Mißständen, wie sie heute vorhanden sind, eher unwahrscheinlich werden lassen.

(1) Second-Best-Regulierung unter Berücksichtigung des Güterkraftverkehrs

Bereits oben wurde gezeigt, daß ein völlig unregulierter Verkehrsmarkt u.U. ineffiziente Ergebnisse hervorbringt, jedenfalls bei statischer Betrachtung.[420] Die von Braeutigam aufgezeigte Alternative einer vollständigen Regulierung (totally regulated second best) scheitert an einem zu großen Informationsaufwand bzw. entsprechend hohen Kosten.[421] Bei diesem Ansatz müßte nicht nur der steigende Skalenerträge aufweisende Bahnbereich, sondern auch der Güterkraftverkehr reguliert werden, da im Second-best-Optimum die Preise im Güterkraftverkehr die Grenzkosten übersteigen. Interessant am Ergebnis Braeutigams ist die Übereinstimmung mit der bisherigen Regulierung des Güterverkehrsmarktes (der Bundesrepublik). Diese Form der Regulierung weist, wie gezeigt, in der Praxis allerdings erhebliche Probleme auf, wobei hier wieder Informationsdefizite bzw. -asymmetrien, aber auch unklare Zielvorgaben des Politikbereichs zu nennen sind.

Eine Alternative zur vollständigen Regulierung besteht darin, daß in den wettbewerblich organisierbaren Straßengüterverkehrsmarkt nicht eingegriffen wird und unter der Markträumungsbedingung im Güterkraftverkehr optimale Eisenbahntarife gesetzt werden. Die Anwendung dieses Verfahrens würde für eine weitgehende Deregulierung des Straßengüterverkehrs sorgen. Allerdings würden Anreizprobleme im Schienenverkehr weiterbestehen. So kann nicht davon ausgegangen werden, daß im Bahnbereich ohne weitere Maßnahmen kosteneffizient produziert wird.

Wird der Schienenverkehrsmarkt in Teile zerlegt bzw. von einer Reihe von Unternehmen bedient, reduzieren sich die Informationsprobleme, und die Anwendung einer partiellen Regulierung wäre realisierbar. Fraglich wäre

---

420) Vgl. hierzu die Ausführungen zum Modell von Braeutigam (III.C.4.).

421) Vgl. auch Schmalensee, R.: The Control of Natural Monopolies, a.a.O., S.30.

dann allerdings, ob im Schienenverkehr mit einer insgesamt kosteneffizienten Produktionsweise gerechnet werden könnte. Alternativ zum Vorschlag Braeutigams könnte für den Bahnbereich auch an die bisher in den Vereinigten Staaten weitverbreitete Rate-of-return-Regulierung gedacht werden.

(2) Gewinn- oder Preisniveauregulierung als Alternativen staatlicher Regulierung von Eisenbahnmonopolen?

(a) Probleme einer Rate-of-return-Regulierung

Bei einem Wegfall gemeinwirtschaftlicher Auflagen tritt die reine Monopolkontrolle im Bahnbereich in den Vordergrund. Dabei ist im Fall der Zulassung intramodalen Wettbewerbs und einer weitgehenden Deregulierung der Substitutionskonkurrenz damit zu rechnen, daß ein oder mehrere Bahnunternehmen jeweils sowohl Monopolbereiche als auch Wettbewerbsmärkte bedienen. In diesem Zusammenhang stellt sich dann z.B. die Frage nach den Wirkungen einer Rate-of-return-Regulierung auf die Marktergebnissse im Monopol- und im Wettbewerbsmarkt. Es kann nun gezeigt werden, daß eine Rate-of-return-Regulierung nur sehr eingeschränkt in der Lage ist, die wichtigsten Regulierungsziele zu erreichen.[422] Dabei wird angenommen, daß die staatliche Autorität bzw. Behörde versucht, durch die Regulierung das Gemeinwohl zu erhöhen. Die etwa von der Bürokratietheorie bzw. der positiven Regulierungstheorie vorgetragenen Argumente bzw. Hypothesen über das Verhalten von Bürokraten bzw. Mitgliedern von Regulierungskommissionen werden der Einfachheit halber ignoriert.[423]

Eine grundlegende Analyse der Rate-of-return-Regulierung stammt von Averch und Johnson, die zu dem Ergebnis gelangten, daß ein unter einer Rentabilitätsbeschränkung arbeitender (gewinnmaximierender) Monopolist den Kapitaleinsatz übermäßig erhöht und somit ineffizient arbeitet (Averch-

---

[422]) Entsprechende Ziele sind bspw. ein effizienter Faktoreinsatz, Kostendeckung, effiziente Güterpreisstrukturen, optimale Innovations- und Diversifikationsraten. Vgl. hierzu bspw. Hillman, J.J./ Braeutigam, R.R.: Price level regulation for diversified public utilities, Boston 1989, S.8f.

[423]) Vgl. hierzu Müller, J./ Vogelsang, I.: Staatliche Regulierung, a.a.O., Kapitel 5.

Johnson-Effekt).[424] Dies resultiert daraus, daß dem Unternehmen bei der Rate-of-return-Regulierung eine bestimmte "faire" Rendite zugestanden wird, deren absolute Größe allerdings vom Unternehmen z.B. über die Manipulation des Kapitaleinsatzes beeinflußt werden kann, denn es gilt die Beziehung:

Erlaubte Rendite = (Gewinn + Kapitalkosten)/ Kapitaleinsatz

was umgeformt werden kann zu:

Gewinn = (Erlaubte Rendite - Verzinsung) x Kapitaleinsatz.[425]

Hieraus ist ableitbar, daß es zum sogenannten Averch-Johnson-Effekt, d.h. zu einem übermäßigen bzw. ineffizienten Kapitaleinsatz nur dann kommen kann, wenn die erlaubte Rendite größer ist als der Zins für das eingesetzte Kapital. Kann von derartigen Inputverzerrungen ausgegangen werden, so würde dies im kapitalintensiven Bahnbereich gravierende Probleme aufwerfen. Auf derartige Schwierigkeiten wies bereits Ende des letzten Jahrhunderts Adolph Wagner hin, der die Problematik einer Rentabilitätsregulierung privater Eisenbahnunternehmen als Argument für die Einführung bzw. Beibehaltung von Staatsbahnen anführte. Entsprechende staatliche Regulierungen privater Unternehmen waren Bestandteil sowohl der preußischen, österreichischen als auch englischen Eisenbahngesetzgebung.[426] Wagner stellte bzgl. des § 38 des preußischen Eisenbahngesetzes von 1838, der eine Tarifreduktion für den Fall einer Rendite von mehr als zehn Prozent des eingesetzten Kapitals vorsah, fest:[427] "Diese Vorschrift kann zur Ausdehnung des Unternehmens nöthigen, was immerhin eine gute Folge ist, aber erreicht ihren eigentl. Zweck schwerlich. Durch eine richtige Vertheilung des Anlagekap. auf Actien und Prioritäten lässt sich für die Actionäre eine viel höhere Dividende als 10% erlangen, wie so viele preuss.

---

424) Vgl. hierzu Averch, H./ Johnson, L.: Behavior of the firm under regulatory constraint, in: AER, vol. 52, 1962, S.1052-1069.

425) Vgl. Bös, D.: Public Enterprise Economics, Amsterdam 1986, S.205. "Such a profit constraint evidently differs from a "neutral" constraint π^o because of its asymmetric treatment of the inputs."; ebenda, S.205. Hier handelt es sich um den erlaubten maximalen Gewinn.

426) Vgl. Wagner, A.: Finanzwissenschaft, Erster Theil, 3.A., a.a.O., S.688.

427) Vgl. hierzu auch oben (IV.C.2.).

Privatbahnen zeigen, ohne daß eine Tarifreduction nach obiger Bestimmung nöthig wird."[428]

Ein weiteres Problem der Rate-of-return-Regulierung wurde von Westfield hervorgehoben. Westfield konnte zeigen, daß durch die Rentabilitätsregulierung für die regulierte Unternehmung ein Anreiz entstehen kann, überhöhte Faktorpreise für Kapitalgüter zu akzeptieren, da dies möglicherweise nicht zu einer Verschlechterung, sondern sogar zu einer Verbesserung ihrer Gewinnsituation führen kann.[429]

Von erheblicher Bedeutung sind auch die durch die Rentabilitätsregulierung induzierten Verzerrungen hinsichtlich der Preisbildung bei zeitlich schwankender Nachfrage. Effizient ist in diesem Fall eine zeitliche Preisdifferenzierung, die von den Nachfragern in der Spitzenlastzeit hohe und von den Nachfragern in der Schwachlastphase niedrige Preise verlangt. Auf diese Weise kann im Normalfall die für die Versorgungssicherheit notwendige Kapazität reduziert werden. Durch die Rate-of-return-Regulierung kommt es nun zu einem völlig verkehrten Ergebnis, denn für das regulierte Unternehmen bestehen Anreize, gerade in der Peak-Phase niedrige und in der Off-peak-Phase hohe Preise zu verlangen. Niedrige Preise in der Hauptnachfragezeit erhöhen den Kapitalbedarf und damit wiederum die Bezugsgröße der Rentabilitätsregulierung. Hierdurch werden die Gewinnmöglichkeiten erhöht, die dann mit hohen Preisen in der Schwachlastphase auch realisiert werden können.[430] Gleiches gilt natürlich wiederum für die Preisstellung bei unpaariger Verkehrsnachfrage. Auch hier besteht ein Anreiz, relativ niedrige Preise für den Verkehr in der stark frequentierten Richtung und relativ hohe Tarife für den Verkehr in der wenig befahrenen Richtung zu verlangen, um die Kapitalbasis zu erhöhen.

---

428) Wagner, A.: Finanzwissenschaft, Erster Theil, 3.A., a.a.O., S.688. Auf durch die Rentabilitätsregulierung induzierte Ineffizienzen weist auch Alberty hin, der schreibt: "Der 10 Proz. übersteigende Gewinn konnte durch gut bezahlte Aufsichtsratsstellen für die Hauptaktionäre, durch Gehaltserhöhungen, durch anderweitige Kapitalinvestierungen und dergl. mehr verbraucht werden."; Alberty, M.: Der Übergang zum Staatsbahnsystem in Preußen, a.a.O., S.168.

429) Vgl. Westfield, F.M.: Regulation and Conspiracy, in: AER, vol.55, 1965, S.424f.

430) Vgl. Sherman, R.: The regulation of monopoly, Cambridge u.a. 1989, S.201f. und S.241f.

Inwiefern das Verfahren positiv oder negativ auf die Innovationstätigkeit im regulierten Bereich einwirkt, hängt von seiner jeweiligen Ausgestaltung ab. Werden Kostenreduktionen aufgrund eines Regulierungslags erst nach einer bestimmten Zeitspanne registriert, bestehen Anreize zu kostensparenden technischen Neuerungen, wobei es für das Unternehmen in der Regel sinnvoll sein wird, technischen Fortschritt sukzessive einzuführen, um hieraus einen möglichst hohen Gewinn ziehen zu können.[431]

Wie bereits angesprochen, ist bei einer weitgehenden Deregulierung im Bahnbereich damit zu rechnen, daß das oder die Unternehmen auf einer Vielzahl von wettbewerblichen Märkten agieren, auf denen dann eigentlich keine Eingriffe notwendig sind. Andererseits muß davon ausgegangen werden, daß der Straßengüterverkehr z.B. bei den Massengütern keinen wirksamen Konkurrenzdruck entfalten kann und somit die Gefahr besteht, daß die Verlader in diesem Bereich vor zu hohen Bahntarifen geschützt werden müssen. Dies gilt zumindest für die Relationen, auf denen die Binnenschiffahrt nicht anbieten kann. Aber auch im intramodalen Wettbewerb kann bei Realisierung der für den Bahnbereich geforderten verschiedenen Deregulierungsmaßnahmen davon ausgegangen werden, daß neben wettbewerblichen Märkten Monopolmärkte, etwa im Zubringerverkehr, bestehen bleiben, für die dann (nach Wegfall der gemeinwirtschaftlichen Auflagen) Regulierungsbedarf besteht.

Sind Unternehmen in wettbewerblichen und in Monopolbereichen tätig, wirft dies für die Regulierungsbehörde Probleme insbesondere dann auf, wenn Verbundvorteile gegeben sind und die Gemeinkosten relativ bedeutsam sind. Eine Regulierung im Wettbewerbsbereich ist dann nicht nötig, wenn ohnehin nur Grenzkostenpreise verlangt werden können. Staatliche Eingriffe können sich folglich auf den Monopolbereich beschränken. Da hier allerdings Grundlage wieder die Kosten sind, wirft die Gemeinkostenproblematik besondere Schwierigkeiten auf. Je nachdem, welcher Anteil an den Gemeinkosten vom Regulierungsbereich getragen wird, ergeben sich unterschiedliche Preissetzungsmöglichkeiten. Die Gemeinkosten können nun im Rahmen verschiedener Verfahren auf die einzelnen Leistungen verteilt werden, so etwa entsprechend der Relation der Einzelkosten oder der jeweiligen Produktionsmengen. Möglich ist auch eine Verteilung entsprechend dem

431) Vgl. ebenda, S.202.

Verhältnis der Erlöse der verschiedenen Leistungen.[432] Diese Vollkostenverfahren sind willkürlich, letztlich allerdings auch notwendig, wenn eine Regulierung an den Kosten ansetzen will.

---

432) Formal lassen sich die verschiedenen Verfahren wie folgt darstellen:

1) $f(y_1,y_2) = y_1/(y_1+y_2)$

2) $f(y_1,y_2) = c^1/(c^1+c^2)$

3) $f(y_1,y_2) = R^1(y_1)/(R^1(y_1)+R^2(y_2))$.

Dabei ist $f(y_1,y_2)$ eine Allokationsfunktion, die einen Wert zwischen 0 und 1 annimmt. y_1 ist die im Monopolbereich produzierte Leistung, y_2 die Produktionsmenge des Wettbewerbsbereichs. c^1 sind die entsprechenden Einzelkosten, R^1 die jeweiligen Erlöse. Vgl. Braeutigam, R.R./ Panzar, J.C.: Diversification incentives under "price-based" and "cost-based" regulation, in: RAND, vol.20, 1989, S.377.

Kommen Rentabilitätsregulierungen, die zugleich ein "Fully-attributed-cost-Verfahren" beinhalten, zur Anwendung, resultieren hieraus Ineffizienzen insbesondere hinsichtlich des Modal Split. Braeutigam und Panzar unterstellen in einem Modell, anders als Averch und Johnson, eine Rentabilitätsregulierung, die lediglich eine normale Verzinsung des eingesetzten Kapitals zuläßt.[433] Wird das Bahnunternehmen nur in seinem Monopolbereich einer Regulierung unterworfen, wird es in Wettbewerbsmärkten, auf denen es die Rolle eines Preisnehmers innehat, nur unteroptimale Mengen anbieten, denn in diesem Fall gilt es für die gewinnmaximierende Unternehmung folgende Funktion zu maximieren:[434]

$$L = R^1(y_1) + p_2^* \, y_2 - F - c^1(y_1) - c^2(y_2)$$

$$+ \mu \, [f(y_1,y_2)F + c^1(y_1) - R^1(y_1)]$$

Hieraus ergibt sich als Bedingung erster Ordnung bei Differentiation nach y_2:

$$L_2 = p_2^* - c^2_2 + \mu \, (f'_2 F)$$

$$\Leftrightarrow p_2^* - c^2_2 = - \mu \, f'_2 \, F$$

$$\Leftrightarrow p_2^* + \mu \, f'_2 \, F = c^2_2 \text{ , wobei } \mu \, f'_2 \, F < 0 \text{ ist.}$$

---

433) Vgl. ebenda, S.377.

434) Vgl. hierzu ebenda, S.380. $R^1(y_1)$ ist dabei wieder der Erlös des Unternehmens im Monopolbereich, $p_2^* y_2$ der des Wettbewerbsbereichs, wobei der Preis p_2^* vom regulierten Unternehmen als Datum zu akzeptieren ist. F sind die nicht direkt zurechenbaren Kosten, $c^i(y_i)$ sind die jeweils direkt zurechenbaren Einzelkosten, wobei für den Wettbewerbsbereich im Optimum gelten soll, daß die zweite partielle Ableitung der Kostenfunktion größer gleich null ist. μ ist ein nicht-negativer Lagrangemultiplikator und $f(y_1,y_2)$ ist die Allokationsfunktion, die einen Wert annimmmt, der dem Gemeinkostenanteil des Monopolbereichs entspricht. Dabei wird angenommen, daß die partielle Ableitung der Allokationsfunktion nach y_2 negativ ist, was bedeutet, daß der dem Monopolbereich zugerechnete Gemeinkostenanteil mit zunehmendem y_2 abnimmt.

Die regulierte Unternehmung wird also in einem unregulierten Wettbewerbsbereich die Absatzmenge so wählen, daß gilt: $p_2^* - c^2_2 > 0$. Der Marktzutritt erfolgt somit mit einer suboptimalen Menge.

Wird das Modell dahingehend modifiziert, daß ein weiterer Wettbewerbsmarkt eingeführt wird, der allerdings ebenfalls der Rate-of-return-Regulierung unterliegt, so läßt sich zeigen, daß die regulierte Unternehmung in diesem Markt in der Regel eine zu große Menge und auf dem nicht in die Regulierung einbezogenen Markt wiederum eine zu niedrige Menge zum jeweiligen Wettbewerbspreis anbieten wird.[435]

Im der Regulierung unterworfenen Wettbewerbsbereich I wird somit eine Menge produziert, bei der der Preis über den Grenzkosten liegt, im freien Wettbewerbsbereich II dagegen eine Menge, bei der die Grenzkosten den Wettbewerbspreis übersteigen.

Rate-of-return-Regulierung		unreguliert
Monopolbereich	Wettbewerbs-aktivität I $p > MC$	Wettbewerbs-aktivität II $p < MC$

Übersicht 5: Rate-of-return-Regulierung und Modal Split.

Die vorliegenden Modelle von Braeutigam und Panzar verdeutlichen somit, daß die Rate-of-return-Regulierung zu Modal-Split-Verzerrungen führt und zwar auch dann, wenn die Annahme des Averch-Johnson-Modells, nämlich, daß die erlaubte Rendite über den Kapitalkosten liegt, aufgehoben wird.

Insgesamt kann festgehalten werden, daß die lange Zeit insbesondere in den Vereinigten Staaten vorherrschende Rate-of-return-Regulierung eine ganze Reihe von Schwachstellen aufwirft und sie nicht zuletzt aufgrund ihrer wettbewerbsverzerrenden Wirkungen im Bahnbereich nicht zum Einsatz kommen sollte.

---

435) Vgl. ebenda, S.386f.

(b) Margentarife für die Eisenbahn in Monopolbereichen

Aufgrund der Probleme, die mit der Ramsey-Preis-Regulierung oder mit einer auf Vollkostenverfahren beruhenden Rate-of-return-Regulierung verbunden sind, wurden "einfachere" Regulierungsverfahren insbesondere für Märkte vorgeschlagen, die auch nach einer weitgehenden Deregulierung Monopolstellungen bzw. Wettbewerbsprobleme erwarten lassen.[436] Berücksichtigt man zunächst das Verhältnis zwischen dem betreffenden Unternehmen und seinen Kunden, muß auf Märkten mit geringem Wettbewerbsdruck dafür gesorgt werden, daß die Preise nicht unzulässig hoch gesetzt werden. Als Beurteilungsmaßstab wurde hier der sogenannte Stand-alone-Kostentest vorgeschlagen, wodurch sichergestellt werden soll, daß die Kunden für die Leistung nicht mehr zu zahlen haben, als sie für ein unter Wettbewerbsbedingungen angebotenes Güterbündel zu zahlen hätten.[437] Die Stand-alone-Kosten (SAC) können dabei wie folgt definiert werden: "The stand alone cost of serving any buyer or group of buyers whose bundle of purchases is the vector y, is the total cost that would be incurred if the suppliers of y were to produce it without simultanously producing any other items or additional quanitities of any of the commodities included in y."[438] Alternativ hierzu können Stand-alone-Kosten auch definiert werden als diejenigen Kosten, die der betreffenden Kundengruppe entstünden, würde sie die Gütermenge bzw. das Güterbündel selbst produzieren. Die Stand-alone-Kosten können in Abhängigkeit von der gewählten Definition in ihrer Höhe beträchtlich schwanken. Produziert die regulierte Unternehmung ineffizient, können die Kosten der Eigenfertigung durch die betreffende Kundengruppe niedriger liegen. Verfügt die Unternehmung dagegen über eine besonders kostengünstige Produktionstechnik oder hat ausschließlich sie Zugang zu bestimmten Ressourcen bzw. Produktionsfaktoren, weichen die Stand-alone-Kosten wiederum stark von denen der betreffenden Kundengruppe bzw. von denen potentieller Konkurrenten ab.[439] Sinnvollerweise werden im Rahmen

---

436) Vgl. Baumol, W.J.: Minimum and Maximum Pricing Principles for Residual Regulation, in: Danielsen, A.L./ Kamerschen, D.R. (Hrsg.): Current Issues in Public-Utility Economics, Lexington/ Mass. 1983, S.177.

437) Vgl. Willig, R.D./ Baumol, W.J.: Using Competition as a Guide, in: Regulation, vol.11, 1987, S.29.

438) Baumol, W.J.: Superfairness, 2. Druck, Cambridge/Mass. 1987, S.121f.

439) Vgl. Baumol, W.J.: Minimum and Maximum Pricing Principles for Residual Regulation, a.a.O., S.189.

der Regulierung die jeweils niedrigeren Stand-alone-Kosten verwendet bzw. der Preisregulierung zugrundegelegt.[440] Durch die Einführung des Stand-alone-Kostentests können angreifbare Märkte (contestable markets) bzw. deren Ergebnisse auch für den Schienenverkehr quasi simuliert werden.[441] Denn wird der Stand-alone-Kostentest für irgendeine Outputkombination bzw. -menge nicht erfüllt, käme es bei Vorliegen der Voraussetzungen angreifbarer Märkte zu Eintritten von Konkurrenzunternehmen. Preise bzw. Erlöse, die den Stand-alone-Kosten entsprechen, sind somit die Preise, die auch bei wirksamer potentieller Konkurrenz erwartet werden könnten.

Wird unterstellt, daß die regulierte Unternehmung gerade Kostendeckung erreicht und wird für alle möglichen Outputkombinationen das Stand-alone-Kriterium erfüllt, wird zudem auch dem Zusatzkostenkriterium (incremental cost test) entsprochen, das verlangt, daß jedes Produkt und jede Outputkombination der Unternehmung die durch sie verursachten zusätzlichen Kosten trägt.[442] Wird dem Zusatzkostentest entsprochen, ist sichergestellt, daß keine Quersubventionierung vorliegt, was insbesondere unter Wettbewerbsaspekten, aber auch unter Fairneßgesichtspunkten relevant ist. Als Margenuntergrenze werden durch das Zusatzkostenkriterium folglich Preise verlangt, die mindestens den durchschnittlichen inkrementalen Kosten entsprechen.[443] Werden also von der Unternehmung beispielsweise die beiden Güter i und j produziert, für die gilt: $SAC_i = a$ und $SAC_j = b$ sowie $SAC_{i+j} = c < a+b$, dann beträgt der Mindestpreis für i also c−b und der Mindestpreis für j somit c−a. Zusätzlich muß der Zusatzkostentest natürlich noch auf i+j angewendet werden, d.h. der Test ist nur erfüllt, wenn gleichzeitig gilt, daß die Preise für die beiden Güter Erlöse induzieren, die zusammengenommen größer oder gleich c sind.[444]

---

440) Vgl. Interstate Commerce Commission: Ex parte No. 347 (Sub-No.1), Coal Rate Guidelines, Nationwide, Decided August 8, 1985, o.O., S.542.

441) Vgl. ebenda, S. 528f.

442) Vgl. Baumol, W.J.: Superfairness, a.a.O., S. 116 und Zajac, E.E.: Fairness or Efficiency, Cambridge/ Mass. 1978, S.89.

443) Vgl. Baumol, W.J.: Minimum and Maximum Pricing Principles for Residual Regulation, a.a.O., S.184.

444) Strenggenommen muß beim Zusatzkostentest weiter differenziert werden und zwar dann, wenn zwischen den verschiedenen Gütern Nachfrageinterdependenzen existieren; vgl. bspw. Mitchell, B.M./ Vogelsang, I.: Theory of Telecommunications Pricing, (WIK Diskussionsbeitrag Nr. 65), Bad Honnef 1991, S.121.

Die dargestellte Margenpreisregulierung wird in den Vereinigten Staaten im Schienenverkehr angewendet (constrained market pricing).[445] Die Unternehmen können dabei die Preisstruktur auf Märkten mit geringem Wettbewerb innerhalb der Grenzen, die durch die jeweiligen Zusatzkosten und Stand-alone-Kosten gesetzt sind, frei bestimmen.[446] Auf Wettbewerbsmärkten sind die Preise dagegen völlig unreguliert. Beim constrained market pricing dürfte es sich um eine vergleichsweise praktikable Form der Regulierung handeln. Dies gilt insbesondere für Bereiche, in denen die Produktvielfalt nicht allzu groß wird und somit die Tests noch halbwegs handhabbar bleiben.

(c) Price-cap-Regulierung in Monopolbereichen - RPI-X-Verfahren als Alternative für den Schienenverkehr

Im Zuge der Privatisierung von British Telecom wurde 1984 auf Vorschlag von Littlechild ein Regulierungssystem eingeführt, das als RPI-X-Methode bezeichnet werden kann.[447] Das Verfahren weist eine starke Ähnlichkeit mit dem zuvor von Vogelsang und Finsinger entwickelten Anreizmechanismus auf.[448] Erfahrungen wurden bisher vor allem im Telekommunikationsbereich in Großbritannien gemacht, allerdings hat sich mittlerweile auch die amerikanische FCC (Federal Communication Commission) für einen Ersatz ihrer Rate-of-return-Regulierung durch einen Price-cap-Mechanismus entschieden.[449] Versuche, den Ansatz auch auf den Verkehrsbereich

---

445) Vgl. Interstate Commerce Commission: Ex parte No. 347 (Sub-No.1), Coal Rate Guidelines, Nationwide, Decided August 8, 1985, o.O., S.523ff. und Willig, R.D./ Baumol, W.J.: Using Competition as a Guide, a.a.O., S.34f.

446) Vgl. Mitchell, B.M./ Vogelsang, I.: Theory of Telecommunications Pricing, a.a.O., S.146f.

447) Vgl. Littlechild, St.C.: Regulation of British Telecommuniations' Profitability, a.a.O.; RPI steht für Retailer Price Index.

448) Vgl. oben Kapitel IV.B.2.b).

449) Vgl. hierzu auch Vogelsang, I.: Price cap regulation of telecommunications services: A long-run approach, a.a.O., S.21. Price caps lassen sich dabei durch die folgenden Eigenschaften beschreiben:

"1) The regulator directly sets a ceiling for prices to be charged by the regulated firm. The firm may choose prices below the ceiling.
2) Price ceilings are defined for baskets of services offered by the regulated firm. They can be expressed as price indices for these baskets - and different ceilings may apply to each basket.

anzuwenden, sind bisher nicht bekannt, scheinen allerdings grundsätzlich ebenso realisierbar zu sein, zumal der Schienenverkehr ökonomisch betrachtet starke Parallelen zum Telekommunikationsbereich aufweist. Wie in diesem Sektor, wird auch im Eisenbahnverkehr die Notwendigkeit staatlicher Eingriffe bestehen bleiben und zwar unabhängig davon, in welcher Form versucht wird, Wettbewerb einzuführen. Dies resultiert aus den Merkmalen der Schieneninfrastruktur, aber auch aus den Aufgaben, die diesem Bereich zugeschrieben werden.[450] Geht man wieder von der von verschiedener Seite geforderten Privatisierung der Bahn aus, so liegt ein Fall vor, der dem von British Telecom vor der Privatisierung 1984 relativ ähnlich ist.[451]

i) Darstellung des Verfahrens

In einem vom Department of Industry in Auftrag gegebenen Gutachten untersuchte Littlechild verschiedene institutionelle Ausgestaltungen der Regulierung von British Telecom in bezug auf das folgende Zielsystem:

"(a) preventing the use of a dominant market position to exploit consumers;
(b) encouraging efficient and innovative telecommunications systems;
(c) ensuring the maximization of net proceeds from the sale (on particular regulatory and profit assumptions);

---

3) These price indices are adjusted periodically by a preannounced adjustment factor that is exogenous to the regulated firm.
4) In longer intervals of several years, the adjustment factors, baskets, and weighting schemes for the indices are reviewed and possibly changed."; Acton, J.P./ Vogelsang, I.: Introduction, in: RAND, vol.20, 1989, S.370.

450) Weizsäcker stellt für den Telekommunikationsektor fest, "daß es utopisch und illusionär wäre zu meinen, daß der Wettbewerb in diesem sehr großen Markt angesichts der zu erwartenden großen Komplexitäten auf der institutionellen Seite ohne einen sehr wesentlichen Regulierungsbedarf auskäme." : Weizsäcker, C.Ch. v.: Möglichkeiten und Grenzen des Wettbewerbs in der Telekommunikation, in: Neu, W./ Neumann, K.-H.: Die Zukunft der Telekommunikation in Europa, Berlin u.a. 1989, S.29f. Gleiches gilt aus denselben Gründen für den Verkehrs- bzw. Schienenverkehrsbereich.

451) Vgl. hierzu auch Müller, J.: Möglichkeiten der Privatisierung im Bereich der Deutschen Bundesbahn, a.a.O., S.341.

(d) facilitating the successful operation of BT plc as a commercial organization after flotation,.."[452]

Dieses Zielsystem könnte auch einer Privatisierung des Schienenverkehrs in der Bundesrepublik zugrundegelegt werden und zwar dann, wenn lediglich auf den "betriebswirtschaftlich optimalen" Kernbereich abgestellt wird, d.h. volkswirtschaftliche Aufgaben vom Unternehmen nicht oder gegen entsprechendes Entgelt erfüllt werden. Bei einem von Littlechild angestellten Vergleich verschiedener Regulierungsverfahren schnitt die von einer interministeriellen Arbeitsgruppe präferierte Rate-of-return-Regulierung relativ schlecht ab. Gleiches gilt für einen auf Walters zurückgehenden Vorschlag, der eine absatzabhängige Besteuerung vorsieht mit dem Ziel, das Unternehmen anzureizen, die Preise in Monopolbereichen gegenüber einer Situation ohne Regulierung zu senken um damit die Menge zu vergrößern. Eine knappe Übersicht über das Gesamtergebnis der Untersuchung gibt die folgende Tabelle:[453]

452) Littlechild, St.C.: Regulation of British Telecommuniations' Profitability, Report to The Secretary of State, Department of Industry, a.a.O., S.V.

453) Vgl. ebenda, S.2. MRR steht dabei für Maximum Rate of Return und ORPL ist die Abkürzung für die Output-Related Profits Levy von Walters. Das "Local Tariff Reduction Scheme" ist identisch mit dem RPI-X-Verfahren. Den einzelnen Verfahren wurden bzgl. der Erreichung der in der Übersicht angegebenen Ziele Rangplätze zugewiesen.

	Working Group MRR	ORPL	Profit Ceiling	Local Tariff Reduction
Protection against Monopoly	3	2	4	1
Efficiency and Innovation	3	3	2	1
Burden of Regulation	4	3	2	1
Promotion of Competition	4	3	1	1
Proceeds and Prospects	3	4	2	1

Übersicht 6: Vergleich unterschiedlicher Regulierungsverfahren

Zentrales Element der Regulierung von British Telecom ist die Vorschrift, daß für die Dauer von vier bis fünf Jahren die Preise eines vorher spezifizierten Güterkorbes des Unternehmens pro Jahr im Durchschnitt um nicht mehr zunehmen dürfen als ein vorgegebener Index. Leistungen, die im Wettbewerb angeboten werden, sind nicht der Regulierung unterworfen bzw. sind nicht im Güterkorb enthalten. BT darf sein Preisniveau (für den Güterkorb) entsprechend der Veränderung des retail price index (RPI) verändern. Zusätzlich wurde allerdings dem Umstand Rechnung getragen, daß die Produktivität im Zeitverlauf nicht konstant bleibt, sondern daß mit

Produktivitätsfortschritten im jeweiligen Sektor zu rechnen ist.[454] Entsprechend dürfen die Preise im Schnitt um RPI-X verändert werden. Bei einem Wert von X = 3 und einer Inflationsrate von 5% dürfen die Preise folglich um durchschnittlich 2% angehoben werden.

Die Preisregulierung läßt sich auch wie folgt darstellen:[455]

$$\Sigma p_i^1 q_i^0 / \Sigma p_i^0 q_i^0 \leq (RPI^1/RPI^0) - X$$

Bei konstantem Preisindex ergibt sich also die Vorschrift:

$$\Sigma p_i^1 q_i^0 / \Sigma p_i^0 q_i^0 \leq 1 - X$$

Die Regulierungsvorschrift des Vogelsang-Finsinger-Mechanismus läßt sich zum Vergleich schreiben als:

$$\Sigma p_i^1 q_i^0 / \Sigma p_i^0 q_i^0 \leq 1 - \pi^0 / \Sigma p_i^0 q_i^0$$

ii) Wirkungsweise der Price-cap-Regulierung

Die Price-cap-Regulierung bietet eine Reihe von Vorteilen. Zunächst einmal verursacht das Verfahren einen relativ geringen Regulierungsaufwand, nicht zuletzt aufgrund der Tatsache, daß existierende Informationsasymmetrien nicht bzw. kaum zur Geltung kommen. Informationen über Mengen und Preise sowie über die Unternehmensgewinne sind relativ leicht beschaffbar. Beim RPI-X-Verfahren wird des weiteren, anders als beim ur-

---

454) Vgl. hierzu auch Beesley, M.E./ Littlechild, St.C.: The regulation of privatized monopolies in the United Kingdom, in: RAND. vol.20, 1989, S.455.

455) Vgl. Bradley, I./ Price, C.: The economic regulation of private industries by price constraints, in: JIE, vol.37, 1988, S.101; RPI^j (j=0,1) sind dabei die Absolutwerte des Preisindex in den Perioden 0 bzw. 1. Die hochgestellten Zahlen beziehen sich also auf die jeweilige Periode, die tiefgestellten Indizes bezeichnen das jeweilige Gut. π^0 ist der Gewinn der Periode 0. "If profits are at an 'acceptable' level and if X is set to reflect an overall cost-saving ability through improvements in managerial or technological efficiency then the RPI-X tariff basket approach is exactly equivalent to the Vogelsang and Finsinger algorithm."; ebenda, S.101.

sprünglichen Vogelsang-Finsinger-Mechanismus dem Umstand Rechnung getragen, daß sich die Kosten- und Nachfragesituation des Unternehmens im Zeitverlauf ändert. So werden sich allgemeine Kostensteigerungen in der Veränderung des Verbraucherpreisindex zumindest teilweise widerspiegeln. Hier ist die Wahl des für die betreffende Branche relevanten Index besonders wichtig. Je nach der Struktur der eingesetzten Faktoren schwankt die Geeignetheit verschiedener Indizes. Für die Bahn müßte also geprüft werden, welcher Index Faktorpreisänderungen im Schienenverkehr relativ gut abbildet; dies hängt seinerseits auch von der Ausgestaltung der Privatisierung bzw. der institutionellen Neuordnung des Unternehmens ab, so etwa davon, ob die Bediensteten weiterhin in einem (quasi-) öffentlich rechtlichen Dienstverhältnis stehen. Neben einer hohen positiven Korrelation muß hier auch auf die Absolutwerte geachtet werden, die unter Umständen Korrekturen erforderlich machen.[456]

Der RPI-X-Ansatz trägt auch dem Einwand Rechnung, der Vogelsang-Finsinger-Mechanismus würde es für die regulierte Unternehmung lohnend scheinen lassen, in der Anfangsperiode ineffizient zu arbeiten, um hierdurch in späteren Perioden höhere Gewinne erzielen zu können. Durch die relativ lange Regulierungsperiode werden die zusätzlichen Aufwendungen, die durch die Ineffizienzen bewußt in Kauf genommen werden, erst viel später zu einer Lockerung der Regulierungsrestriktion bzw. Modifikation der Regulierungsformel führen. Bei gegebener interner Zinsrate der Unternehmung wird somit der Anreiz, nicht kostenminimierend zu arbeiten, durch den relativ großen Regulierungslag abgeschwächt, der zugleich zu innovativem Verhalten anspornt.[457] Problematisch im Vergleich zur Rate-of-return-Regulierung ist allerdings der Umstand, daß die Price-cap-Regulierung das Risiko von Investitionen in kostensparenden technischen

---

456) Vgl. hierzu auch Heuermann, A./ Neu, W.: Ein Regulierungsrahmen für das Unternehmen Deutsche Bundespost Telekom, (WIK Diskussionsbeitrag Nr.43), Bad Honnef 1988, S.15ff. Vogelsang weist in diesem Zusammenhang auf die Notwendigkeit hin, gravierende Kostenveränderungen nicht erst am Ende der Regulierungsperiode, sondern sofort zu berücksichtigen, wobei hier allerdings zu unterscheiden ist in Kosten- bzw. Faktorpreisänderungen, die die Unternehmung selbst beeinflussen kann und solche, die für sie exogen bestimmt werden; vgl. Vogelsang, I.: Price cap regulation of telecommunications services: A long-run approach, a.a.O., S.28ff.

457) Vgl. ebenda, S.25.

Fortschritt dadurch erhöht, daß diese Kosten, wenn überhaupt, nur mit Zeitverzögerung berücksichtigt werden.[458] Dagegen kann gezeigt werden, daß die Price-cap-Regulierung unter bestimmten Annahmen bzw. bei entsprechender Ausgestaltung, wie der Vogelsang-Finsinger-Mechanismus, allerdings auch in einer realistischeren Umgebung als letzterer langfristig gegen Ramsey-Preise konvergiert.[459] Durch die Abkoppelung der Kosten von der Preisregulierung, besteht für die Unternehmen kein Anreiz mehr zu ineffizientem Faktoreinsatz oder zu Kostenmanipulationen. Zudem entfällt für den Regulierer die Notwendigkeit, mit Hilfe willkürlicher Verfahren eine Verteilung von Gemeinkosten vorzunehmen.[460]

Wesentlich für die Geeignetheit der Price-cap-Regulierung für den Schienenverkehr sind ihre Eigenschaften, wenn es sich bei den regulierten Unternehmen um solche handelt, die nur auf Teilmärkten über Monopolmacht verfügen, auf anderen dagegen im Wettbewerb stehen bzw. sich im Extremfall als Mengenanpasser verhalten müssen. Gerade für solche Konstellationen weist die Rentabilitätsregulierung erhebliche Schwächen auf. Bei Anwendung der Preisniveauregulierung in Monopolbereichen gibt es dagegen keinen Grund für die Unternehmen, in wettbewerbliche Märkte mit anderen als den optimalen Mengen einzutreten, d.h. die Unternehmung würde ihre Mengen so wählen, daß die Grenzkosten dem jeweiligen Preis entsprächen.[461] Durch die Price-cap-Regulierung kommt es somit nicht zu Modal-Split-Verzerrungen.[462]

---

458) Vgl. hierzu Hillman, J.J./ Braeutigam, R.R.: Price level regulation for diversified public utilities, a.a.O., S.42. Vgl. hierzu auch Cabral, L.M.B./ Riordan, M.H.: Incentives for cost reduction under price cap regulation, in: JRE, vol.1, 1989, S.93-102. Cabral/ Riordan kommen allerdings zu dem Ergebnis, daß die Price-cap-Regulierung größere Anreize als die Rate-of-return-Regulierung für kostensenkende Investitionen bietet; ebenda, S.99.

459) Vgl. hierzu auch Neu, W.: A theoretical look at price capping mechanisms: Some clarifications and one recommendation, a.a.O., S.16f.

460) Vgl. Hillman, J.J./ Braeutigam, R.R.: Price level regulation for diversified public utilities, a.a.O., S.63ff.

461) Vgl. Braeutigam, R.R./ Panzar, J.C.: Diversification incentives under "price-based" and "cost-based" regulation, a.a.O., S.388.

462) Dies gilt allerdings nur, wenn die regulierte Unternehmung auf unregulierten Märkten als Mengenanpasser auftreten muß. In anderen Fällen, also etwa bei oligopolistischem Wettbewerb, müßte dagegen mit Quersubventionierungen und Verdrängungswettbewerb gerechnet werden. Letzteres gilt insbesondere dann, wenn die Preisniveaurestriktion im regulierten Bereich nicht allzu eng ist.

Die Regulierung der Bahn bzw. des Schienenverkehrs könnte sich somit auf Monopolbereiche beschränken. Notwendig und sinnvoll erscheint in diesem Zusammenhang die Einführung einer eigenen Regulierungsbehörde nach amerikanischem oder britischem Muster. Aufgabe der Behörde wäre die Überwachung der Preisregulierung sowie die Qualitätssicherung. So schlagen Vickers und Yarrow (für British Telecom) die Berücksichtigung eines Qualitätsfaktors in der Regulierungsformel vor, die allerdings die Konstruktion eines Qualitätsindex erforderlich macht. Die Nichteinhaltung der qualitativen Anforderungen würde dann zu einer Reduktion des Preissetzungsspielraums führen.[463] Auch die in längeren Abschnitten vorzunehmenden Anpassungen der Regulierungsformel, wie etwa die Modifikation des verwendeten Preisindex oder die Revision des Produktivitätsabschlages, wären Aufgaben, die sinnvollerweise von einer unabhängigen und mit weitgehenden Informationsrechten ausgestatteten Regulierungskommission durchzuführen wären.

Eine institutionelle Trennung von Netz und Betrieb würde intramodalen Wettbewerb ermöglichen und somit die Anzahl der zu regulierenden Märkte im Schienenverkehr reduzieren bzw. den der Preisniveauregulierung unterworfenen Bereich verkleinern. Diesen Vorteilen (Preiseffizienz, reduzierter Regulierungsbedarf) stünden allerdings Zuwächse an Transaktions- und Produktionskosten gegenüber. Bliebe es bei der (faktischen) vertikalen Integration, müßten adäquate Regelungen über die Infrastrukturnutzung durch Dritte aufgestellt werden, die Wettbewerbsverzerrungen verhindern. Die weisungsunabhängige Regulierungsbehörde hätte dann die Einhaltung der Regelungen zu überprüfen. Das hier angesprochene Regulierungsverfahren setzt implizit voraus, daß sich die betrieblichen Entscheidungsträger gewinnmaximierend verhalten, was in öffentlichen Unternehmen aufgrund fehlender Anreize häufig nicht der Fall ist. Folglich müßte parallel zur Einführung der price cap regulation eine Privatisierung bzw. Umwandlung der Bahn in eine Aktiengesellschaft durchgeführt werden.[464] Vickers und

463) Vgl. Vickers, J./ Yarrow, G.: Privatization: An Economic Analysis, 3. Druck, Cambridge/Mass. 1989, S.228f.

464) Allerdings bleibt auch hier ein Principal-agent-Problem zwischen Aktionären und Managern bestehen. Zur Notwendigkeit der Installation von Anreizmechanismen auch in privaten Kapitalgesellschaften vgl. Wenger, E.: Managementanreize und Kapitalallokation, in: Boettcher, E./ Herder-Dorneich, Ph./ Schenk, K.-E.: JNPÖ, 6. Bd., 1987, S.217-240.

Yarrow weisen darauf hin, daß bei einer Privatisierung, die den Verkauf von Aktien an Private vorsieht, der Verkaufserlös durch die angekündigten Regulierungsvorschriften beeinflußt werden kann und somit eine für das zu privatisierende Unternehmen vorteilhafte, gesamtwirtschaftlich allerdings wenig sinnvolle, institutionelle Umgebung geschaffen wird.[465] Bei einer Umwandlung in eine private Rechtsform sollten jedoch in jedem Fall Effizienzaspekte und nicht Finanzierungsüberlegungen im Vordergrund stehen.

---

465) Vgl. Vickers, J./ Yarrow, G.: Privatization: An Economic Analysis, a.a.O., S.235f.

3. Liberalisierung des Güterfernverkehrs

a) Deregulierung auf EG-Ebene

(1) Harmonisierung als notwendige Voraussetzung einer effizienzerhöhenden Liberalisierung auf EG-Ebene

Die ursprüngliche Marktordnung des internationalen Güterkraftverkehrs innerhalb der Europäischen Gemeinschaft, die aus Preis- und Marktzutrittsregulierungen für den grenzüberschreitenden Verkehr und dem Kabotageverbot für ausländische Fahrzeuge bestand, wurde bereits weitgehend gelockert, jedenfalls was den grenzüberschreitenden Verkehr betrifft. Die Preise sind mittlerweile völlig unreguliert und die Kontingente wurden bzw. werden drastisch erhöht, so daß für Transporteure aus EG-Mitgliedsstaaten bis zum 1.1.1993 ein völlig deregulierter Markt vorliegen wird. Die möglichen Wirkungen der Liberalisierung werden allerdings in der Diskussion teilweise stark dramatisiert, und zwar insbesondere unter Verweis auf die zentrale Lage der Bundesrepublik. Mit einer starken Zunahme des Güterverkehrs ist in jedem Fall zu rechnen (plus 40% im Zeitraum 1984 - 2000 im grenzüberschreitenden Verkehr), allerdings liegen die Ursachen hierfür größtenteils nicht im Bereich der Marktordnungspolitik.[466] Vielmehr wird es insbesondere aufgrund der Weiterentwicklung des Gemeinsamen Marktes sowie der politischen Umwälzungen in Osteuropa und der Vereinigung der beiden deutschen Staaten zu großen Steigerungen im Außenhandel der europäischen Staaten kommen, wodurch notwendigerweise die Transportnachfrage steigen wird.[467] Die Zunahme des reinen Transitverkehrs dürfte dagegen, wie bisher, für die nationale Infrastrukturbelastung vergleichsweise ohne größere Bedeutung bleiben.

Die Zunahme des grenzüberschreitenden Verkehrs steigert die Bedeutung der Frage nach Wettbewerbsverzerrungen im europäischen Güterkraftverkehr. Hier wird vom Deutschen Verkehrsgewerbe insbesondere auf die erheblichen Unterschiede in der Belastung der Unternehmen mit Kraftfahrzeugsteuern,

---

466) Vgl. hierzu Lutzky, N.: EG-Binnenmarkt und Entwicklung der Verkehrsnachfrage, a.a.O., S.39f.

467) Vgl. hierzu beispielsweise das Gutachten von Rothengatter, W. u.a.: Szenario zur Verkehrsentwicklung mit der DDR und mit Osteuropa, Karlsruhe u.a. 1990, S.13.

aber auch mit Mineralölsteuern und Straßenbenutzungsabgaben hingewiesen und ein Junktim zwischen Harmonisierung und Liberalisierung gefordert. Die Unterschiede in der Abgabenbelastung innerhalb der ECMT-Mitgliedsländer lassen sich durch die folgende Abbildung veranschaulichen:[468]

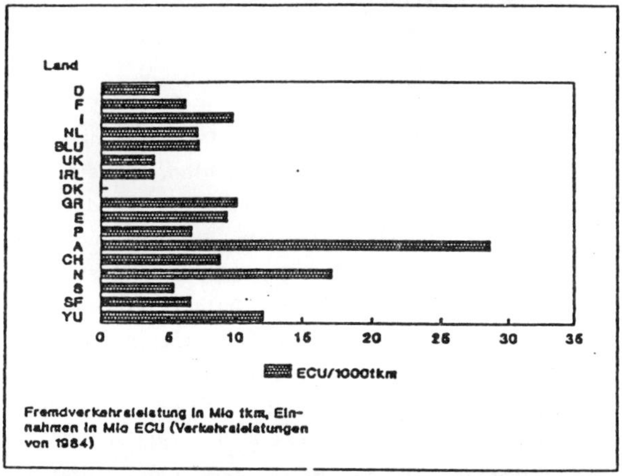

Abb. 23: Territoriale Abgaben des ausländischen Straßengüterverkehrs auf dem Gebiet von ECMT-Ländern 1986

Wie aus der Graphik deutlich wird, sind die Differenzen teilweise so erheblich, daß durchaus von Wettbewerbsverzerrungen gesprochen werden kann, die sinnvollerweise durch entsprechende fiskalische Harmonisierungsmaßnahmen zu beseitigen sind.[469] Die Notwendigkeit dieser Maßnahmen resultiert nicht aus der beschlossenen Liberalisierung des europäischen Güterverkehrs, sondern vielmehr aus der Zunahme des grenzüberschreitenden Verkehrs.

---

468) Die der Graphik zugrundeliegenden Zahlenwerte wurden übernommen aus Cerwenka, P.: Abgabenbilanzen im internationalen Straßengüterverkehr der E.C.M.T.- Mitgliedsländer, in: ZfV, 60.Jg., 1989, S.311.

469) Vgl. hierzu auch Aberle, G.: Harmonisierung und Lenkung - Facetten der deutschen und der EG-Straßengüterverkehrspolitik in den 90er Jahren, in: ZfV, 60.Jg., 1989, S.61.

Während die Harmonisierung im Bereich der Abgaben Probleme bereitet, sind entsprechende Maßnahmen im sozialen und im technischen Bereich bereits durchgeführt worden, die sich etwa auf eine Vereinheitlichung der (zulässigen) Maße und Gewichte sowie auf Lenk- und Ruhezeiten des fahrenden Personals beziehen.[470]

Als Mittel zur Harmonisierung im fiskalischen Bereich wird von verschiedener Seite die Einführung des sog. Territorialitätsprinzips gefordert, das zur Folge hat, daß Lastkraftwagen dort bezahlen, wo sie die Verkehrsinfrastruktur auch nutzen. Dies ließe sich beispielsweise durch eine Mineralölbesteuerung nur dann lösen, wenn die Einfuhr von Dieseltreibstoff verboten würde, was einen erheblichen Kontrollaufwand zur Folge hätte und entsprechend ineffizient wäre. Die gegenwärtigen EG-Regelungen erlauben die Einfuhr von Mengen zwischen 200 bis 600 Litern, so daß insbesondere unter Berücksichtigung der noch existierenden Unterschiede in der Höhe der Mineralölbesteuerung beim Transit oder beim einfachen grenzüberschreitenden Verkehr häufig keine Mineralölsteuer und damit kein Entgelt für die Infrastrukturnutzung in dem Land anfällt, in dem die Verkehrsleistungen produziert werden.[471] Kfz-Steuern beziehen sich (heute) lediglich auf einheimische Fahrzeuge und führen somit ebenfalls nicht zu Zahlungen durch die ausländischen Transporteure. Schließlich bleiben Straßenbenutzungsgebühren, die eine Anwendungsform des Territorialitätsprinzips darstellen, allerdings in der EG nur dann zum Einsatz kommen dürfen, wenn es hierdurch nicht zur Diskriminierung von Ausländern kommt. Dies ist auch die Begründung für die Ablehnung der bundesdeutschen Straßenbenutzungsgebühr, die zwar eine einheitliche Behandlung aller Transporteure aus EG-Ländern vorsah, gleichzeitig aber eine erhebliche Reduktion der Kfz-Steuer in der Bundesrepublik ermöglichen

---

470) Vgl. hierzu beispielsweise Jannott, D.: Die Reichweite der Dienstleistungsfreiheit im Güterkraftverkehr der EG, Baden-Baden 1991 (zugleich Diss. Göttingen 1990), S.45f.

471) Allerdings existieren Vorschläge der EG-Kommission, die auf eine Verringerung der Unterschiede in der Höhe der Besteuerung abzielen. Vgl. hierzu Kommission der Europäischen Gemeinschaften: Vorschlag für eine Richtlinie des Rates zur Festsetzung bestimmter Sätze bzw. Zielsätze der Verbrauchsteuer auf Mineralöle, (91/C 66/08), KOM(91) 43 endg., in: Amtsblatt der Europäischen Gemeinschaften, Nr.C 66/14. Hiernach sollten ab Januar 1993 die Verbrauchsteuersätze für Dieselkraftstoff auf eine Spanne von 245 bis 270 ECU je 1000 Liter festgelegt werden.

sollte.

Trotz der Ablehnung der deutschen Straßenbenutzungsgebühr sind solche Abgaben bei EG-weiter Anwendung sinnvoll, jedenfalls bei geeigneter Erhebung. Technologische Fortschritte könnten hier in nächster Zeit für eine effiziente Gebührenerhebung sorgen. So werden LKW's bereits heute satellitenüberwacht und sind somit für die jeweilige Spedition sofort lokalisierbar. Entsprechend müßten lediglich die Fahrleistungen aufgezeichnet werden. Eine Gebührenerhebung ist bei einer entsprechenden Ausstattung der Fahrzeuge dann völlig problemlos. Ähnliches gilt für weitere etwa im Drive-Programm der EG untersuchte Verfahren, wie dem Einsatz moderner Fahrtenschreiber oder automatischen Fahrzeugerkennungssystemen.[472] Durch solche Verfahren würde es letztlich möglich, eine Anlastung der Wegekosten entsprechend den verursachten Grenzkosten vorzunehmen, vorausgesetzt, letztere könnten einigermaßen exakt ermittelt werden. Der Einsatz derartiger Verfahren könnte, wenn man nur den internationalen Güterfernverkehr betrachtet, auf die Fernstraßen bzw. Bundesautobahnen beschränkt bleiben, da Fernverkehr fast ausschließlich auf diesen Straßenkategorien abgewickelt wird. Zusätzlich zum nutzungsabhängigen Preis könnte eine fixe Eintrittsgebühr zur Anwendung kommen, die allerdings in ihrer Höhe unterschiedlich ausfallen müßte, und zwar je nachdem, an wievielen Tagen oder Wochen eine Benutzung geplant ist; letzteres wäre notwendig, um die Diskriminierung ausländischer Unternehmen zu vermeiden.[473] Durch die marginalen Abgaben und die Eintrittsgebühren könnte dann Kostendeckung angestrebt werden, wieder unter der Voraussetzung, daß sich die Wegekosten ermitteln lassen. Neben der reinen Wegebenutzungsabgabe ließe sich bei einer elektronischen Erfassung der Fahrleistungen auch die Problematik externer Effekte im grenzüberschreitenden Verkehr in den Griff bekommen.[474]

---

472) Vgl. Kommission der Europäischen Gemeinschaften: Mitteilung der Kommission an den Rat: Anwendung des Territorialitätsprinzips zur Anlastung der Wegekosten an schwere Nutzfahrzeuge, KOM (88) 683 endg. vom 6.12.1988, Brüssel 1988, S.4f.

473) Vgl. hierzu Ewers, H.-J.: Vignette, Maut und Emissionsabgabe, in: FAZ, Nr. 40 vom 16.2.1991, S.13.

474) Auf kürzere Frist dürften allerdings lediglich pauschale Berechnungs- und Gebührenerhebungsmethoden auf EG-Ebene durchführbar bzw. durchsetzbar sein. Für relativ schnell realisierbar hält die EG-Kommission etwa ein Verfahren, bei dem nationale Zulassungsbehörden Plaketten an Unternehmen vergeben, die im Aus-

(2) Kabotageproblematik und nationale Verkehrsmarktordnung

Im Zuge der institutionellen Neugestaltung des europäischen Verkehrsmarktes werden zwei Arten des Kabotageverkehrs diskutiert, nämlich zum einen die Anschlußkabotage und zum anderen die Regelkabotage. Dabei versteht man unter der Anschlußkabotageregelung die Möglichkeit für Ausländer, im Anschluß an einen grenzüberschreitenden Transport eine (oder mehrere) Transportleistungen innerhalb eines fremden Landes zu erbringen.[475] Die Regelkabotage ermöglicht dagegen zunächst die freie Betätigung von fremden Transporteuren innerhalb eines Landes, ohne daß zuvor ein grenzüberschreitender Transport durchgeführt werden muß.[476] Sowohl die ein- oder zweifache Anschluß- als auch die Regelkabotage würden zum weitgehenden Zusammenbruch der nationalen Marktordnung führen, würden nicht verschiedene Restriktionen bestehen bleiben. So haben sich ausländische Unternehmen an die nationalen Tarifvorschriften zu halten und können somit einheimische Unternehmen nicht unterbieten. Bei der Regelkabotage muß zur Aufrechterhaltung der nationalen Marktordnung sichergestellt sein, daß ausländischen Unternehmen entweder nur ein begrenztes Kontingent zur Verfügung gestellt wird oder daß diese sich wie deutsche Unternehmen um Konzessionen bewerben müssen.[477]

Entsprechend wurde eine Übergangsregelung mit der "Verordnung (EWG) Nr. 4059/89 des Rates" geschaffen.[478] Danach dürfen solche Unternehmen

---

land Tranporte durchführen wollen. Die Preise würden sich dabei nach der Zahl der Fahrten oder nach der Gültigkeitsdauer richten. Die Einnahmen könnten dann dem jeweiligen Land, in dem der Verkehr durchgeführt wird, zufließen. Alternativ hierzu könnten nach Meinung der Kommission die Mittel auch für Verkehrsinfrastrukturprojekte von gemeinschaftsweiter Bedeutung verwendet werden, vgl. Kommission der Europäischen Gemeinschaften: Mitteilung der Kommission an den Rat: Anwendung des Territorialitätsprinzips zur Anlastung der Wegekosten an schwere Nutzfahrzeuge, a.a.O., S.5ff.

475) Vgl. Wissenschaftlicher Beirat beim Bundesministerium für Verkehr - Gruppe Verkehrswirtschaft -: Kabotage im Straßengüterverkehr, in: ZfV, 61.Jg., 1990, S.7.

476) Vgl. ebenda, S.9.

477) Vgl. Jannott, D.: Die Reichweite der Dienstleistungsfreiheit im Güterkraftverkehr der EG, a.a.O., S.134f.

478) Vgl. Verordnung (EWG) Nr. 4059/89 des Rates vom 21.Dezember 1989 zur Festlegung der Bedingungen für die Zulassung von

aus EG-Mitgliedsländern Kabotageverkehr betreiben, die in ihren Heimatländern zum grenzüberschreitenden Verkehr zugelassen sind (Art. 1). Insgesamt wurden zunächst 15000 Kabotagegenehmigungen mit je zweimonatiger Gültigkeit geschaffen, wovon zunächst gut zweitausend auf die Bundesrepublik entfielen (Art. 2).

Die Verordnung verpflichtet die zur Kabotage zugelassenen Unternehmen, sich insbesondere an etwaigen Preisvorschriften des jeweiligen "Aufnahmemitgliedsstaates" zu halten (Art. 5) und ermöglicht regulierende Eingriffe, falls sich die Kabotagefahrten in einem Land zu stark häufen.

Zwar stellt die vom Rat erlassene Verordnung eine Übergangsregelung dar, eine effiziente endgültige Kabotageregelung ist allerdings nicht in Sicht, solange die nationalen Marktordnungen aufrechterhalten werden.[479] Durch die jetzige Regelung besteht für ausländische Unternehmen die Möglichkeit, innerhalb der Bundesrepublik Transporte durchzuführen, ohne daß vorher grenzüberschreitender Verkehr abgewickelt werden muß. Die Regelung dürfte allerdings keine Auswirkungen auf das nationale Preisniveau haben, da sich die Tarife ohnehin an der Margenuntergrenze bewegen. Folglich kann nicht nur mit positiven Wirkungen gerechnet werden, denn der Möglichkeit der Reduzierung von Leerfahrten im Anschluß an grenzüberschreitende Verkehre steht eine Kapazitätserhöhung im nationalen Verkehr gegenüber, die lediglich den Auslastungsgrad der eingesetzten LKW reduziert. Dieser Nachteil wäre bei Anwendung einer Anschlußkabotage nicht entstanden. Hierbei würden allerdings Kontrollprobleme insofern auftreten, als zu prüfen wäre, ob tatsächlich der Kabotagefahrt ein "sinnvoller" grenzüberschreitender Transportvorgang vorausgegangen ist.[480]

Verkehrsunternehmen zum Güterkraftverkehr innerhalb eines Mitgliedstaats, in dem sie nicht ansässig sind, a.a.O., Nr. L 390/4. Nach der jüngsten Erhöhung verfügt die Bundesrepublik Deutschland über 2 387 Kabotagegenehmigungen bei einer Gesamtzahl von 16 834; vgl. o.V.: Kontingent wurde erhöht, in: DVZ, 45.Jg., Nr. 60 vom 21.5.1991, S.1.

479) Aberle, G.: Deregulierung des Verkehrsmarktes - Szenarien aus deutscher Sicht, in: VDA (Hrsg.): Initiative '92, Vollendung des europäischen Binnenmarktes im Verkehrssektor, Frankfurt/M. 1989, S.21f.

480) Vgl. Wissenschaftlicher Beirat beim Bundesministerium für Verkehr - Gruppe Verkehrswirtschaft -: Kabotage im Straßengüterverkehr, a.a.O., S.13. Bei der Anschlußkabotage kann allerdings das Problem auftreten, daß Ausländer fast unbeladen ("Kabotage-Kiste")

Durch das relativ hohe deutsche Frachtniveau muß in jedem Fall mit einer Zunahme ausländischer LKW gerechnet werden, ohne daß dies Effizienzsteigerungen mit sich brächte; vielmehr treten zusätzliche Probleme insofern auf, als deutsche Unternehmen, die nicht im Besitz von Fernverkehrsgenehmigungen sind, schlechtergestellt werden als ausländische Transporteure, was einen Fall von Inländerdiskriminierung darstellen dürfte.[481]

(3) Wirkungen der Deregulierung auf EG-Ebene

Bei der Abschätzung der Wirkungen der Aufhebung der Kontingentierung im grenzüberschreitenden Verkehr und der Einräumung beschränkter Kabotagemöglichkeiten sind potentielle Reaktionen der nationalen Marktordnungspolitik ebenso zu berücksichtigen wie mögliche Harmonisierungsmaßnahmen. Dementsprechend wurden im Rahmen verschiedener Prognosen über die Wirkungen der EG-Liberalisierung unterschiedliche Szenarien entwickelt. Die von Seidenfus u.a. untersuchten Alternativen lassen sich durch die folgende Übersicht darstellen:[482]

---

einfahren und somit ebenfalls die Effizienz des Gesamtsystems reduzieren; vgl. Aberle, G.: Deregulierung des Verkehrsmarktes - Szenarien aus deutscher Sicht, a.a.O., S.22.

481) Vgl. ebenda, S.22.

482) Vgl. hierzu Seidenfus, H.St.: Der europäische Verkehrsmarkt nach 1992, in WD, 68.Jg., 1988, S.623 und Planco Consulting Gesellschaft MBH: Ordnungspolitische Szenarien zur Verwirklichung eines gemeinsamen europäischen Verkehrsmarktes, Teil B, Quantitative ökonomische Wirkungsanalysen, Essen 1988, S. 2-10. Die von Seidenfus u.a entwickelten Szenarien enthalten auch Annahmen bzgl. institutioneller Änderungen im Bereich der Binnenschiffahrt, die hier jedoch nicht berücksichtigt werden.

Maßnahmenbereich	Szenario A	Szenario B
Straße		
Kfz-Steuer	Angleichung auf EG-Durchschnitt	keine Änderung
Mineralöl-steuer	Angleichung auf EG-Durchschnitt	keine Änderung
Technische und Sozialvor-schriften	für deutsche Unt. geringe Änderung: EG-weite strenge Vorschriften, Kontrollen, Sanktionen	geringe Änderung wie A
Marktzugang	Aufhebung besteh. quantitativer Beschränkungen und Verschärfung der qualitativen Beschränkungen	geringe Änderung internationale Auf-hebung best. Be-schränkungen; national weiter Beschränkungen; neu: eng kontingentierte Kabotage
Preisbildung	frei	international frei; national Status quo
Eisenbahn		
keine wesentlichen Änderungen		

Übersicht 7: Vergleich unterschiedlicher Regulierungsszenarien

Wird zunächst ausschließlich nach den zu erwartenden Wirkungen der EG-Liberalisierung gefragt, wird Szenario B relevant. Die quantitativen Wirkungen einer weitgehend auf den grenzüberschreitenden Verkehr beschränkten Deregulierung bleiben dabei allerdings äußerst gering.[483] Dies gilt sowohl in Hinblick auf die Preisentwicklung als auch auf den Modal Split, der sich bei Zugrundelegung von Szenario B sogar leicht zugunsten der Bahn verschieben würde.[484] Die sonstigen Wirkungen sind bereits bei Zugrundelegung von Szenario A so gering, daß die Gutachter für Szenario B keine Daten ausweisen. Gleiches gilt für die aus einer eventuellen Verkehrszunahme resultierenden Verkehrsinfrastrukturprobleme bzw. hieraus ableitbare Folgeprobleme im Verkehrssicherheits- und Energiesektor.[485]

Heusch/Boesefeldt ermitteln für Szenario A und bei einer angenommenen Preisreduktion von 25% eine Aufkommenssteigerung von 3,5% für den Güterkraftverkehr und hieraus resultierend einen Anstieg der Zahl an LKW-Fahrten von 3 400 Fahrten pro Tag für die ehemalige Bundesrepublik. Dies hätte beispielsweise für die A7 (Fulda-Würzburg) zur Folge, daß sich der Güterverkehrsanteil um 3,5% erhöhen würde, was bedeutet, daß die Zahl der LKW-Fahrten auf dieser Strecke um 77 pro Tag ansteigen würde.[486] Entsprechend schwach bzw. vernachlässigbar sind die Wirkungen im Bereich der Verkehrssicherheit und beim Energieverbrauch.

---

483) Vgl. Seidenfus, H.St.: Der europäische Verkehrsmarkt nach 1992, a.a.O., S.625.

484) Vgl. Planco Consulting Gesellschaft MBH: Ordnungspolitische Szenarien zur Verwirklichung eines gemeinsamen europäischen Verkehrsmarktes, Teil B, Quantitative ökonomische Wirkungsanalysen, a.a.O., S.1-17. Die Verbesserung der Situation der Bahn ginge bei diesem Szenario auf die durch die Harmonisierungsmaßnahmen verursachten Preiserhöhungen im Güterkraftverkehr zurück. Vgl. ebenda, S.6-18.

485) Vgl. Heusch, H./ Boesefeldt, J.: Ordnungspolitische Szenarien zur Verwirklichung eines gemeinsamen europäischen Verkehrsmarktes, Teil C, Technische Fragen, Aachen 1988, S.1-14 bis 1-17.

486) Vgl. ebenda, S.1-7f./4-15.

Für das Szenario B werden explizit keine Zahlen angeführt, was auf die Geringfügigkeit der Änderungsraten bei dieser Deregulierungspolitik zurückzuführen ist.[487] Hieraus folgt, daß den Wirkungen der EG-Liberalisierung des grenzüberschreitenden Verkehrs Bedeutung allenfalls insofern zukommt, als sie die Problematik der deutschen Marktordnung verdeutlicht. Bei großzügiger Ausgestaltung der Kabotageregelung ist weiter damit zu rechnen, daß sich die Rentabilität der etablierten deutschen Unternehmen und damit letztlich auch deren Interesse an einer Aufrechterhaltung der Marktordnung reduziert.

b) Umweltorientierte nationale Deregulierungspolitik

(1) Externe Effekte des Straßengüterverkehrs und Maßnahmen zu ihrer Internalisierung

Ein bisher nur am Rande angesprochenes Problem bilden die externen Effekte insbesondere des Straßengüterverkehrs und hier vor allem die ihm zugeschriebenen externen Kosten. Darunter sind vor allem soziale Zusatzkosten in Form von Umwelt- und Unfallkosten anzusehen. Auch können Staukosten angeführt werden, die der LKW-Verkehr dem Individualverkehr verursacht. Negativen technologischen externen Effekten wird eine sehr große Bedeutung zugeschrieben, was für externe Nutzen in der Regel nicht gilt. Versuche, positive technologische externe Effekte aufzuzeigen sind zumindest bislang wenig überzeugend.[488]

---

487) Vgl. ebenda, S.1-26.

488) Vgl. hierzu bspw. Willeke, R.: Soziale Nutzen des Kraftfahrzeugverkehrs, in: DVWG (Hrsg.): Zweites Karlsruher Seminar zur Umweltökonomie und Verkehrsplanung, Schriftenreihe der DVWG B 136, S. 49-60. In einem Gutachten der Planco Consulting GmbH wird in diesem Zusammenhang zu Recht darauf hingewiesen, daß bei entsprechenden Versuchen, positive externe Effekte abzuleiten, diese häufig mit einem Überschuß der Zahlungsbereitschaft über die tatsächlichen Ausgaben bzw. entsprechenden Wohlfahrtsgewinnnen verwechselt werden. Positiven technologischen externen Effekten des Straßenverkehrs wird in der derselben Studie eine nur marginale Bedeutung beigemessen. Vgl. Planco Consulting GmbH: Externe Kosten des Verkehrs (Gutachten im Auftrag der Deutschen Bundesbahn), Essen 1990, S.3 und S.1-5f.

Bei den Umweltkosten ist weiter zu differenzieren, und zwar insbesondere in die Kosten der Luft- und Bodenverschmutzung, die Lärmkosten sowie die durch Bodenversiegelung und die Zerstückelung von Landschaften entstehenden Beeinträchtigungen.[489]

Im Bereich der Luftverschmutzung erreicht der Güterkraftverkehr große Anteile an den Emissionen des Straßenverkehrs bei Stickoxiden, bei Schwefeldioxid sowie bei Staub. Bei Stickoxiden und bei Staub ist der Güterverkehr auch bei Berücksichtigung sonstiger Emittenten eine der wichtigsten Emissionsquellen (vgl. Abb. 24).

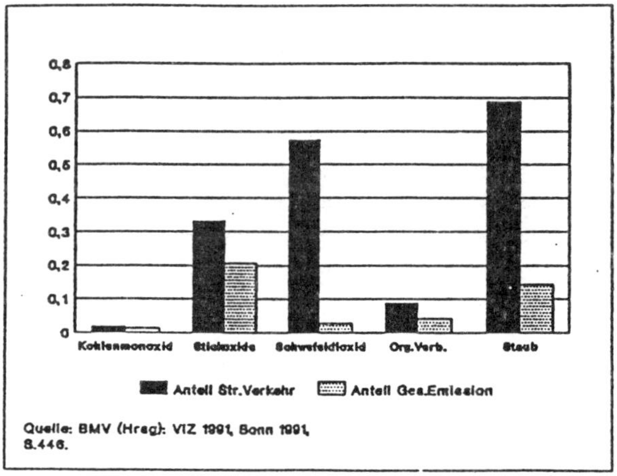

Abb. 24: Anteile des Güterkraftverkehrs an den Emissionen des gesamten Straßenverkehrs bzw. den Gesamtemissionen 1988

Insbesondere bei der Luftverschmutzung aber auch bei der Bodenverunreinigung treten erheblich technische Probleme der Messung und Zurechnung der Umweltwirkungen auf. Manche Stoffe entfalten negative Wirkungen erst im Zusammenspiel mit anderen Faktoren und häufig fallen Emission und Immission räumlich auseinander.[490] Sieht man von den eher technischen

---

489) Vgl. Rothengatter, W.: Soziale Zusatzkosten des Verkehrs, in: DIW-Vierteljahresheft 1-89, Berlin 1989, S.66.

490) Vgl. hierzu auch Schmitz, St.: Schadstoffemissionen des Straßenverkehrs in der Bundesrepublik Deutschland (Bundesforschungsanstalt für Landeskunde und Raumordnung: For-

Meßproblemen ab, geht es darum, die quantifizierten Wirkungen zu monetarisieren, was teilweise noch größere Probleme aufwirft. Dies gilt insbesondere dann, wenn bestimmte Effekte bzw. Wirkungen irreversibel sind. Obwohl ökonomische Instrumente nur bedingt tauglich sind, die ganze Breite des Externalitätenproblems im Verkehr zu lösen, sollten sie doch zumindest in Teilbereichen zur Anwendung kommen. Hier bieten sich insbesondere die Stauproblematik[491] sowie in Grenzen die Umweltproblematik als Einsatzgebiete an. Diskutiert werden insbesondere zwei Ansätze, nämlich die sog. Zertifikatelösung und die Abgabenlösung.[492]

Bei der Einführung eines Zertifikatemarktes hätten die politischen Entscheidungsträger beispielsweise zunächst ein Immissionsziel vorzugeben, aus dem dann die Anzahl und Ausgestaltung von Emissionsrechten ableitbar wäre. Letztere könnten dann im Rahmen einer Auktion oder aber auch kostenlos abgegeben werden.[493] Die Verschmutzungsrechte wären handelbar und könnten im Zeitablauf abgewertet werden. Zudem besteht bei einer zeitlichen Befristung der Zertifikate die Möglichkeit, die Ausgabemenge kontinuierlich zu reduzieren. Schließlich hätte der Staat bzw. die Umweltbehörde mit dem Instrument der Offenmarktpolitik ein weiteres Mittel zur Beeinflussung der Angebotshöhe auf dem Zertifikatemarkt und damit der Umweltqualität in der Hand.[494]

National "undifferenzierte Emissionszertifikate" hätten allerdings den Nachteil, "daß es, trotz Einhaltung des .. Emissionsstandards, in einzelnen Raumpunkten zu Konzentrationen von Emissionsquellen und in der Folge auch vom Immissionen kommen kann, die zu unerwünscht hohen lokalen Umweltschäden führen."[495] Die Zertifikatelösung wäre also nur bei Anwendung

---

schungen zur Raumentwicklung, Bd. 19) Bonn 1990, S.189ff.

491) Vgl. für einen knappen Überblick Knauth, P./ Lux, Th.: Ökonomische Analyse von Verkehrsstaus, in: WiSt, 18.Jg., 1989, S.583-586.

492) Vgl. Neu, H.: Der EG-Abgabenkompromiß - Eine kritische Bestandsaufnahme unter umweltökonomischen Aspekten, Essen 1990 (zugleich Diss. Essen 1990), Kapitel 7.

493) Vgl. Stahl, M.: Das Problem der Regionalisierung im Konzept marktwirtschaftlicher Umweltpolitik mit Schadstoffzertifikaten, Diss. Würzburg 1989, S.76-83.

494) Vgl. ebenda, S.83-86.

495) Stahl, M.: Das Problem der Regionalisierung im Konzept marktwirtschaftlicher Umweltpolitik mit Schadstoffzertifikaten, a.a.O., S.44f.

einer regionalen Differenzierung bzw. einer entsprechenden Ausgestaltung von Umwelt- bzw. Verkehrsregionen sinnvoll.[496] Dabei müßte allerdings verhindert werden, daß es zu Spekulationsgeschäften kommt. Probleme dürfte auch die Vielzahl potentieller Marktteilnehmer bereiten. Auch bei einem börsenmäßigen Handel der Zertifikate würde der Güterkraftverkehr aufgrund der zusätzlichen Transaktionskosten viel von seiner Flexibilität einbüßen, könnten bestimmte Relationen nur mit entsprechenden Zertifikaten befahren werden. Obwohl Zertifikatelösungen ein wichtiges Instrument der Umweltpolitik darstellen können, scheinen sie für den Straßenverkehr, d.h. für mobile Emissionsquellen, zumindest momentan, weniger geeignet zu sein.[497]

Praktikabler sind statt dessen Abgabenlösungen, die in Form von Pigou-"Steuern" zur Anwendung kommen könnten. Zur Lösung des Stauproblems können beispielsweise zeitlich und regional differenzierte Stauabgaben erhoben werden. Zur Lösung der Umweltproblematik wäre im einfachsten Fall an eine zusätzliche Umweltabgabe zu denken, die zusätzlich zur (nach Schadstoffstufen differenzierten) Kfz-Steuer und zur Mineralölsteuer zu erheben wäre. Als Steuerbemessungsgrundlage könnten dann die gefahrenen Kilometer dienen. Das Straßen- bzw. Fernstraßennetz könnte in Kategorien (rot, gelb, grün) eingeteilt werden und entsprechend wären für die Benutzung unterschiedlicher Straßenkategorien unterschiedliche Multiplikatoren auf die jeweils zurückgelegten Kilometer anzuwenden. Für die Befahrung hoch belasteter Relationen würden entsprechend hohe Gebühren bzw. Steuern zu entrichten sein, was eine Reduktion bzw. Umlenkung des Verkehrs zur Folge hätte und auch dem Territorialitätsprinzip entspräche.[498] Neuere technische Entwicklungen, wie moderne Fahrten-

---

496) Vgl. Neu, H.: Der EG-Abgabenkompromiß - Eine kritische Bestandsaufnahme unter umweltökonomischen Aspekten, a.a.O., S.148 und ausführlich Stahl, M.: Das Problem der Regionalisierung im Konzept marktwirtschaftlicher Umweltpolitik mit Schadstoffzertifikaten, a.a.O., S.135ff. Regionalisierung als politisches Instrument vgl. Klatt, S.: Regionalisierung des Verkehrs, in: ders. (Hrsg.): Perspektiven verkehrswissenschaftlicher Forschung - Festschrift für Fritz Voigt zum 75. Geburtstag, Berlin 1985, S.239f.

497) Zum gleichen Ergebnis gelangt Neu, H.: Der EG-Abgabenkompromiß - Eine kritische Bestandsaufnahme unter umweltökonomischen Aspekten, a.a.O., S.151.

498) Vgl. Rothengatter, W.: Soziale Zusatzkosten des Verkehrs, a.a.O., S.82.

schreiber, Prometheus oder satellitengesteuerte Fahrzeugflotten lassen die Möglichkeit einer differenzierten Abgabenerhebung in nächster Zukunft als durchaus realistisch erscheinen und könnten parallel zur Lösung des Wegekostenproblems und des Problems externer Effekte im Verkehr eingesetzt werden. Dies gilt insbesondere für den Güterfernverkehr, da dieser in erster Linie die Fernstraßen benutzt und die Fahrzeuge ohnehin mit Fahrtenschreibern ausgerüstet sind.

(2) Wirkungen einer nationalen Liberalisierung des Straßengüterfernverkehrs

Die Wirkungen einer nationalen Deregulierung des Straßengüterfernverkehrs sind als durchweg positiv einzuschätzen, jedenfalls dann, wenn zuvor effektive umweltpolitsche Maßnahmen ergriffen werden. Letztere werden, wie gezeigt, auch ohne eine Liberalisierung immer dringlicher. Als wesentlicher Effekt einer Marktöffnung und der Freigabe der Tarife im nationalen Bereich ist eine effizientere Leistungserstellung anzusehen, was auch positive Effekte auf die Nutzung vorhandener Infrastrukturkapazitäten haben dürfte. Der durch das Regulierungssystem induzierte Werkverkehr wird zurückgehen und durch gewerblichen Güterkraftverkehr ersetzt werden. Die zur Aufrechterhaltung der Marktordnung notwendigen Beschränkungen des kombinierten Verkehrs können ersatzlos gestrichen werden und werden dieser relativ umweltfreudlichen Verkehrsart positive Impulse geben. Randgebiete werden, wie oben gezeigt, in der Regel nicht schlechter, teilweise vermutlich sogar besser versorgt als unter dem bisherigen Regulierungssystem. Schließlich wird der durch das System selbst verursachte Regulierungsaufwand fast völlig zurückgehen.

Zurückgehen werden natürlich auch die Werte der Konzessionen. Da die Änderung des institutionellen Rahmens seit mehreren Jahrzehnten gefordert wird, kommt die Entwertung nicht überraschend und wird zudem durch existierende Abschreibungmöglichkeiten abgefedert. Diese teilweise negativen Wirkungen für das Gewerbe werden allerdings durch die dann gegebene größere Flexibilität kompensiert, die notwendig ist, um auf den ohnehin zunehmenden internationalen Wettbewerb reagieren zu können.

VI. Zusammenfassung und Ausblick

Bei Betrachtung des Wettbewerbs von Schiene und Straße im Güterverkehr konnte zunächst abgeleitet werden, daß insbesondere die dem Infrastrukturbereich zuzurechnenden Probleme weiterhin auch ökonomische Regulierungseingriffe im Schienenverkehr erforderlich machen. Die Frage, ob "Deregulierungsmaßnahmen im Verkehrssektor neuen Regulierungsbedarf entstehen lassen"[499] ist eindeutig mit ja zu beantworten. Dies gilt nicht bzw. nur bedingt für den Straßengüterverkehr, für den festzustellen ist, daß staatliche Eingriffe allenfalls zur Internalisierung externer Effekte erforderlich sind.

Als Ursachen der Regulierung im Verkehr wurde ein ganzes Bündel von Faktoren angeführt. Wichtig für die Erklärung staatlicher Eingriffe in Deutschland scheinen krisenhafte Zustände der Gesamtwirtschaft zu sein. Interessengruppen spielten eine Rolle, allerdings wohl weniger in der jeweiligen Entstehungsphase der Regulierung als vielmehr bei der Aufrechterhaltung bestehender Eingriffe. Ein besonderes Gewicht kommt auch gemeinwirtschaftlichen Vorstellungen zu, die häufig recht diffus sind und deshalb in der politischen Diskussion auch oft vorgetragen werden.

Die Regulierungskette, die bei der Bahn beginnt und bei Einschränkungen, wie dem Drittladeverbot im Werkverkehr, Kabotageeinschränkungen und Behinderungen des kombinierten Verkehrs endet(e), hat insgesamt gesehen zu erheblichen Ineffizienzen geführt.

Zu fordern ist deshalb die vollständige Deregulierung des Straßengüterverkehrs, und zwar unter der Voraussetzung, daß dieser die von ihm verursachten Kosten trägt. Hierfür bestehen momentan gute Chancen. Allerdings besteht auch die Gefahr, daß die in jedem Fall anstehende Zunahme des Güterverkehrs durch den Gemeinsamen Markt und die zu erwartende Zunahme der Handelsbeziehungen mit Osteuropa mittelfristig nicht eine Liberalisierung, sondern wiederum unsinnige Regulierungen zur Folge hat.

---

499) Seidenfus, H.St.: Der Wettbewerb zwischen öffentlichen und privaten Unternehmen,- Die Deutsche Bundesbahn in einem gemeinsamen europäischen Verkehrsmarkt, a.a.O., S.74.

Für den Schienenverkehr muß, wie für den Güterkraftverkehr, eine Kostendeckungsbedingung eingeführt werden. Gemeinwirtschaftliche Auflagen im Sinne von Pflichtleistungen sollten sinnvollerweise nicht auferlegt werden. Bei der Einführung des Prinzips der speziellen Entgeltlichkeit ist darauf zu achten, daß den von der Bahn vorgelegten Rechnungen bzw. Kosten eine effiziente Betriebsweise zugrundeliegt. Zur Überwachung ist die Einführung moderner Kostenrechnungssysteme, aber auch die Installation einer speziellen Regulierungsbehörde für die Bahn notwendig bzw. sinnvoll.

Schließlich wurde für eine auf den Kernbereich beschränkte Bahn vorgeschlagen, effiziente Monopolregulierungen einzuführen, um Ineffizienzen nicht zuletzt in bezug auf den Modal Split zu vermeiden. Zu denken ist hierbei an Modelle, die bspw. im Schienenverkehr der USA (constrained market pricing) oder im Telekommunikationsbereich (Price-cap-Regulierung) bereits zur Anwendung kommen. Hier existieren sowohl hinsichtlich der Theorie als auch der Praxis Erfahrungen, die für die effiziente Ausgestaltung des deutschen Verkehrswesen nutzbar gemacht werden sollten.

Die jüngsten Entwicklungen und Tendenzen im nationalen und internationalen Bereich deuten darauf hin, daß eine Umorganisation nicht nur des deutschen Schienenverkehrs, sondern des gesamten europäischen Eisenbahnverkehrs bevorsteht. Das von der Regulierungskommission Bahn vorgelegte Gutachten beinhaltet weitreichende Vorschläge für eine institutionelle Neugestaltung des Schienenverkehrs in der Bundesrepublik Deutschland.[500] Danach sollen die Deutsche Bundesbahn und die Deutsche Reichsbahn in eine Aktiengesellschaft (Deutsche Eisenbahn AG (DEAG)) überführt werden, deren Eigentümer allerdings der Bund sein soll. Der Bund übernimmt dabei die bisher aufgelaufenen Verbindlichkeiten. Die Bahn soll dann allein nach kaufmännischen Gesichtspunkten geführt werden. Die DEAG wird Eigentümer des Netzes; das Unternehmen wird dabei in die drei Sparten Personenverkehr, Güterverkehr und Fahrweg aufgespalten. Der Personenverkehr und der Güterverkehr sollen dann wie Dritte, die das Netz befahren, für die Nutzung des Fahrwegs Nutzungsentgelte an den Fahrwegsbereich entrichten.[501] Die DEAG ist für die Investitionen aller drei

---

500) Vgl. hierzu das Gutachten der Regierungskommission Bundesbahn: Bericht der Regierungskommission Bundesbahn - Dezember 1991, o.O., 1991.

501) Vgl. ebenda, S.14.

Bereiche verantwortlich. Dabei finanziert der Bund die Investitionen in den Fahrwegsbereich. Die DEAG hat hierfür an den Bund Zahlungen zu leisten, die den Abschreibungen entsprechen, Zinsen werden der DEAG allerdings nicht in Rechnung gestellt.[502] Das Gutachten der Bahnkommission sieht die Nutzung des Netzes durch Dritte vor, eine spätere faktische Trennung von Netz und Betrieb wird für möglich und auch für sinnvoll gehalten.[503] Unter Regulierungsaspekten von Bedeutung ist die Forderung, daß bei der Allokation von Fahrplantrassen keine Wettbewerbsverzerrungen eintreten dürfen. Die Bahnkommission hebt ausdrücklich die Bedeutung der Modalitäten der Finanzierung und Preisbildung im Bereich der Infrastruktur für einen funktionsfähigen Wettbewerb hervor. Allerdings bleiben die Ausführungen der Kommission zu diesem Problembereich recht vage. Gefordert werden diskriminierungsfreie, kostendeckende Fahrplantrassenpreise, die die "Wettbewerbsneutralität und den effizienten Einsatz der teils knappen Fahrwegressourcen sicherstellen."[504] Diese Forderungen müssen weiter konkretisiert werden und durch einen funktionsfähigen und am Effizienzziel orientierten Regulierungsapparat

---

502) Vgl. ebenda, S.17ff.

503) Vgl. ebenda, S.24. Dies entspricht auch entsprechenden EG-Vorgaben. Vgl. hierzu Rat der Europäischen Gemeinschaften: Richtlinie des Rates vom 29. Juli 1991 zur Entwicklung der Eisenbahnunternehmen der Gemeinschaft (91/440/EWG), in: Amtsblatt der Europäischen Gemeinschaften Nr. L.237/25-28. Die Richtlinie schreibt die rechnerische Trennung von Netz und Betrieb sowie die Öffnung des Netzes für Dritte ("internationale Gruppierungen von Eisenbahnunternehmen sowie Eisenbahnunternehmen, die Verkehrsleistungen im grenzüberschreitenden kombinierten Güterverkehr erbringen") vor (Artikel 1). Artikel 6 verbietet die Quersubventionierung zwischen Netz und Betrieb. Artikel 8 schreibt vor, daß für die Benutzung der Infrastruktur Entgelte zu erheben sind, wobei "jegliche Diskriminierung der Eisenbahnunternehmen untereinander" zu vermeiden ist.

504) Regierungskommission Bundesbahn: Bericht der Regierungskommission Bundesbahn - Dezember 1991, S.25. Unklar bleibt beispielsweise auch die Forderung der Kommission, "sobald Wettbewerb entstanden ist, .. die Fahrplantrassenpreise als Marktpreise.." freizugeben. Ebenda, S.25. Hier stellt sich die Frage, was unter Marktpreisen verstanden wird, wenn der Infrastrukturanbieter eine Monopolstellung innehat. Monopolpreise können kaum gemeint sein, da die Kommission den Schienenverkehr auch vom Umfang her fördern will. Hier treten die in Kapitel V diskutierten Allokationsprobleme (Ramsey-Preise, gespaltene Tarife, Versteigerungen etc.) auf. Entsprechende Überlegungen wurden von der Kommission allerdings bisher noch nicht angestellt.

durchgesetzt werden.

Das Gutachten der Regierungskommission Bahn orientiert sich zu einem großen Teil an ausländischen Erfahrungen mit der Umgestaltung des Eisenbahnsektors. Die "Regionalisierung von Verkehrsaufgaben" erinnert an das schwedische Modell, die Einrichtung einer Personalüberleitungsinstitution dagegen an die Vorgehensweise in Japan. Insgesamt handelt es sich beim Vorschlag der Kommission um einen erfolgversprechenden Ansatz der Neuorganisation des Schienenverkehrs, der allerdings weiter ausgebaut werden muß.

Werden die Vorschläge der Kommission vom Politikbereich übernommen, wird die Bahn also von "Altlasten" und gemeinwirtschaftlichen Auflagen befreit, werden Fragen einer effizienten Regulierung des dann privatisierten Bereichs, wie die Monopolkontrolle und Probleme des offenen Netzzugangs, in den Vordergrund rücken.

Anhang: (Rechnerische) Trennung von Netz und Betrieb bei der Eisenbahn – Auswirkungen unterschiedlicher Verfahren der Erhebung kostendeckender Wegebenutzungsabgaben –

Unterstellt wird ein Betriebsbereich, der für die Produktion seiner Verkehrsleistungen Infrastrukturleistungen vom Netzanbieter kauft. Diese Infrastrukturleistungen werden zu (konstanten) Grenzkosten in Höhe von 1 produziert. Im Netzbereich fallen zusätzliche Fixkosten in Höhe von 10 an. Sonstige notwendige Faktorleistungen des Betriebsbereichs werden auf Wettbewerbsmärkten zum Grenzkostenpreis von ebenfalls 1 gekauft. Für die Produktion einer Verkehrsleistungseinheit, die auf einem Monopolmarkt abgesetzt werden kann, wird jeweils eine Einheit der Infrastruktur- und eine Einheit der sonstigen Faktorleistungen benötigt. Die Herstellung von Verkehrsleistungen ist somit einer limitationalen Produktionsfunktion unterworfen. Für die Netzgesellschaft wird Kostendeckung vorgeschrieben. Die Bahngesellschaft wird nicht reguliert, arbeitet effizient und maximiert ihren Gewinn. Dabei sieht sie sich einer Nachfrage nach Verkehrsleistungen von 10–x gegenüber (vgl. die nachfolgende Graphik).

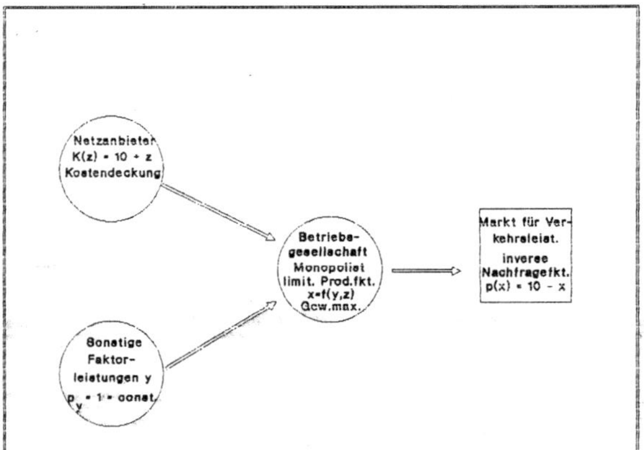

Die Netzgesellschaft verkauft nun zunächst einzelne Infrasturkturleistungen zum Grenzkostenpreis und deckt das entstehende Defizit über die Fixgebühr ab. Folglich entstehen dem Betriebsbereich Grenzkosten in Höhe von 2, was eine Produktion und einen Absatz von 4 Einheiten zu einem Preis von 6 pro Einheit zur Folge hat. Die Fixgebühr des Infrastrukturbereichs beträgt entsprechend 10, seine Gesamterlöse betragen also 14. Der Betriebsbereich hat einen Erlös von 24 und zahlt neben den 14 Geldeinheiten an die Netzgesellschaft noch 4 Einheiten an die Anbieter der sonstigen Faktorleistungen, sein Gewinn beträgt somit 6 Geldeinheiten. Die Konsumentenrente beträgt bei einem Preis von 6 bei der gegebenen Nachfragefunktion 8 Geldeinheiten, der soziale Überschuß beläuft sich entsprechend auf 14. Bietet die Netzgesellschaft dagegen ihre Leistungen - bei einer gleichzeitig die Kostendeckung garantierenden Erhöhung der Fixgebühr - zu einem Preis von null an, reduzieren sich die Grenzkosten der Betriebsgesellschaft auf 1, die gewinnmaximale Menge steigt folglich auf 4,5 Einheiten, der Preis reduziert sich auf 5,5 und der Erlös beträgt entsprechend 24,75 Geldeinheiten. Hiervon sind 14,5 Geldeinheiten (Fixgebühr) an die Netzgesellschaft und 4,5 Geldeinheiten an die übrigen Faktorleistungsanbieter zu zahlen, so daß ein Gewinn von nur noch 5,75 verbleibt. Gleichzeitig erzielt die Netzgesellschaft wieder Kostendeckung und die Konsumentenrente beläuft sich nun auf 10,125, so daß insgesamt ein sozialer Überschuß von 15,875 erreicht wird, der den bei einem gespaltenen Tarif mit Grenzkostenpreisen um 1,875 übersteigt.

Literaturverzeichnis

Aberle, G.: Raumstrukturelle Aspekte des Regionalverkehrs, in: DVWG (Hrsg.): Die Rolle der Eisenbahnen in der Verkehrsbedienung der Region, Schriftenreihe der DVWG, B 91, Köln 1986, S.93-101

Aberle, G.: Verkehrswegebenutzungsabgaben für die Eisenbahn, in: WD, 67.Jg. 1987, S.389-393

Aberle, G.: Deregulierung des Verkehrsmarktes - Szenarien aus deutscher Sicht, in: VDA (Hrsg.): Initiative '92, Vollendung des europäischen Binnenmarktes im Verkehrssektor, Frankfurt/M. 1989, S.19-28

Aberle, G.: Harmonisierung und Lenkung - Facetten der deutschen und der EG-Straßengüterverkehrspolitik in den 90er Jahren, in: ZfV, 60.Jg., 1989, S.59-70

Aberle, G./ Weber, U.: Verkehrswegebenutzungsabgaben für die Eisenbahn. Theoretische Grundlagen und verkehrspolitische Ausgestaltung, Gießen 1987

Acton, J.P./ Vogelsang, I.: Introduction, in: RAND, vol. 20, 1989, S.369-372

Aden, K.: Die Deregulierung des Straßengüterverkehrs der Vereinigten Staaten von Amerika, Göttingen 1987

Akerlof, G.A.: The Market for "Lemons": Quality Uncertainty and the Market Mechanism, in: QJE, vol.84, S.488-500

Alberty, M.: Der Übergang zum Staatsbahnsystem in Preußen, Jena 1911

Allen, B.W.: Ramsey pricing in the transportation industries, in: IJTE, vol.13, 1986, S.293-330

Anderson, D.G./ Felton, J.R. (Hrsg.): Regulation and deregulation of the motor carrier industry, Ames/Iowa 1989

Aoki, M.: Die Japanischen Staatsbahnen - privatisiert und in Teilgesellschaften gegliedert, in: IV, 39.Jg., 1987, S.327-330

Arrow, K.J.: The organization of economic activity: Issues pertinent to the choice of market versus nonmarket allocation, in: The Analysis and Evaluation of Public Expenditure: The PPB System, vol.1. U.S. Joint Economic Committee, 91st Congress, 1st Session, Washington, D.C. 1969, S.47-64

Averch, H./ Johnson, L.: Behavior of the firm under regulatory constraint, in: AER, vol. 52, 1962, S.1052-1069

Bailey, E.E.: Contestability and the Design of Regulatory and Antitrust Policy, in: AER, vol.71, 1981, S.178-183

Bain, J.S.: Barriers to New Competition, (3. Druck), Cambridge/Mass. 1965

Baron, D.P./ Myerson, R.B.: Regulating a monopolist with unknown costs, in: ECO, vol.50, 1982, S.911-930

Bartholomé, B.: Die Entstaatlichungs- bzw. Deregulierungskontroverse als Reflex konkurrierender wirtschaftstheoretischer Ansätze, Idstein 1989

Basedow, J.: Wettbewerb auf den Verkehrsmärkten, Heidelberg 1989

Bator, F.M.: The anatomy of market failure, in: QJE, vol.72, 1958, S.351-379

Baumol, W.J.: On Taxation and the Control of Externalities, in: AER, vol.62, 1972, S.307-322

Baumol, W.J.: Contestable Markets: An Uprising in the Theory of Industry Structure, in: AER, vol.72, 1982, S.1-15

Baumol, W.J.: Minimum and maximum pricing principles for residual regulation, in: Danielsen, A.L./ Kamerschen, D.R.(Hrsg.): Current issues in public-utility economics, Lexington/Mass. 1983, S.177-196

Baumol, W.J.: Art. Indivisibilities, in: Eatwell, J./ Milgate, M./ Newman, P.(Hrsg.): The New Palgrave, Bd. 2, London 1987, S.793-795

Baumol, W.J.: Superfairness, 2. Druck, Cambridge/ Mass. 1987

Baumol, W.J.: Some subtle pricing issues in railroad regulation, in: IJTE, vol.10, 1983, S.341-355

Baumol, W.J./ Bailey, E./ Willig, R.D.: Weak Invisible Hand Theorems on the Sustainability of Multiproduct Natural Monopoly, in: AER, vol.67, 1977, S.350-365

Baumol, W.J./ Panzar, J.C./ Willig, R.D.: Contestable Markets and the Theory of Industry Structure, 2.A., San Diego u.a. 1988

Baumol, W.J./ Willig, R.D.: Contestability: Developments since the book, in: Morris, D.J./ Sinclair, P.J.N./ Slater, M.D.E./ Vickers, J.S. (Hrsg.): Strategic behaviour and industrial competition, Oxford 1986, S.9-36

Bayliss, B.: The measurement of supply and demand in freight transportation, Aldershot 1988

Beesley, M.E./ Littlechild, St.C.: The regulation of privatized monopolies in the United Kingdom, in: RAND. vol.20, 1989, S.454-472

Bell, J.A.: The Disinterest in Deregulation: Comment, in: AER, vol.78, 1988, S.282-283

Berg, S.V./ Tschirhart, J.: Natural Monopoly Regulation, Cambridge 1988

Bernholz, P./ Breyer, F.: Grundlagen der Politischen Ökonomie, 2.A., Tübingen 1984

Besanko, D./ Sappington, D.E.M.: Designing Regulatory Policy with Limited Information, Chur u.a. 1987

Blankart, Ch. B.: Die wirtschaftspolitische Bedeutung von Skalenerträgen öffentlicher Unternehmen, in: ZögU, Bd. 2, 1979, S.1-25

Blankart, Ch.B.: Waves of Regulation and Deregulation in the German Railroad and Trucking Industry 1830 - 1980, (Diskussionsbeiträge des Instituts für Volkswirtschaftslehre der Hochschule der Bundeswehr München, Nr.16), München 1983

Blankart, Ch. B.: Stabilität und Wechselhaftigkeit politischer Entscheidungen - Eine Fallstudie zur preußisch-deutschen Eisenbahnpolitik von ihren Anfängen bis zum zweiten Weltkrieg - , in: Boettcher, E./ Herder-Dorneich, Ph./ Schenk, K.-H. (Hrsg.): JNPÖ, 6. Bd., Tübingen 1987, S.74-92

Bongaerts, J.: Marktzutrittsresistenz eines natürlichen Mehrproduktunternehmens, in: Blankart, Ch.B./ Faber, M. (Hrsg.): Regulierung öffentlicher Unternehmen, Königstein/Ts. 1982, S.39-49

Bonsor, N.C.: Transportation Economics, Toronto 1984

Bonus, H.: Mehr Markt im Verkehrswesen!, in: Giersch, H.(Hrsg.): Wie es zu schaffen ist - Agenda für die Deutsche Wirtschaftspolitik, 2.A., Stuttgart 1983, S.206-231

Bös, D.: Public Enterprise Economics, Amsterdam 1986

Boyer, K.D.: What do we understand about the economics of regulation: The effects of U.S. transport deregulation, in: de Jong, H.W./ Shepherd, W.G. (Hrsg.): Mainstreams in Industrial Organization - Book II, Dordrecht u.a. 1986, S.317-346

Bradley, I./ Price, C.: The economic regulation of private industries by price constraints, in: JIE, vol.37, 1988, S.99-106

Braeutigam, R.R: Optimal pricing with intermodal competition, in: AER, vol.69, 1979, S.39-49

Braeutigam, R.R./ Panzar, J.C.: Diversification incentives under "price-based" and "cost-based" regulation, in: Rand, vol.20, 1989, S.373-391

Brandborn, J./ Hellsvik, L.: Die neue Eisenbahnpolitik in Schweden, in: IV, 42.Jg., 1990, S.342-348

Brooks, M.A./ Heijdra, B.J.: An Exploration of Rent Seeking, in: ER, vol.65, 1989, S.32-50

Buchanan, J.M.: Rent Seeking and Profit Seeking, in: Buchanan, J.M./ Tollison, R.D./ Tullock, G.: Toward a Theory of the Rent-Seeking Society, College Station, 1980, S.3-15

Budäus, D.: Problematik einzelwirtschaftlicher Effizienzkriterien bei öffentlichen Unternehmen, in: Thiemeyer, Th.: Öffentliche Unternehmen und ökonomische Theorie, Baden-Baden 1987, S.175-194

Bundesanstalt für den Güterfernverkehr, Band BG 11, Unternehmen und Fahrzeuge des gewerblichen Güterfernverkehrs, Stand November 1986, Köln o.J.

Bundesminister für Verkehr (Hrsg.): Verkehr in Zahlen 1990, Bonn 1990

Bundesminister für Verkehr (Hrsg.): Verkehr in Zahlen 1991, Bonn 1991

Bundesverband der Deutschen Industrie: Zur Verkehrskrise (Stellungnahme des Bundesverbandes der Deutschen Industrie), Köln 1951

Bundesverband der Deutschen Industrie (Hrsg.): Industrie und Deutsche Bundesbahn, Köln 1987

Bundesverband der Deutschen Industrie (Hrsg.): Liberalisierung der Verkehrsmärkte, Köln 1988

Bundesverband der Deutschen Industrie (Hrsg.): Die Bahn der Zukunft - Politik in der Pflicht, Köln 1989

Bundesverband des Deutschen Güterfernverkehrs: Die Folgen der Deregulierung des Straßengüterverkehrs in den USA, Frankfurt/M. 1986

Bundesverband des Deutschen Güterfernverkehrs: Jahresbericht 1988/89, o.O., o.J.

Bundesverband des Deutschen Güterfernverkehrs: Jahresbericht 1989/90, o.O., o.J.

Bundesverband des Deutschen Güterfernverkehrs (Hrsg.): Verkehrswirtschaftliche Zahlen 1990, Franfurt 1990

Button, K.J.: Transport Economics, London 1982

Cabral, L.M.B./ Riordan, M.H.: Incentives for cost reduction under price cap regulation, in: JRE, vol.1, 1989, S.93-102

Cerwenka, P.: Abgabenbilanzen im internationalen Straßengüterverkehr der E.C.M.T.- Mitgliedsländer, in: ZfV, 60.Jg., 1989, S.301-322

Cherkes, M./ Friedman, J./ Spivak, A.: The Disinterest in Deregulation: Comment, in: AER, vol.76, 1986, S.559-563

Coase, R.: The nature of the firm, in: EC, vol.4, 1937, S.386-405

Comanor, W.S./ Leibenstein, H.: Allocative Efficiency, X-Efficiency and the Measurement of Welfare Losses, in: EC, vol.36, 1969, S.304-309

Coyle, J.J./ Bardi, E.J./ Cavinato, J.C.: Transportation, 2.A., St.Paul 1986

Crew, M.A./ Rowley, C.K.: On Allocative Efficiency, X-Efficiency and the Measurement of Welfare Loss, in: EC, vol.38, 1971, S.199-203

Crew, M.A./ Rowley, C.K.: Deregulation as an instrument in industrial policy, in: JITE, vol. 142, 1986, S.52-70

Crew, M.A./ Rowley, C.K.: Dispelling the disinterest in deregulation, in: Rowley, C.K./ Tollison, R.D./ Tullock, G. (Hrsg.): The political economy of rent-seeking, Boston u.a., 1988, S.163-178

Dardis, R./ Garkey, J./ Zhang, Z.: Deregulation of Trucking in the United States - Implications for Consumers, in: JCP; vol.12, 1989, S.19-38

Daubertshäuser, K.: Für eine Verkehrspolitik aus einem Guß, in: WD, 69.Jg., 1989, S.122-124

DeAlessi, L.: Property Rights, Transaction Costs, and X-Efficiency, in: AER, vol.73, 1983, S.64-81

Demsetz, H.: Why Regulate Utilities, in: JL&E, vol.11, 1968, S.55-65

Deregulierungskommission: Marktöffnung und Wettbewerb, Erster Bericht, Bonn 1990

Dernbach, L.: Taschenbuch der Eisenbahngesetze, 8.A., Darmstadt 1989

Deutsche Bundesbahn: Die Bahn gestaltet ihre Zukunft - Antworten auf Fragen der Unternehmenspolitik, o.O., o.J. (1989)

Deutsche Bundesbahn: Die Bahn in Zahlen 91, Frankfurt/M. 1991

Deutscher Industrie- und Handelstag (Hrsg.): Richtlinien für eine neue Verkehrsordnung im Verhältnis von Schiene und Straße, o.O., 1951

Deutscher Industrie- und Handelstag (Hrsg.): EG-Binnenmarkt Güterverkehr, Bonn 1989

Dick, W.: Die Deutsche Bundesbahn aus der Sicht der Produktionstheorie, in: IV, 31.Jg., 1979, S.360-364

Dick, W.: Die ökonomische Bedeutung der Qualität des Schienengüterverkehrs, Berlin 1980

Dixit, A.: The role of investment in entry-deterrence, in: EJ, vol.90, 1980, S.95-106

Dixit, A.: Recent Developments in Oligopoly Theory, in: AER PP, vol.72, 1982, S.12-17

Downs, A.: Ökonomische Theorie der Demokratie, Tübingen 1968

Dritte Verordnung des Reichspräsidenten zur Sicherung von Wirtschaft und Finanzen und zur Bekämpfung politischer Ausschreitungen. Vom 6. Oktober 1931, Fünfter Teil, Kapitel V. Überlandverkehr mit Kraftfahrzeugen, Reichsgesetzblatt 1931 I, S.558-561

Drude, M.: "Mehr Markt im Verkehr" - Raumwirtschaftliche Konsequenzen eines gesamtwirtschaftlichen Postulats, in: DVWG (Hrsg.): Schwachstellen in der Verkehrsbedienung, Schriftenreihe der DVWG, Reihe B 84, Bergisch-Gladbach 1985, S. 62-80

Dusseldorp, A.M. van: Einige Betrachtungen über Kosten und Kostenbildung im Verkehr und Transport, in: ZfV, 33.Jg., 1962, S.133-145

Ebels, R./ Maaßen, J.: Gemeinwirtschaft - Kritik an der Lehre von den gemeinwirtschaftlichen Institutionen im Rahmen einer systematisierten Darstellung und kritischen Würdigung der historischen Gemeinwirtschaftskonzeptionen, Diss. Trier 1987

Eichhoff, E.: Die Aufgaben der Bundesanstalt für den Güterfernverkehr und ihre Durchsetzung, in: ZfV, 27.Jg., 1956, S.81-96

Eichhorn, P.: Zur Situation der Deutschen Bundesbahn, Baden-Baden 1980

Eichhorn, P.: Gemeinwirtschaftliche Bedeutung der Telekommunikation, in: Neu, W./ Neumann, K.-H.: Die Zukunft der Telekommunikation in Europa, Berlin u.a. 1989, S.31-52

Ellwanger, G./ Hamelbeck, C.: Das Schienennetz der DB - Bestandteil der staatlichen Infrastruktur, in: DB, 65.Jg., 1989, S.475-479

Ellwanger, G.: Trennung von Netz und Betrieb bei den Eisenbahnen, in: IV, 42.Jg., 1990, S.15-19

Enis, C.R./ Morash, E.A.: Some Aspects of Motor Carrier Size, Concentration Tendencies, and Performance after Deregulation, in: ABER, vol.18, 1987, S.82-94

Ernst, M.: Neue Informations- und Kommunikationstechnologien und marktwirtschaftliche Allokation, München u.a. 1990 (zugleich Diss. Würzburg)

Ewers, H.-J.: Wettbewerbspolitische Ansätze in der deutschen Verkehrspolitik seit den Verkehrsänderungsgesetzen, Göttingen 1971

Ewers, H.-J.: Vignette, Maut und Emissionsabgabe, in: FAZ, Nr. 40 vom 16.2.1991, S.13

Faulhaber, G.: Cross-Subsidization: Pricing in Public Utilities, in: AER, vol.65, 1975, S.966-977

Fehl, U.: Das Konzept der Contestable Markets und der Marktprozess, in: Bombach, G./ Gahlen, B./ Ott, A.E.: Industrieökonomik: Theorie und Empirie, Tübingen 1985, S.29-49

Ferguson, D.C.: Joint products and road transport rates in transport models, in: JTEP, vol.6, 1972, S.69-76

Finsinger, J.: Wohlfahrtsoptimale Preisstrukturen von Unternehmen unter staatlicher Regulierung, Diss., Bonn 1979

Formby, J.P./ Keeler, J.P./ Thistle, P.D.: X-efficiency, rent-seeking and social costs, in PC, vol.57, 1988, S.115-126

Frantz, R.S.: X-Efficiency: Theory, Evidence and Applications, Boston 1988

Friedlaender, A. F./ Spady, R.F.: Freight transport regulation, Cambridge/Mass. 1981

Friedrich, W./ Gottschalk, V./ Wissenbach, K.: Preise, Konditionen und Wettbewerb im Güterverkehr - Kompendium, Heidelberg 1985 (DB Fachbuch Bd. 6/17, hrsg. von H.-J. König)

Gadegast, J.: Zielvorstellungen der Raumordnung für Verkehr und Nachrichtenübermittlung, in: Akademie für Raumforschung und Landesplanung (Hrsg.): Daten zur Raumplanung, Teil C, Fachplanungen und Raumordnung, Hannover 1989, S.845-874

Gesetz über den Güterfernverkehr mit Kraftfahrzeugen v. 26.6.1935, in: Reichsgesetzblatt, 1935, Teil I, S.788-793

Gilbert, R.J.: Mobility barriers and the value of incumbency, in: Schmalensee, R./ Willig, R.D. (Hrsg.): Handbook of industrial economics, vol.1, Amsterdam 1989, S.476-535

Gilligan, T.W./ Marshall, W.J./ Weingast, B.R.: Regulation and the Theory of Legislative Choice: The Interstate Commerce Act of 1887, in: JL&E, vol.32, 1989, S.35-61

Göhringer, M.: Trennung von Infrastruktur und Verkehrsleistungsproduktion im Bereich des Schienenverkehrs, Berlin 1980

Goldberg, V.: Regulation and administered contracts, in: BJ, vol.7, 1976, S.426-448

Günther, A.: Die Gemeinwirtschaftlichkeit der deutschen Eisenbahnen in ihrer geschichtlichen und inhaltlichen Entwicklung, in: AfE, 70.Jg. 1960, S.1-48

Güterkraftverkehrsgesetz, in: Hein, G./ Eichhoff, E./ Pukall, A./ Krien, E.: Güterkraftverkehrsrecht, 1.Bd., 3.A., Berlin 1968, B 100

Hamm, W.: Schiene und Straße, Heidelberg 1954

Hamm, W.: Deregulierung im Verkehr als politische Aufgabe, München 1989

Hansson, L.: The Swedish Approach to Multi-Modal Transportation Planning, (Vortragsmanuskript), o.O., 1990

Häusler, U.: Die Trennung von Fahrweg und Betrieb - ein richtiger Ansatz, in: DB, 54.Jg., 1978, S.936-938

Heimes, A. Handlexikon des Güterkraftverkehrs, Hamburg 1983

Hellsvik, L.: The New Railway Policy, (Manuskript) o.O., o.J.

Heuermann, A./ Neu, W.: Ein Regulierungsrahmen für das Unternehmen Deutsche Bundespost Telekom, (WIK Diskussionsbeitrag Nr.43), Bad Honnef 1988

Heusch, H./ Boesefeldt, J.: Ordnungspolitische Szenarien zur Verwirklichung eines gemeinsamen europäischen Verkehrsmarktes, Teil C, Technische Fragen, Aachen 1988

Hillman, J.J./ Braeutigam, R.R.: Price level regulation for diversified public utilities, Boston 1989

Hirsch, B.: Trucking Regulation, Unionization, and Labor Earnings: 1973-1985, in: JHR, vol.23, 1988, S.296-319

Hirsch, W./ Zeppernick, R.: Deregulierung, in: WiSt, 17.Jg. 1988, S.157-163

Hirshleifer, J.: Comment [zu Peltzman], in: JL&E, vol.19, 1976, S.241-244

Horn, M./ Knieps, G./ Müller, J.: Deregulierungsmaßnahmen in den USA: Schlußfolgerungen für die Bundesrepublik Deutschland, Baden-Baden 1988

Houston, D.A.: The Mixed Interest in Regulation and Deregulation, in: LE, vol.63, S.403-405

Interstate Commerce Commission: Ex parte No. 347 (Sub-No.1), Coal Rate Guidelines, Nationwide, Decided August 8, 1985, o.O., S.520-560

Jacquemin, A.: Industrieökonomik, Frankfurt/M. u.a. 1986

Janis, R.A.: Regulatory actions in a welfare context: an economics and law study of the rail rate relationship between virgin and recyclable materials, Northwestern University Ph.D. 1983

Jannott, D.: Die Reichweite der Dienstleistungsfreiheit im Güterkraftverkehr der EG, Baden-Baden 1991 (zugleich Diss. Göttingen 1990)

Jansson, J.O./ Cardebring, P.: Swedish railway policy 1979-88, in: JTEP, vol.23, 1989, S.329-337

Jara-Diaz, S.R.: On the relation between users` benefits and the economic effects of transportation activities, in: JRS, vol.26, 1986, S.379-391

Joskow, P.L./ Noll, R.G.: Regulation in Theory and Practice: An Overview, in: Fromm, G.: (Hrsg.): Studies in Public Regulation, Cambridge/Mass., 1981, S.1-65

Kahn, A.E.: The Economics of Regulation, Principles and Institutions, Cambridge/Mass. 1988

Kanafani, A.: Transportation Demand Analysis, New York u.a. 1983

Keck, O.: The Information Dilemma, IIUG preprints 86-5 des Wissenschaftszentrums Berlin, Berlin 1986

Keeler, Th.E.: Theories of regulation and the deregulation movement, in: PC, vol.44, 1984, S.103-145

Kim, H. Youn: Economies of scale and scope in multiproduct firms: evidence from US railroads, in: AE, vol.19, 1987, S.733-741

Klatt, S.: Die ökonomische Bedeutung der Qualität von Verkehrsleistungen, Berlin 1965

Klatt, S.: Die Qualität der Verkehrsleistungen, in: Schriften des Instituts für Verkehrsplanung und Verkehrswegebau - TU Berlin - 6, Berlin 1981 (Berliner Sommerseminar 1980), S.111-134

Klatt, S.: Regionalisierung des Verkehrs, in: ders. (Hrsg.): Perspektiven verkehrswissenschaftlicher Forschung - Festschrift für Fritz Voigt zum 75. Geburtstag, Berlin 1985, S.235-254

Klee, W.: Preußische Eisenbahngeschichte, Stuttgart 1982

Klein, B./ Crawford, R.G./ Alchian, A.A.: Vertical integration, appropriable rents, and the competitive contracting process, in: JL&E, vol.21, 1978, S.297-326

Kling, R.W.: Trucking Deregulation: Evolution of a New Power Structure, in: JEI, vol.22, 1988, S.1201-1211

Kloten, N.: Die Gemeinwirtschaftlichkeit im Verkehr. Zum Stilwandel in der Verkehrspolitik, in: Ordo, Bd.13, 1962, S.199-232

Knauth, P./ Lux, Th.: Ökonomische Analyse von Verkehrsstaus, in: WiSt, 18.Jg., 1989, S.583-586

Knieps, G.: Kostenrechnung in öffentlichen Unternehmen, in: DU, 42.Jg., 1988, S.155-163

Knieps, G./ Vogelsang, I.: The sustainability concept under alternative behavioral assumptions, in: BJE, vol.13, 1982, S.234-241

Kobayashi, H.: Deregulierung und Privatisierung in Japan, in: Vogel, O. (Hrsg.): Deregulierung und Privatisierung, Köln 1988, S.70-85

Kommission der Europäischen Gemeinschaften: Mitteilung der Kommission an den Rat: Anwendung des Territorialitätsprinzips zur Anlastung der Wegekosten an schwere Nutzfahrzeuge, KOM (88) 683 endg. vom 6.12.1988, Brüssel 1988

Kommission der Europäischen Gemeinschaften: Vorschlag für eine Richtlinie des Rates zur Festsetzung bestimmter Sätze bzw. Zielsätze der Verbrauchsteuer auf Mineralöle, (91/C 66/08), KOM(91) 43 endg., in: Amtsblatt der Europäischen Gemeinschaften, Nr. C 66/14

Konow, K.-O.: Das staatliche Eisenbahnwesen in Japan, in: ZfV, 48.Jg., 1977, S.179-192

Koutsoyiannis, A.: Modern Microeconomics, 2. A., Basingstoke, London 1979

Krakowski, M.: Theoretische Grundlagen der Regulierung, in: ders. (Hrsg.): Regulierung in der Bundesrepublik Deutschland, Hamburg 1988, S.19-116

Krueger, A.O.: The Political Economy of the Rent-Seeking Society, in: AER, vol.64, 1974, S.291-303

Krüger, K.: Die Nichtbundeseigenen Eisenbahnen im Wirtschaftsleben der Bundesrepublik Deutschland, in: DVWG (Hrsg.): Aktuelle Probleme des Eisenbahnverkehrs, Schriftenreihe der DVWG, Reihe B 7, Köln 1969, S.31-47

Kruse, J.: Ökonomie der Monopolregulierung, Göttingen 1985

Kühner, R.: Schwedische Staatsbahnen (SJ), in: DB, 66.Jg., 1990, S.137-140

Kurz, R.: Entwicklung und gegenwärtiger Stand der Deregulierungsdiskussion, BK, Heft 32: Deregulierung als ordnungs- und prozeßpolitische Aufgabe, Berlin 1986, S.41-58

Laaser, C.-F.: Ausländische Erfahrungen mit Deregulierungsexperimenten im Verkehrswesen, Kieler Arbeitspapier Nr. 270, Kiel 1986

Laaser, C.-F.: Regulierung der Verkehrsmärkte, in: Soltwedel, R. et al.: Deregulierungspotentiale in der Bundesrepublik, Tübingen 1986, S.192-274

Laaser, C.-F.: Die ordnungspolitische Sonderstellung des Verkehrswesens bei der Liberalisierung der westdeutschen Wirtschaft nach 1945, Kieler Arbeitspapiere Nr.292, Kiel 1987

Laaser, C.-F.: Möglichkeiten der Deregulierung des Schienenverkehrs der Deutschen Bundesbahn: Die Option des Wettbewerbs im Schienennetz, Kieler Arbeitspapiere Nr.314, Kiel 1988

Laaser, C.-F.: Wettbewerb im Verkehrswesen, Tübingen 1991

Laband, D.N./ Sophocleus, J.P.: The social cost of rent-seeking: First estimates, in: PC, vol.58, 1988, S.269-275

Lancaster, K.J.: A new approach to consumer theory, in: JPE, vol.64, 1966, S.132-157

Larsson, S.: Restructuring the Swedish State Railways, in: DVWG (Hrsg.): Konsolidierung der Eisenbahnen, Schriftenreihe der DVWG, Reihe B 126, Bergisch-Gladbach 1990, S.172-183

Layard, P.R.G./ Walters, A.A.: Microeconomic Theory, New York 1978

Lewis, T.R./ Sappington, D.E.M.: Regulating a monopolist with unknown demand, in: AER, vol.78, 1988, S.986-998

Linden, W.: Der Sinn des Güterfernverkehrsgesetzes, in: ZfV, 19.Jg., 1943, S.22-34

Littlechild, St.C.: Regulation of British Telecommuniations' Profitability, Report to The Secretary of State, London 1983

Loeb, M./ Magat, W.A.: A Decentralized Method for Utility Regulation, in: JL&E, vol.22, 1979, S.399-404

Lutzky, N.: EG-Binnenmarkt und Entwicklung der Verkehrsnachfrage, in: Verband der Automobilindustrie e.V. (VDA), (Hrsg.): Initiative '92, Vollendung des Europäischen Binnenmarktes im Verkehrssektor, Frankfurt/M. 1989, S.29-40

Marutschke, H.P.: Verwaltungsreform in Japan, in: VA, Bd. 78, 1987, S.309-322

McCormick, R.E./ Shugart II, W.F./ Tollison, R.D: The Disinterest in Deregulation, in: AER, vol.74, 1984, S.1075-1079

McCormick, R.E./ Shugart II, W.F./ Tollison, R.D: The Disinterest in Deregulation: Reply, in: AER, vol.78, 1988, S.284

McMullen, B.S.: The Impact of Regulatory Reform on U.S. Motor Carrier Costs, in: JTEP, vol.21, 1987, S.307-319

Meyer, J.R./ Tye, W.B.: The regulatory transition, in: AER, vol.75, 1985, S.46-51

Michaelis, O.: Die Haftungspflicht und das "natürliche Monopol" der Eisenbahnen, in: ders., Volkswirthschaftliche Schriften, Erster Band, Berlin 1873, S.1-41

Michelbach, R.: Probleme der Sanierung der Deutschen Bundesbahn durch die Änderung institutioneller Rahmenbedingungen, Frankfurt/M. 1984

Milde, H.: Die Theorie der adversen Selektion, in: WiSt; 17.Jg., 1988, S.1-6

Mitchell, B.M./ Vogelsang, I.: Theory of Telecommunications Pricing, (WIK Diskussionsbeitrag Nr. 65), Bad Honnef 1991

Mohring, H.: Transportation Economics, Cambridge/Mass. 1976

Monissen, H.G.: Rent-seeking in general equilibrium: A didactic illustration, in: PC, vol.72, 1991, S.111-129

Montada, M.: Die Entwicklung der Nichtbundeseigenen Eisenbahnen zu regionalen Verkehrsunternehmen auf Schiene und Straße, in: DVWG (Hrsg.): Die Rolle der Eisenbahnen in der Verkehrsbedienung der Region, Schriftenreihe der DVWG, Reihe B 91, Bergisch Gladbach 1986, S.86-92

Montada, M./ Busch, R./ Wachendorf, U.: Die Nichtbundeseigenen Eisenbahnen (NE), in: Püttner, G. (Hrsg.): Handbuch der kommunalen Wissenschaft und Praxis, Bd. 5, 2.A., Berlin u.a. 1984, S.435-450

Most, O.: Soziale Marktwirtschaft und Verkehr, (Schriftenreihe des Bundesministers für verkehr, Heft 6) Bielefeld 1954

Müller, J.: Möglichkeiten der Privatisierung im Bereich der Deutschen Bundesbahn, in: Windisch, R. (Hrsg.): Privatisierung natürlicher Monopole im Bereich von Bahn, Post und Telekommunikation, Tübingen 1987, S.309-369

Müller, J./ Vogelsang, I.: Staatliche Regulierung, Baden-Baden 1979

Napp-Zinn, A.F.: Die Neugestaltung der Verkehrspolitik im nationalsozialistischen Deutschland, in: ZfNSt, Bd. 141, 1935, S.22-52

Napp-Zinn, A.F.: Die Prinzipien der Gemeinwirtschaftlichkeit in ihrer Anwendung auf die Verkehrsträger, in: Handbuch der öffentlichen Wirtschaft, Stuttgart 1960, S.207-227

Nash, C.: European railway comparison - what can we learn?, in: Button, K.J./ Pitfield, D.E.: International railway economics, Aldershot 1985, S.237-269

Naugthon, M.C./ Frantz, R.: X-efficiency, rent-seeking and social costs: Comment, in: PC, vol.68, 1991, S.259-265.

Neu, H.: Der EG-Abgabenkompromiß - Eine kritische Bestandsaufnahme unter umweltökonomischen Aspekten, Essen 1990 (zugleich Diss. Essen 1990)

Neu, W.: A theoretical look at price capping mechanisms: Some clarifications and one recommendation, (WIK Diskussionsbeitrag Nr. 47), Bad Honnef 1988

Niskanan, W.A.: Bureaucrats and Politicians, in: JL&E, vol.18, 1975, S.617-643

O.V.: Kontingent wurde erhöht, in: DVZ, 45.Jg., Nr. 60 vom 21.5.1991, S.1

Olson, M. Jr.: Die Logik des kollektiven Handelns, Tübingen 1968

Organisation for Economic Co-Operation and Development (Hrsg.): Competition Policy and the Deregulation of Road Transport, Paris 1990

Ottmann, K.: Ein Vorschlag zur Verwirklichung marktwirtschaftlicher Grundsätze im Verkehr, in: IAV, 12.Jg., 1960, S. 89-95

Owen, B./ Braeutigam, R.R.: The Regulation Game, Cambridge/ Mass. 1978

Pällmann, W.: Reformkonzepte für die Deutsche Bundesbahn, in: Vogel, O. (Hrsg.): Deregulierung und Privatisierung, Köln 1988, S.105-116

Panzar, J.C.: Sustainability, Efficiency, and Vertical Integration, in: Kleindorfer, P./ Mitchell, B.M. (Hrsg.): Regulated Industries and Public Enterprise, Lexington/ Mass., 1980, S.171-185

Panzar, J.C./ Willig, R.D.: Economies of Scope, in: AER, vol. 71, 1981, S.268-272

Parish, R./ Ng, Y.-K.: Monopoly, X-Efficiency and the Measurement of Welfare Loss, in: EC, vol.39, 1972, S.301-308

Pascher, H. : Die US-amerikanische deregulation policy im Luftverkehrs- und Bankenbereich, Frankfurt/M. u.a. 1987

Paul, C./ Schoening, N.: Regulation and rent-seeking: Prices, profits, and third-party transfers, in: PC, vol.68, 1991, S.185-194

Peltzman, S.: Toward a more general theory of regulation, in: JL&E, vol.19, 1976, S.211-240

Perry, M.K.: Vertical integration: Determinants and effects, in: Schmalensee, R./ Willig, R.D.(Hrsg.): Handbook of Industrial Organizations, vol.1, Amsterdam 1989, S.183-255

Petry, H.: Verfassungsmäßigkeit der Kontingentierung im Güterfernverkehr, in: DB, 52.Jg., 1976, S.23-25

Planco Consulting Gesellschaft MBH: Ordnungspolitische Szenarien zur Verwirklichung eines gemeinsamen europäischen Verkehrsmarktes, Teil B, Quantitative ökonomische Wirkungsanalysen, Essen 1988

Planco Consulting GmbH: Externe Kosten des Verkehrs (Gutachten im Auftrag der Deutschen Bundesbahn), Essen 1990

Posner, R.: Theories of economic regulation, in: BJE, vol.5, 1974, S.335-358

Posner, R.: The social costs of monopoly and regulation, in: JPE, vol.83, 1975, S.807-827

Preußisches Eisenbahn-Gesetz von 1838, Elberfeld o.J.

Quandt, R.E./ Baumol, W.J.: The demand for abstract transport modes: theory and measurement, in: JRS, vol. 6, 1966, S.13-26

Rabe, U.: Kann sich ein natürliches Monopol durch entsprechende Preispolitik vor Konkurrenz schützen? (WIK Diskussionsbeitrag Nr. 5), Bad Honnef 1984

Rat der Europäischen Gemeinschaften: Richtlinie des Rates vom 29. Juli 1991 zur Entwicklung der Eisenbahnunternehmen der Gemeinschaft (91/440/EWG), in: Amtsblatt der Europäischen Gemeinschaften Nr. L.237/25-28

Regierungskommission Bundesbahn: Bericht der Regierungskommission Bundesbahn - Dezember 1991, o.O., 1991

Rehmann, D.: Rationalität, Effizienz und Effektivität der staatlichen Förderungspolitik zugunsten des kombinierten Ladungsverkehrs, Göttingen 1988

Rehmus, C.H.: The impact of transportation deregulation on labour market flexibility in the United States, in: LS, vol.12, 1987, S.69-86

Richter, R.: Geldtheorie, Berlin u.a. 1987

Rittig, G.: Gemeinwirtschaftsprinzip und Preisbildung bei öffentlichen Unternehmen unter volkswirtschaftlichen Gesichtspunkten, Frank furt/ M. 1977

Rogge, H.: Angst der Fläche vor der Liberalisierung? Wie "flächenfreundlich " ist der jetzige Ordnungsrahmen wirklich?, in: DVWG (Hrsg.): Der Güterverkehr auf der Straße: Wachstum ohne Grenzen?, Schriftenreihe der DVWG, Reihe B 120, Bergisch Gladbach 1988, S.49-71

Rose, N.: Labor Rent Sharing and Regulation: Evidence from the Trucking Industry, in: JPE, vol.95, 1987, S.1146-1178.

Rothengatter, W.: Soziale Zusatzkosten des Verkehrs, in: Vierteljahreshefte zur Wirtschaftsforschung, Heft 1-89, Berlin 1989, S.62-84

Rothengatter, W. u.a.: Szenario zur Verkehrsentwicklung mit der DDR und mit Osteuropa, Karlsruhe u.a. 1990

Rothengatter, W.: Deregulation and the problem of capacity/price planning for the transport and communication infrastructure, in: Peschel, K. (Hrsg.): Infrastructure and the space-economy, Berlin u.a. 1990, S.227-253

Rothengatter, W.: Deregulierung und Privatisierung auf den Verkehrsmärkten, in: Aufderheide, D. (Hrsg.): Deregulierung und Privatisierung, Stuttgart 1990, S.133-138

Sachverständigenausschuß (Vorsitz Dr. Paul Beyer): Gutachten zur Neugestaltung des Gütertarifs, Bielefeld 1957, zugleich Schriftenreihe des Bundesministers für Verkehr, Heft 17

Saito, T.: Transport coordination debate and the Japanese National Railways problem in postwar Japan, in: TR-A, vol.23A, 1989, S.13-18

Sakurai, T.: Privatisierung der Japan National Railways (JNR): Ziele, Besonderheiten und Probleme, in: ZögU, Bd. 12, 1989, S.306-328

Salop, S.: Strategic Entry Deterrence, in: AER PP, vol.69, 1979, S.335-338

Sampson, R.J./ Farris, M.T./ Shrock, D.L.: Domestic Transportation: Practice, Theory, and Policy, Boston 1985

Sanmann, H.: Kuppelproduktion im Verkehr, in: ZfV, 33.Jg.,1963, S.86-97

Sappington, D.E.M./ Sibley, D.S.: Regulating a monopolist without cost information: The incremental surplus subsidy scheme, in: IER, vol.29, 1988, S.297-306

Sappington, D.E.M./ Stiglitz, J.E.: Information and Regulation, in: Bailey. E. (Hrsg.): Public Regulation, Cambridge/ Mass. 1987, S.3-43

Sarter, A./ Kittel, Th.: Die Deutsche Reichsbahn-Gesellschaft, Berlin 1931

Sax, E.: Die Verkehrsmittel in Volks- und Staatswirtschaft, Dritter Band: Die Eisenbahnen, Berlin 1922

Scherer, F.M.: Industrial market structure and economic performance, 2.A., Boston 1980

Schliebe, K.: Qualitätsstrukturen der regionalen Schienenerreichbarkeit, in: Bundesforschungsanstalt für Landeskunde und Raumordnung (Hrsg.): Informationen zur Raumentwicklung, Bonn 1986, S.249-263

Schlotterer, P.: Verkehrspolitik und Güterverkehr seit 1961, Berlin 1974

Schmalensee, R.: The Control of Natural Monopolies, Lexington/Mass. 1979

Schmidt, H.: Ziele und Stufen, in: Volkswirtschaftliche Gesellschaft e.V. (Hrsg.): Die Verkehrspolitik in der öffentlichen Meinung, Darmstadt, o.J., S.166-186

Schmitz, St.: Schadstoffemissionen des Straßenverkehrs in der Bundesrepublik Deutschland (Bundesforschungsanstalt für Landeskunde und Raumordnung: Forschungen zur Raumentwicklung, Bd. 19) Bonn 1990

Schneider, W.: Auswirkungen der Deregulierung auf den Arbeitsmarkt im Güterfernverkehr, in: DVWG (Hrsg.): Deregulierung der Verkehrsmärkte, Schriftenreihe der DVWG, Reihe B 105, Bergisch Gladbach 1988, S.59-76

Schulte, D.: Sanierung der Deutschen Bundesbahn, in: WD, 69.Jg., 1989, S.119-122

Schumpeter, J.A.: Kapitalismus, Sozialismus und Demokratie, 5.A., München 1980

Schymanietz, P.A.: Die Organisation der deutschen Eisenbahnen 1835-1975, Freiburg 1977

Seidenfus, H.St.: Der europäische Verkehrsmarkt nach 1992, in: WD, 68.Jg., 1988, S.622-629

Seidenfus, H.St.: Der Wettbewerb zwischen öffentlichen und privaten Unternehmen - Die Deutsche Bundesbahn in einem gemeinsamen europäischen Verkehrsmarkt, in: ZfV, 60.Jg., 1989, S.73-83

Sharkey, W.W.: A decentralized Method for Utility Regulation: A Comment, in: JL&E, vol.22, 1979, S.405-407

Sharkey, W.W.: The theory of natural monopoly, Cambridge 1984

Sherman, R.: The regulation of monopoly, Cambridge u.a. 1989

Sohmen, Egon: Allokationstheorie und Wirtschaftspolitik, Tübingen 1976

Soltwedel, R. et al.: Zur staatlichen Marktregulierung in der Bundesrepublik, Kiel 1987

Stackelberg, F.v.: Zur Privatisierung staatlicher Unternehmen im Verkehr, in: Seidenfus, H.St. (Hrsg.): Probleme des Wettbewerbs zwischen staatlichen und privaten Unternehmen im Verkehr (Beiträge aus dem Institut für Verkehrswissenschaft an der Universität Münster, Heft 123), S.167-213

Stahl, M.: Das Problem der Regionalisierung im Konzept marktwirtschaftlicher Umweltpolitik mit Schadstoffzertifikaten, Diss. Würzburg 1989

Stamm, R.: Oekonomische Betrachtungen zu den gemeinwirtschaftlichen Verpflichtungen der Schweizerischen Bundesbahnen, Bern 1979

Stigler, G.: The Theory of Economic Regulation, in: BJ, vol.2, 1971, S.3-21

Stigler, G.: The X-istence of X-Efficiency, in: AER, vol.66, 1976, S.213-216

Suntum, U. van: Verkehrspolitik, München 1986

Thiemeyer, Th.: Gemeinwirtschaftlichkeit als Ordnungsprinzip, Berlin 1970

Thiemeyer, Th.: Grundzüge einer Theorie der Gemeinwirtschaft, Frankfurt/M. 1970

Thiemeyer, Th.: Wirtschaftslehre öffentlicher Betriebe, Reinbek 1975

Thiemeyer, Th.: Art. Gemeinwirtschaft, in: Albers, W. u.a. (Hrsg.): HdWW, Bd. 3, Stuttgart u.a. 1981, S.525-540

Tirole, J.: The Theory of Industrial Organization, Cambridge/Mass. 1988

Tollison, R.D.: Rent Seeking: A Survey, in: Kyklos, vol.35, 1982, S.575-602

Trebing, H.M.: Regulation of Industry: An Institutionalist Approach; in: JEI, vol.21, 1987, S.1707-1737

Tuchtfeldt, E.: Art. Wirtschaftspolitik, in: Albers, W. u.a. (Hrsg.): HdWW, Bd. 9, Stuttgart u.a. 1982, S.178-206

Tullock, G.: The Welfare Costs of Tariffs, Monopolies, and Theft, in: Buchanan, J.M./ Tollison, R.D./ Tullock, G.: Toward a Theory of the Rent-Seeking Society, College Station 1980, S.39-50

Varian, H.: Mikroökonomie, 2.A., München 1985

Verband der Automobilindustrie e.V. (VDA): Daten und Fakten zum deutschen und europäischen Verkehrsmarkt, in: ders. (Hrsg.): Initiative '92, Vollendung des Europäischen Binnenmarktes im Verkehrssektor, Frankfurt/M. 1989, S.89-108

Vernon, J.M./ Graham, D.A.: Profitability of Monopolization by Vertical Integration, in: JPE, Vol.79, 1971, S.924-925

Verordnung (EWG) Nr. 4059/89 des Rates vom 21.Dezember 1989 zur Festlegung der Bedingungen für die Zulassung von Verkehrsunternehmen zum Güterkraftverkehr innerhalb eines Mitgliedstaats, in dem sie nicht ansässig sind, in: Amtsblatt der Europäischen Gemeinschaften Nr. L 390/4 vom 30.12.1989

Vickers, J./ Yarrow, G.: Privatization: An Economic Analysis, 3. Druck, Cambridge/Mass. 1989

Vogelsang, I.: Anreizmechanismen zur Regulierung der Elektrizitätswirtschaft, Tübingen 1982

Vogelsang, I.: Price cap regulation of telecommunications services: A long-run approach, in: Crew, M.A.(Hrsg.): Deregulation and diversification of utilities, Boston u.a. 1989, S.21-42

Vogelsang, I./ Finsinger, J.: A regulatory adjustment process for optimal pricing by multiproduct monopoly firms, in: BJE, vol.10, 1979, S.157-171

Vogt, G.: Die Entwicklung der Finanzen der Deutschen Bundesbahn, Berlin 1979

Voigt, F.: Die volkswirtschaftliche Bedeutung des Verkehrssystems, Berlin 1960

Voigt, F.: Verkehr, Zweiter Band, Erste Hälfte, Bonn 1965

Vorstand der Deutschen Bundesbahn: Betriebswirtschaftlich optimales Netz der DB (Erläuterungen des Vorstandes der DB und Erklärung des Bundesverkehrsministers in der Bundespressekonferenz am 22. Januar 1976 in Bonn), in: DB, 52.Jg., 1976, S.95-98

Vorstand der Deutschen Bundesbahn (Hrsg.): Geschäftsbericht der Deutschen Bundesbahn 1989, Frankfurt/M., o.J.

Voss, W.: Die langfristige Entwicklung des Eisenbahngüterverkehrs in Deutschland von 1880 bis 1957 in ihrer Abhängigkeit von Wachstum und Strukturwandlungen der Wirtschaft, Diss. Hamburg 1960

Wagner, A.: Finanzwissenschaft, Erster Theil, 3.A., Leipzig 1883

Wagner, J.: Zur mikroökonomischen Analyse des Straßengüterfernverkehrs, in: ZfV, Bd.59, 1988, S.71-78

Weber, R.H.: Wirtschaftsregulierung in wettbewerbspolitischen Ausnahmebereichen, Baden-Baden 1986

Weizsäcker, C.Ch. v.: Barriers to Entry, Berlin u.a. 1980

Weizsäcker, C.CH. v.: Rechte und Verhältnisse in der modernen Wirtschaftslehre, in: Kyklos, vol.34, 1981, S.345-376

Weizsäcker, C.Ch. v.: Staatliche Regulierung - positive und normative Theorie, in: SZVS, 118.Jg., 1982, S.325-343

Weizsäcker, C.Ch. v.: Öffentliche Bindung - Deregulierung - Privatisierung, in Thiemeyer, Th. (Hrsg.): Öffentliche Unternehmen und ökonomische Theorie, Baden- Baden 1987, S.89-94

Weizsäcker, C.Ch. v.: Möglichkeiten und Grenzen des Wettbewerbs in der Telekommunikation, in: Neu, W./ Neumann, K.-H.: Die Zukunft der Telekommunikation in Europa, Berlin u.a. 1989, S.21-30

Wenger, E.: Managementanreize und Kapitalallokation, in: Boettcher, E./ Herder-Dorneich, Ph./ Schenk, K.-E.: JNPÖ, 6. Bd., 1987, S.217-240

Werner, M.: Regulierung und Deregulierung des Verkehrssektors in der wirtschaftswissenschaftlichen Diskussion - Die Theorie der Regulierung - , in: ZfV, 59.Jg., 1988, S.44-70 und S.128-162

Westfield, F.M.: Regulation and Conspiracy, in: AER, vol.55, 1965, S.424-443

Wilhelmi, H.-H.: Staat und Staatseisenbahn - Die Entwicklung der Eisenbahnverfassung in Deutschland, in: AfE, 73.Jg., 1963, S.377-459

Willeke, R.: "Ruinöse Konkurrenz" als verkehrspolitisches Problem, in: Ordo, Bd. 28, 1977, S.155-170

Willeke. R.: Trennung von Fahrweg und Betrieb - Ausweg oder Falle, in: Informationen aus dem Institut für Verkehrswissenschaft an der Universität zu Köln, 23.Jg., 1978, S.1-6

Willeke, R.: Soziale Nutzen des Kraftfahrzeugverkehrs, in: DVWG (Hrsg.): Zweites Karlsruher Seminar zur Umweltökonomie und Verkehrsplanung, Schriftenreihe der DVWG, Reihe B 136, Bergisch-Gladbach 1991, S.49-60

Williamson, O.: The Vertical Integration of Production: Market Failure Considerations, in: AER, vol.61, 1971, S.112-123

Williamson, O.: The Economic Institutions of Capitalism, New York 1985

Willig, R.D./ Baumol, W.J.: Using competition as a guide, in: Regulation, vol.11, 1987, S.28-35

Willis, D.K.: Erfahrungen mit der Verkehrsmarktregulierung in den USA, in: VDA (Hrsg.): Initiative '92, Vollendung des europäischen Binnenmarktes im Verkehrssektor, Frankfurt/M. 1989, S.44-55

Wilson, G.W.: On the output unit in transportation, in: LE, vol.35, 1959, S.266-276

Windisch, R.: Privatisierung natürlicher Monopole: Theoretische Grundlagen und Kriterien, in: ders. (Hrsg.): Privatisierung natürlicher Monopole im Bereich von Bahn, Post und Telekommunikation, Tübingen 1987, S.1-146

Wissenschaftlicher Beirat bei dem Bundesverkehrsministerium: Vorschläge für eine Reform des Deutschen Eisenbahngütertarifs, (Schriftenreihe des Wissenschaftlichen Beirats bei dem Bundesverkehrsministerium, Heft 1), Bielefeld 1951

Wissenschaftlicher Beirat beim Bundesministerium für Verkehr - Gruppe Verkehrswirtschaft: Stellungnahme zur Trennungsrechnung der Deutschen Bundesbahn vom 5. Juli 1986, in: ZfV, Bd. 57, 1986, S.213-224

Wissenschaftlicher Beirat beim Bundesministerium für Verkehr: Gemeinwirtschaftlichkeit und Deutsche Bundesbahn, in: ZfV, 59.Jg., 1988, S.81-97

Wissenschaftlicher Beirat beim Bundesministerium für Verkehr - Gruppe Verkehrswirtschaft -: Kabotage im Straßengüterverkehr, in: ZfV, 61.Jg., 1990, S.3-14

Wissenschaftlicher Beirat beim Bundesverkehrsministerium: Grundsätze zur Verkehrspolitik, Bad Godesberg 1961

Wissenschaftlicher Beirat der Gesellschaft für öffentliche Wirtschaft und Gemeinwirtschaft: Thesen des Wissenschaftlichen Beirats zu den Aufgaben öffentlicher und gemeinwirtschaftlicher Unternehmen im Wandel, in: Eichhorn, P./ Münch, P.(Hrsg.): Aufgaben öffentlicher und gemeinwirtschaftlicher Unternehmen im Wandel, Baden-Baden 1983, S.31-33

Witte, H.: Die Verkehrswertigkeit, Berlin 1977

Zachcial, M.: Daten zu Unternehmensgrößen im Verkehrssektor, Bonn 1976

Zajac, E.E.: Fairness or Efficiency, Cambridge/Mass. 1978

Zobel, A.: Der Werkfernverkehr auf der Straße im Binnengüterverkehr der Bundesrepublik Deutschland, Berlin 1988 (zugleich Diss. Freiburg/Brsg. 1987)

Zobel, A.: Dynamischer Wettbewerb durch Deregulierung?, in: DG, 38.Jg., 1989, S.14-15

Stichwortverzeichnis

Wolfgang Schwander
Das Investitionsverhalten bei mehrfacher Zielsetzung
unter Berücksichtigung alternativer Anlagemöglichkeiten in festverzinsliche Wertpapiere
1992, Band 72, 250 Seiten, Manuskriptdruck, Paperback, DM 47,80, ISBN 3 88259 878 6

Oliver Pfirrmann
Innovation und regionale Entwicklung
Eine empirische Analyse der Forschungs-, Entwicklungs- und Innovationstätigkeit kleiner und mittlerer Unternehmen in den Regionen der Bundesrepublik Deutschland 1978-1984
1991, Band 73, 270 Seiten, Manuskriptdruck, Paperback, DM 47,80, ISBN 3 88259 894 8

Hartmut Lehne
Bestimmungsgründe der betrieblichen Ausbildungsplatzangebote in der Dualen Berufsausbildung
Eine theoretische und empirische Untersuchung für die Bundesrepublik Deutschland
1991, Band 74, 325 Seiten, Manuskriptdruck, Paperback, DM 55,80, ISBN 3 88259 895 6

Friedrich Trautwein
Die Anwendbarkeit der "Theorie komplexer Phänomene" F. A. von Hayeks auf die Erklärung von Institutionen
Methodologische Analyse und Überprüfung anhand des Marktes für Junk Bonds
1992, Band 75, 259 Seiten, Manuskriptdruck, Paperback, DM 49,80, ISBN 3 88259 903 0